How Luxury Lost Its Luster

By Dana Thomas

奢侈的

Deluxe

[美] 黛娜·托马斯 —— 著

李孟苏 —— 译

重庆大学出版社

目 录
Contents

Deluxe

How Luxury Lost Its Luster

序

众所周知，奢侈品行业价值 1 570 亿美元[1]，它们不仅包括服装、皮具、鞋履、丝巾领带、手表、珠宝、香水、化妆品的生产和销售，还传达了社会地位和养尊处优的生活——那是一种尽享奢华的生活。60% 的奢侈品行业被 35 个主要品牌所掌控[2]，其余的被数个规模较小的公司瓜分。几家大公司，包括路易威登（LV）、古驰 (Gucci)、普拉达 (Prada)、乔治·阿玛尼 (Giorgio Armani)、爱马仕（Hermès）以及香奈儿 (Chanel)，年营业额都在 10 亿美元以上。今天众所周知的奢侈品公司，多数都源自一个多世纪甚至更远以前的某个家庭小店铺，这些小店由某个男人或女人创立，卖些精美细巧的手工产品。如今，这些公司仍然冠以创始人的名号，但实际上绝大多数已被商界大亨收购、经营。近 20 年来，他们将单个品牌变成了价值数十亿的大公司和地球人都知道的超级品牌，在全球主要城市的商业街、机场、奥特莱斯（Outlet）都能找到他们的专卖店，在五花八门的杂志和广告牌上都能看到他们的广告。他们的主要客户群是 30 ~ 50 岁的高收入女性，在亚洲的客户群则更年轻，年轻到 25 岁。[3]

　　走进任何一家奢侈品专卖店，都会有一位穿深色西装、戴耳机的男人默默地为你拉开沉重的玻璃门。店里同样也是安静的，有着时髦的极简主义装饰风格，色调为中性的铬黄色，一位身材苗条、衣着端庄的女店员在静候客人的光临。进了店门，最先看到的会是一排架子，上面摆满了该品牌最新款和经典款的手袋，它们像雕塑般被陈列在架子上，每一个都被一盏小聚光灯照着。玻璃柜中摆满印着花押字的钱包、皮夹和名片夹，它们价格便宜，是入门级产品，专门针对渴望拥有名牌、购买力却有限的中间市场群体。想买的话，就再往前走，去找那些苗条的店员。奢侈品公司精心策划市场推广方案，再加上时尚杂志的配合，在这 10 年里制造出"当季包"的现象——这种必备单品能大大提升奢侈品牌的销售业绩与股价。比如路易威登请日本艺术家村上隆（Takashi Murakami）设计了一款樱花包，在 2005 年第一季度，仅这件单品就创下两位数的销售增长业绩。普遍而言，手袋的价格是成本价的 10 ~ 12 倍，这个比例体现在路易威登的手袋上则高达 13 倍，而且该品牌的手袋从不降价。

　　很多奢侈品专卖店只卖手袋和配饰。如果是一家"旗舰店"——业内行话，形容一个涵盖了该品牌所有产品线的专卖店——店内还会有一个闪烁着微光的柜台，专卖香水和美容产品。香水成为了解奢侈品牌的敲门砖已有 70 多年的历史，它替那些买不起店里昂贵产品的普通人圆了拥有一小件奢侈品的梦想。此外，香水还帮奢侈品牌带来了实打实的利润。美容产品也具有同样的功能，它们就像手袋，炫耀意味更强：从手袋里摸出一支香奈儿牌的口红，瞬间给人留下高雅和富裕的印象。

在下一个房间——常常在楼上或楼下一间改建过的地下室，你会看到少量成衣和鞋子。以前，上流社会的女士把购买名牌服饰当作私密、高尚的消费活动，那么定做或买件时装无不是赏心乐事。顾客往往在时装秀或私人购物中挑选出喜欢的服装，进到宽敞舒适的更衣室，随意自在地试穿，女裁缝在旁边随时待命以作修改。女装设计师、裁缝、高级服装店的店员都是你的顾问，也是贴心好友。她们知道某人出席某个活动时穿了什么服饰，也知道什么服装适合你，会给你适宜的建议。今天，一切大不同于以前，买名牌服饰考验的是耐心。店里经常只有那么几件衣服，还都是最小号，这就是店员都那么纤瘦的原因了：她们忙不迭地跑到后面库房花 10、15、20 分钟找到你要穿的尺码的衣服，要么跑到另一层去找另一个款式，甚或是一件从未挂出来的服装。如果找出来的衣服不合你意，她们便又如此这般再跑一趟，再花上 10 或 20 分钟。在奢侈品牌管理者看来，这样的服务意味着殷勤和特殊礼遇。

不管在店里买了什么，你出来的时候都会提着一个穿着绳把的纸袋，纸袋的颜色是该品牌的标志色，上面的品牌标识熠熠生辉。

袋里的货品包裹在绵纸里，如果是手袋、钱包或者其他皮具，则会被装在一个柔软的小袋子里，小袋子同样有着该品牌的标志色。

可是，你到底买到了什么呢？

我们的衣着不仅反映了个性，还反映了经济状况、政治倾向、社会地位和自我价值。奢华的饰物总是高高地居于金字塔的顶端，将买得起和买不起的人分隔开。奢侈品都具有标志性的元素——丝绸、金银、宝石和半宝石，还有皮草——千百年来已得到文化上的认同，并且深受欢迎。史前时代，人们会在兽皮上装饰石头和羽毛来区分彼此的身份、地位；12 000 年前，中国人已经借着刺绣为衣服增色，公元前 2 世纪的波斯人和埃及人也这么做。[4]

通过展示奢侈品来凸显一个人的权势与成就，也会招致羡慕嫉妒恨。"'这究竟是不是浪费？'这样的争论从公元前 700 年就开始了。"美国加州洛杉矶盖提博物馆（J.Paul Getty Museum）的文物专家肯尼斯·拉帕汀告诉我。伊特鲁里亚人（公元前 6 世纪生活在意大利伊特鲁里亚地区的民族）穿金戴银，从波罗的海进口琥珀，拥有碧玉、红玉髓等切割完美的宝石。但社会保守派则认为，正是穷奢极欲才导致了国家的衰亡。

拉帕汀解释说，希腊贵族是"很追求浮华的。他们外出时会戴上金首饰，穿上华服，普通民众就纷纷效仿"。于是有钱人变本加厉地铺张，只为鹤立鸡群。统治者为了杜绝铺张浪费便制定法令，规定某些财富主要是衣饰、珠宝等奢侈品，在什么情况下才可以显示，以减少平民对贵族的效仿，并控制奢靡行为的过度发生。"在有些情况下，比如你戴着金饰和珠宝进入神庙，就必须把它们摘下来作为供奉。"拉帕汀说，"你把你的奢侈品献给神祇后，会有说明文字或标牌显示你的姓名，别的人到庙里看到它，就会说：'好个慷慨不俗的人！'"因此，假的奢侈品最为人不齿。有个古老的传说记载道，雕塑家菲迪亚斯①曾提议用便宜的材料——镀金的大理石来雕刻雅典帕特农神庙的雅典娜女神像，提议被雅典大众否决。"太丢人了！耻辱啊！"群情激愤，民众坚持使用黄金和象牙。"他们可不想省钱，"拉帕汀说，"他们就想炫耀。"

在波旁家族和波拿巴家族统治法国期间，现代人熟知的奢侈品在法国诞生了。今天我们津津乐道的许多奢侈品牌，如路易威登、爱马仕、卡地亚（Cartier），都是18、19世纪卑微的匠人们为王室制造精美手工制品而创立的。19世纪末，王权没落，资产阶级兴起，拥有旧钱的欧洲贵族和美国名门精英，诸如范德比尔特家族、阿斯特家族、惠特尼家族等组成一个封闭的圈子，奢侈品成为他们的专属领地。奢侈品不再只是某一类商品，更是历史传统、优良品质的象征，还往往是骄纵购物的体验。奢侈品是专属于上流阶层的生活元素，犹如有资格加入的高级俱乐部，或者拥有一个名门姓氏，总归令人期待。况且它们总是少量生产——通常还是定制，只卖给极少数并且真正上流的顾客。戴安娜·弗里兰（Diana Vreeland）曾在她的自传《戴安娜·弗里兰》（*D.V.*）[5]中写道："在我年轻的时候，很少有女人能穿得起《时尚》（*Vogue*）杂志上展示的时装。"

被众人视为现代时尚之父的克里斯汀·迪奥（Christian Dior）在 1957 年接受《时代》周刊专访时，曾深入思考奢侈品对现代社会的重要性。他说："我不是哲学家，但依我看，女人——还有男人，似乎都本能地想炫耀自己。在这个强调规则、强调整齐划一的工业时代，时尚是人类保持个性和独一无二的、最后的庇护所。我们应该欢迎那些即便是很出格的创新，因为它们能保护我们免受粗制滥造、单调乏味之害。当然，时尚的确稍纵即逝，而且自恋骄纵，但在我们这阴郁的年代，一定要小心又小心地捍卫奢侈品。"[6]

迪奥坚信欧洲仍是创造和制造奢侈品的中心，因为数百年来，妄自尊大的国王和主教们通过建造豪奢的宫殿与教堂，为欧洲树立了牢不可破的奢侈品传统。"我们继承了根植于无名工匠内心的技艺……他们在雕刻排水口的怪兽滴水嘴、小天使的时候，便展现出自己的天分。"他说，"他们的后代是心灵手巧的汽车机械工、细木匠、石匠、水管工、杂物工，无不以手艺为傲。如果他们做出什么粗劣的东西，将深以为耻。同样，我的裁缝和女缝纫师始终努力追求完美。"

由此可见，奢侈品是富贵名流阶级的特权，普罗大众哪有胆量染指。20 世纪 60 年代，"青年学潮"爆发，这场政治变革席卷西方世界，打破了阶级藩篱，也抹掉了区分富人和平民的符号。

奢侈品不再时髦，退出了时尚潮流，直到20世纪80年代一个新富阶层——单身女性主管——崛起，情况才有了改变。此时美国的精英制度发展到全盛时期，任何人、每个人都能在社会和经济的阶梯上爬得更高，发迹后随之便会沉迷于奢侈品带来的虚荣和排场之中。近30年来，发达国家人口可以自由支配的收入惊人地增长，男女结婚的年龄越来越晚，这让他们有更多的钱可以花在自己身上。而消费者也普遍比上一代受到更多的教育，走过更多的地方，因此培养出对精致生活更好的品位。

企业界大亨和金融家们从中嗅到了商机，他们从年老的品牌创建人和能力欠缺的继承人那里巧取豪夺，将家族化的事业转变为品牌化的企业，将所有元素比如店面、店员制服、产品甚至开会时用的咖啡杯，全部统一化。然后，他们瞄准新的目标顾客群：中间市场。中间市场有着广泛的社会经济人口，囊括了从教师、营业员到高科技企业家、麦当劳式大宅的居住者、粗俗的暴发户等每一个人，甚至不乏犯有罪行的富人。奢侈品公司的高管们解释说，这么做是为了实现奢侈品的"民主化"，为了让奢侈品"人皆可得"。听起来很崇高吧，好像我们马上就要进入共产主义社会了。见鬼去吧。实际上，这是彻头彻尾的资本主义，目的精准明确：想尽办法赚取更多的利润。

为了落实"民主化"，企业大亨们兵分两路发动进攻。首先他们大肆宣扬自己的品牌，吹嘘它的历史传奇、手工制作的传统，为商品制造出奢侈品血统的光环。他们鼓励旗下的设计师一掷万金举办奢华铺张、富有争议性的时装秀，以此挑起话题，占据媒体的头版。为了让广告宣传达到夸张轰动的目的，他们不惜花费数十亿美元：迪奥卖皮包的广告上是沾着油污的女同性恋，伊夫·圣·洛朗（Yves Saint Laurent）则用男人正面全裸的照片卖香水。这样的广告让奢侈品牌与耐克、福特汽车一样容易辨认，并具有了普遍性。他们还为名人做造型，作为回报，名人则告诉红地毯旁的记者，哪个品牌为他们提供了礼服、珠宝、手袋、男式礼服、鞋子。品牌公司还赞助高利润的体育赛事和娱乐活动，比如路易威登赞助美洲杯，萧邦珠宝（Chopard）赞助戛纳影展。其中蕴含的意味一目了然：只要买了我们的产品，你，也能拥有奢华的生活。

接着，大亨们让产品在价格和流通渠道上更加亲民。他们推出大多数人都负担得起的低价位时髦配饰，将店铺从原本有高雅橡木橱窗的家庭式小店和只有少数海外代理商，扩张成全球性销售网络，开辟了数千家店面，犹如满大街都有的大众品牌贝纳通（Benetton）、盖普（Gap）。他们又开设了折扣店，标个便宜价格出售过剩的产品，在网上开展电子零售业务，从免税店里牟取暴利。仅2005年，全球游客就购买了97亿美元的奢侈品，占全球旅游零售业的1/3，而旅游业专家认为，这个数字还会继续增长：根据国际民用航空组织（ICAO）的估算，到2015年全球航空旅客的人数将从当前的21亿增长到28亿。[7]

奢侈品集团靠上市发行股票募集资金，借此开枝散叶，而走向大众也给他们带来诸多好处：提升了资本额，抬高了品牌地位，创造了激励性管理体制，比如给予管理层期权，并让经营更透明，以此吸引来更优秀的管理人才。这也让公司每三个月就要作好准备，以应付渴望永远赢利的股东们的视察。"走近大众迫使你必须改变做生意的方式，"古驰集团前设计师汤姆·福德（Tom Ford）对我说，"你不得已要随时关注预算和品牌走向，要作出一些短期决定，因为那是股东们想要的，你还要拿出短期的利润来蒙蔽长期利润。"为了实现预期的利润目标，奢侈品集团采取偷梁换柱的策略，比如采用较差的材料，还有很多品牌悄悄地把生产线转移到发展中国家。绝大多数公司已经用流水线替代手工工艺，多数产品是用机器生产出来的。同时，多数奢侈品公司将价格抬高了数倍，很多则谎称产品在劳动力昂贵的西欧生产。为进一步提高销售量，奢侈品公司推出成本低、价格相应也低的副线产品，比如标识明显的 T 恤衫、尼龙化妆包、牛仔布手袋，并扩展香水和美容产品的种类。所有这些产品销量达到足够多的时候，就带来实质性的利润。一般的消费者绝对负担不起 20 万美元一件的定制礼服，但买得起 25 美元一支的口红或 65 美元一瓶的香水，借此她们拥有了小小的奢华梦。

这些激发了梦想的市场营销手段让奢侈品公司赚了个盆满钵满，也让股东们眉开眼笑。据贝尔·斯坦恩（Bear Stearns）投资银行的分析，奢侈品业行情最好的 1999 年，销售指数增长了惊人的

144%[8]。分析家还预测，奢侈品的销售额将很快超越"9·11"之前的纪录。世界上富人的数量前所未有地增多，据 2006 年度《世界财富报告》（*World Wealth Report*，每年由美林证券和凯捷管理顾问公司出版）称，2005 年全球有 830 万百万富翁，比 2004 年增加了 7.3%，共拥有 30.8 兆亿美元。2005 年，涌进瑞士 UBS 银行财富管理分行的新财富达 760 亿美元[9]，一年内就增加了 57%。私人飞机出租公司 NetJet 在 2001—2006 年，营业额增长了 10 倍；私人保安公司克罗尔（Kroll）报告，该公司个人资产至少 5 亿美元的客户在 2 年内增加了 67%。[10] 而《世界财富报告》补充道，个人财富在 500 万～ 3000 万美元的"中产阶级百万富翁"人数也在增加。

但是，美梦也会变成噩梦。世界海关组织（World Customs Organization）宣称，奢侈品是今天被假冒最多的商品之一，时尚业因此每年损失 97 亿美元，约合 75 亿欧元，而假冒名牌的利润多数用于资助贩毒、偷渡、恐怖行为等非法活动。奢侈品还滋生出其他非法行为。为了买名牌手袋，日本女孩去做"援助交际"；中国"女伴"的服务报酬是由客户陪着，到营业至半夜的精品店购物，第二天早上她们再回到店里，退掉货品换得现金，不过要扣除原价的 10% 作为"手续费"。这样的行为催涨了奢侈品在中国的销售量，也洗清了这个女人和她客户之间的非法现金交易。2004年，我在法国里维埃拉的夏日午餐会上听到一个真实的故事：某个深夜，一位富有时髦的纽约银行家在圣特洛佩兹的比布罗斯饭店的酒吧里邂逅了一位漂亮的俄罗斯姑娘，把她带回到酒店过夜。第二天早上，她对他强调："给我一双新的古驰鞋子。"银行家立刻明白了女孩的职业，于是拿出了钱包。"不，"她说，"我只要古驰鞋子。"于是他们直奔商店。

商业巨子们的市场策略已经奏效。今天，奢侈品确已做到了民主化：任何人在任何地方，用任何价钱都能买到奢侈品。2004年，日本消费者购买的奢侈品占整个行业销售额的41%，美国人占17%，欧洲消费者占16%。奢侈品业的新黄金国家印度、俄罗斯、迪拜，当然还有中国，占有的比例在持续增长。中国的某些城市仍然较落后，但新兴强大的消费势力却以不相称的速度在崛起。我在2004年春天造访中国时，奢侈品集团还将这个国家视为未成熟的市场，是未来的投资目的地。孰料18个月后，中国便占有了奢侈品市场的18%，据预测这个数字将以指数增长。奢侈品集团不仅仅在北京、上海开店，也在快速发展的二、三线城市，如杭州、重庆甚至西安开店。预计到2011年，中国将成为全球最重要的奢侈品消费市场。[11]

在攫取财富的奢侈品巨头中，巴黎奢侈品集团路易威登 - 酩悦 - 轩尼诗（LVMH）的主席兼首席执行官伯纳德·阿诺特当属佼佼者。在2006年的《福布斯》富豪排行榜上，他位列第7，净资产超过210亿美元。大河涨水小河满，路易威登集团的股东们也身家丰厚。1990年，阿诺特执掌路易威登集团时，集团营业额大约为36.5亿美元（合28亿欧元），净利润为6.21亿美元（约4.8亿欧元）。[12] 到 2005 年，集团的销售额达到 173.2 亿美元（约 139.1 亿欧元），净利润为 17.9 亿美元，也就是 14.4 亿欧元。"我喜欢把创意转变为利润，"阿诺特曾说，"这是我最爱做的事。"[13]

奢侈品行业已经改变了人们的着装方式，对经济阶层进行了重新洗牌，它改变了我们互相影响的方式，成为社会结构的一部分。奢侈品通过牺牲诚信、降低品质、玷污历史、蒙骗消费者，终于达到了上述的目的。为了让奢侈品"唾手可得"，商界大亨们剥掉了所有让它们与众不同的特质。

奢侈品已经失去了风华光彩。

序

DELUXE

HOW LUXURY LOST ITS LUSTER

Part One

Chapter One

AN INDUSTRY IS BORN

奢侈品行业的诞生

"苦尽甘来，生活因富足而奢华。"[14]

——可可·香奈儿

(Coco Chanel)

马克·雅可布（Marc Jacobs）是当今奢侈品业一言九鼎的人物。作为全球最大的奢侈品集团的设计总监，10年来他掌管着路易威登的产品设计。他曾将路易威登经典的花押字手袋作了巧妙而华美的改变，比如推出一款镶栗鼠呢的牛仔布花押字提花手袋，卖出了数百万个。但雅可布认为，他在路易威登做的设计和今天的奢侈概念是两回事儿。"我衡量奢侈品的标准不是面料，不是质地，不是披挂了多少金子，"雅可布坐在他巴黎的办公室里说道，抽着不知是今天的第几根烟，他养的牛头梗阿尔弗雷德在一旁啃着块牛腿骨。"那都是老黄历了。在我看来，奢侈就是让自己高兴，而不是为别人打扮。"

但是，个人嗜好与炫耀性消费之间的矛盾恰恰是今天奢侈品行业的症结所在：奢侈品的历史传统和今天的现实生活交汇在了一起。在大多数人看来，路易威登代表着真正的奢侈品。它那行李箱、手袋上覆盖着交缠的 LV 标志，意味着使用者追求高品质的做工，买得起它，也意味着他和其他路易威登的使用者同属一个圈子——他们旅行时都坐头等舱。很久以前，路易威登确有如此的傲慢。路易威登是为国王王后、上流社会的贵妇、商界巨头服务的，是名流们才用的行李箱。然而在今天，数百万经济背景各异的人都在用路易威登的产品，既用 120 美元一个的钱包，也用能装 1 000 支雪茄的箱式雪茄盒。路易威登成了时尚业实施所谓奢侈品民主化的著名例子：增大产品数量，扩展产品种类，尽可能多地卖给并不真正需要奢侈品的有钱人。"你看到路易威登，就明白它是大批量生产的奢侈品，"雅可布对我说。"路易威登是身份的象征，它不该藏起标志，它就该适当地显摆一下。"

　　路易威登是奢侈品航母 LVMH 的核心品牌。LVMH 全称为"路易威登 - 酩悦 - 轩尼诗"，老板是法国大亨伯纳德·阿诺特（Bernard Arnault）。2005 年，LVMH 旗下有 50 多个品牌，包括酩悦香槟（Moet & Chandon）、纪梵希时装（Givenchy）、豪雅手表（Tag Heuer），有 5.9 万名雇员、1 700 家专卖店，年销售额181 亿美元（140 亿欧元），利润达 35 亿美元（27 亿欧元）。仅路易威登的旗舰店，年销售额推测达 37.2 亿美元，据统计约占集团整个业务的 1/4。[15] 路易威登是奢侈品业的麦当劳：它遥遥领先，洋洋得意于数百万计的销售量，在每一个热门旅游景点都有专卖店——这些店通常与麦当劳一步之遥，它的标志也和麦当劳的金色拱门一样富有辨识性。"奢侈品跨越了年龄、种族、地域和收入差异，"[16]LVMH 的总裁丹尼尔·帕特（Daniel Piette）在 1997 年对《福布斯》杂志这样说，"我们拓宽了产品的种类，不再局限于只供应富裕群体。"

行李箱是路易威登的核心产品。19 世纪中期，路易·威登先生创办他的企业之际，行李箱是旅行的必备品，就像今天带轮的旅行箱。那个时候，人们外出旅行一走就是几个月，多的时候要带 50 个行李箱，装的东西从衬裙到瓷器，无所不有。今天，路易威登每年还要出品约 500 个行李箱，但很少再用于旅行了。就算是旅行要用——这往往出于怀旧的缘故——它们的主人也会提前用邮递或海运，甚至私人飞机把它们托运走。多数路易威登行李箱，不管新的还是旧的，会像艺术品一样摆在家里，或者用作置物架、咖啡桌，要么吧台。

路易威登的行李箱多少还照着 150 年前的工艺制作，大多数在巴黎郊外塞纳河畔工人阶级聚居的阿涅勒区作坊里生产。走进路易威登的作坊，仿佛从一片单调、土黄景色的堪萨斯州步入五彩缤纷的奥茨国。穿过粗壮古树围起来的浓密草地和修葺齐整的玫瑰花圃，是一座外观简洁的乡村风格两层小楼，有银色的锌皮屋顶、白色的拉毛水泥外墙、精美的装饰边线。路易·威登，这位出身卑微、勤劳的手工艺人，在 1859 年把家迁出肮脏嘈杂的巴黎城区，来到这里建起了这座房子。房子后面，是有 100 年历史的 L 型两层作坊，220 名工匠在这里工作，每年制作出数百个行李箱，缝制几千个手袋。路易威登有 14 个官方认定的皮具制作点，11 个在法国，2

个在西班牙，1 个在美国加利福尼亚州的圣迪马斯。

工匠们在一楼宽敞的木材车间里用欧克美榄木（Okoume）制作路易威登的行李箱框架，这种木材产自非洲，轻巧却坚硬。在链接铰位，工匠们在箱子里面粘上一块结实的帆布，外面也粘上一块。路易威登先生在 1845 年发明这一工艺，取代了那时采用的庞大笨重的金属架。帆布不会破损，开关都很方便，而且还让箱子盖的表面很平整。行李箱的表面通常采用印有路易威登首写字母花押字或米色、咖啡色棋盘格的防水帆布，覆盖在木箱和铰链上。行李箱的边几角位镶了用热压和冷压铸型的铜料或皮料。边缘的装饰线俗称"Lozine"，由多层纸张和布料压缩、浸泡在锌溶液中制成。楼上，工人们在钉杨木带子，把它们钉在箱子中央、边缘的 Lozine 装饰线、边角和五金件上。敲钉子的声音大极了，在"锤子车间"工作的 8 个工人都戴上了耳塞。箱子里层，粘上一种叫"威登呢"（Vuittonitte）的珍珠灰棉质帆布，或者用名为"奥坎塔拉"（Alcantara）的人造绒面革做衬里；最后再缝上卡其布，用来固定物品的位置，而卡其布上有棉布条织出的"LV"字样。所有工序完成后，行李箱便送去清洁、质检，然后送去包装、货运。

在阿涅勒区的作坊里，同时也做手袋，年产量达数千个。其中有长方形的轮船包（Steamer Bag），全部工序手工完成——它最初设计于 1901 年，本来是给搭乘蒸汽客轮的旅客做衣物袋的，如今成了路易威登最受欢迎的产品。轮船包和一些手袋会采用富有异国情调的皮料制作，比如鳄鱼皮、鸵鸟皮。特别定制的手袋则全部由一个工匠完成，而非出自流水线。每年，路易威登要接受400 ~ 500个订单。有些订单只是照葫芦画瓢，比如有人要求以路易威登在1868年为法国探险家皮埃尔·萨沃里昂尼·德·布拉萨的非洲刚果之旅所设计的皮箱床为蓝本，照原样做一个新的；有的订单则希望对现有的产品稍微做点改动，比如珠宝盒用鳄鱼皮做表面，而不是用带花押字的布料；或者要求路易威登根据客户的喜好设计。我在阿涅勒的作坊时，一位工匠刚刚做好一个棋盘格网球袋，可以装两支球拍，球袋用了两周时间才做好，全球仅此一个。

路易威登的其他产品则是在流水线上生产出来的，大部分工序由机器完成。在二楼一间光线充足的大房间里，12个女裁缝正在机器上制作路易威登的牛仔布花押字打褶手袋（Pleaty Handbag），数量有数百个，每个手袋售价1 150美元。这款手袋特别受欢迎，往往每几星期就要追加订单。"高额的利润来自于……工厂，"伯纳德·阿诺特曾解释说，"我们以组织好的方式进行生产，这样产量就能高得惊人。工厂是纪律严明的地方，每个动作，每个环节的每个步骤，都事先由最先进最完善的制造工艺设计好。这和最先进的工厂如何造汽车不同，我们要分析产品的每一部分该怎么做，每一种材料该到哪里去买，在哪儿能用最合适的价格买到最好的皮料，商品该如何定位？仅一个钱包就可能经过上千个生产作业，而我们的每件产品都是这么完成的。"[17]

今天，路易威登家族有3位成员受雇于路易威登公司：帕特里

克 - 路易（Patrick-Louis），创始人的第五代孙，负责特别定制，并担任家族代言人；他的小儿子贝努瓦 - 路易（Benoit-Louis）生于1977年，是巴黎总部监管特别定制业务的经理；他的大儿子皮尔 - 路易（Pierre-Louis）在阿涅勒作坊担任工匠。2006年春天我参观阿涅勒作坊时碰到了皮尔 - 路易。他很和善，面色异常苍白，有浅褐色的眼珠、剪得极短的深色头发、招风大耳。他穿着格子衬衫和牛仔裤，外面套了件白色实验员大褂，大褂口袋上有棕线绣出的路易威登标志，拿着几块做珠宝盒用的帆布从一个工位走到另一个工位。皮尔曾在计算机行业短暂地工作过一段时间，一年半前加入路易威登公司。他以前参观过各地的路易威登工厂，对工匠的手艺极为心动，于是他向路易威登现在的所有人阿诺特要求一份工作。阿诺特说："当然可以！"

"我爱这家公司。"皮尔告诉我，"我的血管里流着路易威登的血。"

说完他便回去工作了。

众所周知，奢侈品起源于古老的欧洲王室，开风气之先的是法国宫廷，那儿为挥霍铺张的生活方式树立了典范。17世纪，法国国王亨利四世的第二任妻子玛丽·德·美第奇，穿了件绣有32 000颗珍珠和3 000粒钻石的礼服出席她孩子的受洗礼。路易十四穿缎子套装，搭配天鹅绒饰带和镶荷叶边的衬衣，足蹬高跟的鞋子或长统靴，头戴柔顺的假发卷和装饰着鸵鸟毛的帽子。[18] 为了控制朝臣，他指示他们哪些东西可以穿，何时穿，如何穿。比如他会宣布领口高度应该多高，礼服下摆该有多长。为了取悦国王，宫中的仕女们戴上高耸入云的假发，高得仆人们都要站在梯子上服侍她们穿戴。

路易十五的宠妾庞巴度夫人亲自鼓励、支持奢侈品工匠，她帮助成立了塞夫尔瓷器厂，为王室烧制瓷器，专供凡尔赛宫使用。路易十六的妻子玛丽 - 安托瓦内特每年用在购买装饰有蓝宝石、钻石、金银的礼服上的开销，就超过 360 万美元。[19] 但是，在旁观者看来，这些钱花得物有所值。18 世纪 70 年代后期，美国驻法国外交使节，即后来当上美国第二任总统的约翰·亚当斯写道，她是"我这支钝笔无法描绘出的高贵美丽的可人儿，她的服装极尽艺术和财富之所能"。[20] 拿破仑的妻子约瑟芬皇后，在 10 年内把法国在 1803 年将路易斯安那州卖给美国赚来的 1 500 万美元花了一半，不过是用于置装。"法国的奢侈品业就像西班牙在秘鲁的金矿，"[21] 路易十四的财政部长让 - 巴普蒂斯特·考伯特说。今天的法国奢侈品贸易协会"考伯特委员会"（Committee Colbert）就是以他的姓氏命名的。

也只有在 19 世纪的法国贵族世界里，路易·威登才能从无名之辈发展为世界顶级的旅行用奢侈品牌。路易·威登本人于 1821 年出生在法国东部阿尔卑斯山脚下侏罗地区的一个农民和磨坊工家庭。13 岁那年，威登徒步前去当时的机会之都——巴黎。[22]292

英里的路程威登走了两年，堪称艰难跋涉。[23] 一路上，他当马夫，或在厨房帮佣，藉以谋生。他终于走到了巴黎，那座有着百万人口的繁荣大都市，那里既有富丽堂皇的宫殿，也有肮脏杂乱的贫民窟。保罗 - 杰拉德·派索斯（Paul-Gerard Pasols）在其著述《路易威登：现代奢华的诞生》（Louis Vuitton：The Birth of Modern Luxury）中提到，钢琴家弗里德里希·肖邦给朋友写信说，"在这儿你可以同时看到最极致的奢华和最极端的脏乱，看到最崇高的美德和最卑劣的陋行。"[24]

威登做了旅行皮箱师傅马雷查尔先生（Monsieur Marechal）的学徒，[25] 店铺位于圣奥诺雷（Saint-Honore）大街和居烈（Juillet）街 29 号的拐角，这儿现在是时装店柯莱特（Colette）的店址。1854 年，威登出师，在 Neuves-des-Capucines（现在简称为 Capucines 大街）大街开了自己的店铺，专门为旅行箱做基本设计的改装。[26] 他把传统的半球形箱盖改为平顶（这样可以让箱子更容易堆放在后车厢），再在轻巧的白杨木框架上蒙一层他研发的鸽灰色棉质防水帆布，他称之为"特里阿农灰"（Trianon Gray），名字来源于凡尔赛宫的大特里阿农宫，以此取代了容易受潮龟裂的皮革。

那时的皮箱工匠不只制作皮箱，还负责打包和拆箱。19 世纪中期，女人们都穿体积膨大的裙装，裙子下是层层叠叠的衬裙，也叫裙衬架，用羊毛和马鬃制成，后来衬架被布料裙撑代替。[27] 布料裙撑的发明人是英国小伙子查尔斯·弗里德里克·沃斯

(Charles Frederick Worth)，与威登相熟，在巴黎和平街上开有一家女装店。后来，沃斯被尊为现代高级定制女装之父。沃斯不像同行只做客人定制的衣服，他每季都要设计出一个系列的时装供客人挑选，是第一批举办时装秀展示新装的设计师，还是第一个把签名标签缝在衣服上的设计师。他是时尚界第一位真正意义上的教父：他决定了什么是时尚潮流，而后人们才群起效仿。"女人们为了被他装扮，愿意放下任何身段，"[28]彼时的历史学家希波利提·泰恩（Hippolyte Taine）写道，"这个无趣、神经质、矮小的男人对女人们的恭维毫不在意，他摊坐在沙发椅上，衔着一支香烟，咆哮着：'走！转身！好！一礼拜后再来，我就能给你一件可心的衣服！'做决定的是他，而不是她们。她们诚惶诚恐，甘愿受他摆布，只为得到他宝贵的建议。"沃斯做一件礼服要用掉约 15 码的面料，常用的面料有绣花丝绸、印花雪纺、薄纱，衣服的绣工需要 300 或 400 小时，甚至连纽扣上也要绣花，绣一粒纽扣要花 3 ～ 10 小时。[29]他的服装深受欢迎，以至于他要组织 30 位女裁缝为一个小组全年专为一位顾客服务。他的时装价格高不可攀，其自负也非同寻常：他自认为是"伟大的艺术家"，堪与德拉克洛瓦媲美。[30]他对质疑他技巧的顾客嗤之以鼻，却厚颜迎合讨好高高在上的贵族。威登极擅长打包装箱漂亮裙子和那些华而不实的东西，因此成为拿破仑三世的皇后欧仁妮的御用装箱工和皮箱制造工。欧仁妮是西班牙人，生活奢侈铺张，她的皇家授权令代表了最高荣誉的肯定。

　　威登的事业蓬勃发展，1859 年他决定拓展店面。[31] 他在巴黎东北方的郊区阿涅勒买了一英亩土地，这个地区与巴黎有铁路相连，又位于塞纳河畔，交通便利，原料很方便就能船运到店里。他采用铸铁架和桁架结构，用砖和玻璃建了座工厂，和法国建筑师维克多·巴尔塔（Victor Baltard）建造霍尔斯商场用的材料一模一样。工厂的一楼，空间大得足够 20 位工匠制造旅行箱，二楼是一个小房间，威登来工厂巡视时便待在这里。

　　今天，这个有两个房间的工厂变成了供游客参观的路易威登博物馆，只接受预约参观。博物馆没有窗户，一尘不染，地面铺着光泽明亮的金黄色木地板，充满摩登气息。博物馆不仅追溯路易威登的历史，也记录了现代奢侈品的演变。参观从 4 个用坏的老旧旅行箱开始。第一个展品是革命性的"特里阿农灰"行李箱。"特里阿农灰"推出不久，便被竞争对手仿冒，于是路易·威登推出新的帆布款设计，外包的帆布上有红色和米黄色的条纹，是参观看到的第二个旅行箱。后来他将条纹颜色改成棕色和米黄色，此后这两种颜色成为路易威登的标志色。展览的第三个箱子上印着巧克力棕和米黄色的西洋棋盘图案，也就是今天俗称的"棋盘格"（Damier）。这种图案是路易·威登 31 岁的儿子乔杰斯（Georges）在 1888 年设计的。一些棋盘格里有白字写的"Marque Louis Vuitton Deposee"，表示此乃合法登记的商标，所谓的"名牌"诞生了。第四个展示的旅行箱有花押字图案，交缠着的 LV 字母之间点缀着浪漫的钻石、星星和花朵，由乔杰斯在 1896 年设计，也是为了防止抄袭而设计的，并且在 1905 年注册了商标。无人确知乔杰斯从何得到的灵感，不过有一种观点认为，花朵的灵感来自 19 世纪末的日本主义运动①。可以肯定的是，今天的日本人非常热爱路易威登的花押字图案，到 2006 年底，40% 的日本人有一件路易威登的产品，多数是花押字系列。

到 19 世纪末，经历了社会变革和血腥革命，全世界的专制王权逐渐被更平等或者说更民主的社会取代，工业革命更让发明家和企业家富可敌国。这让人数日益增多的富裕中产阶级得以享受到贵族的生活方式和品位，而前者也全盘接受了他们。正如美国著名经济学家索尔斯坦·凡勃伦（Thorstein Veblen）在他 1899 年发表的著名论文《安逸阶层的理论》（*The Theory of the Leisure Class*）中所阐述的，消费成为人们在流动的社会中建立社会地位的方式。美国的工业革命催生了一批名门望族，如卡内基、福特、范德比尔特、洛克菲勒、古根汉姆、摩根、赫斯特家族。他们修筑豪宅，宅子里布满穿制服的用人和欧洲古董，也出资兴建公共设施比如图书馆、大学，购买奢侈品，以此彰显自己的社会地位。此时欧洲的君主政体大多数已经废除，但是人们对王室的仿效心理却没有消除。贵族仍然像过去那样高高在上，新兴的中产阶层恣意消费，消费对象从充满仆从的豪宅到整组的路易威登行李箱，以期获得与贵族同等的排场。

为了跟上订货量，乔杰斯在阿涅勒区新建了两座工厂。[32] 他在尼斯也开了一家店，因为尼斯是富裕的英国人、美国人、俄国人冬季最喜欢去的度假地；并将巴黎的店铺从剧院区搬到更繁华的香榭丽舍大街，还谈好了在美国的经营销售。很快，路易威登行李箱成为好莱坞明星玛丽·皮克馥、玛琳·黛德丽、莉莉安·吉许、金洁·罗杰斯、加利·格兰特的首选旅行箱。在路易威登博物馆收藏的明星旧物中，有一个造于 1925 年的时髦罗马旅行箱 (Roma Suitcase)，属于演员道格拉斯·费尔班克斯，它的外层用了天然牛皮，里层是猪皮。

那是个优雅的年代，或许也是奢侈品真正的、最后的黄金时代。从路易威登的藏品中，你能感受到这种欢娱和精致。藏品中有歌唱家玛斯·舍那尔 (Marthe Chenal) 的鳄鱼皮化妆箱，龟甲做的提手亮晶晶的；有黄金塞子的水晶长颈瓶；有永不过时的诺耶香槟包 (Noe Bag)，它设计于 1932 年，有细细的提手，可以装 5 瓶香槟酒，4 瓶正立，1 瓶倒放在正中间。玛丽亚·里瓦 (Maria Riva) 在《玛琳·黛德丽：她的女儿所作》(*Marlene Dietrich：By Her Daughter*) 一书中描写了黛德丽 1930 年在洛杉矶租住的宅邸，"在那些日子里，亮闪闪的家意味着亮闪闪的家具摆设。我们的家什清单上从未少过为 50 人准备的 8 套整套的正餐餐具，6 套不同的午茶和茶点餐具，全部是骨瓷。除此之外还有成打的水晶高脚杯，以及多到数不清的亚麻桌布，赶得上白金汉宫的家什了。这栋宅子也以 14K 的金餐具，午餐时用纯银餐具自豪。"[33]

20 世纪 20 年代，法国奢侈品行业雇用了 30 万劳动力，包括裁剪工、试衣匠、女裁缝、刺绣工、皮衣制造工、鞋匠、纺织工、纺纱工、女帽制造商，数字相当惊人。[34] 声望很高的刺绣工阿尔伯特·雷萨吉（Albert Lesage）在 5 年之内向巴黎女装店薇欧奈（Vionnet）交了 1 500 件精致的刺绣。[35]20 世纪 30 年代，雷萨吉用手工吹制的穆拉诺（Murano）玻璃制作花朵来装饰礼服，[36] 女装设计师艾尔莎·夏帕瑞丽（Elsa Schiaparelli）则把半宝石镶嵌在黄金里来点缀她设计的礼服。在香奈儿的时装店里，工作室制作出上百件精美绝伦、当时最时髦的时装。戴安娜·弗里兰提到她订了一件："这件庞大的裙子用银薄片制成，缝上了珍珠，因此相当重；短上衣是前胸敞开式的波蕾若外套（Bolero），用镶满珍珠和亮片的蕾丝做成，短上衣下是美不胜收的亚麻蕾丝裙子。那是我拥有过的最美丽的衣服。"[37]

　　第二次世界大战改变了一切。1940 年，纳粹德国入侵巴黎，很多奢侈品店铺和时装店，包括香奈儿，纷纷关门避难而去。但当时法国女装协会主席、本人也是时装设计师的卢西安·勒隆（Lucien Lelong），力劝几位设计师继续营业，保障工人的就业并维护奢侈品业的尊严。[38] 德军占领期间，纳粹洗劫了女装协会总部，查抄没收了协会的所有资料。他们封了一些店铺，有格雷斯夫人（Madame Gres）和巴黎世家（Balenciaga），14 次企图摧毁法国的奢侈品工业，目的是为了把时装店迁到当时欧洲的新文化中心——柏林和维也纳。勒隆和同行们对此无能为力。"你可以强迫我们做任何事，"勒隆说，"但巴黎的高级时装店绝不会搬迁，无论发生什么都不会。高级时装如果不在巴黎，它就不再是高级时装。"[39] 为了维持经营，一些奢侈品店和女装店也把货品卖给纳粹军官和法奸的妻子们，路易威登也位乎其中。这段家族史是路易威登永不愿提及的，而且被很好地掩盖起来，直到2004年路易·威登的传记作者史黛芬尼·博维希尼（Stephanie Bonvicini）在她的著作《路易·威登：法国英雄传奇》（*Louis Vuitton：une saga francaise*）中才被披露出来。

当时的威登家族像法国一样四分五裂。[40] 乔杰斯的孙子克劳迪-路易·威登（Claude- Louis Vuitton）1944年加入了法国第二装甲师，正面抗击德国人；孙女丹妮丝·威登（Denyse Vuitton）的丈夫让·奥利亚斯特罗被送进集中营，死里逃生活了下来；表兄弟勒内·金佩尔是位受人尊敬的艺术品商人，1945年1月死于流放途中。然而他们的父亲加斯顿-路易（Gaston-Louis）出于政治和生意的考虑，选择站在由纳粹德国操纵、贝当元帅统领的维希政府一边，并指示他的大儿子亨利-路易（Henry-Louis）为贝当政府工作，以便家族生意能够继续经营下去。路易威登在维希最典雅的杜帕克饭店一楼开了间店面，相邻的是其他奢侈品店，其中有珠宝店梵克雅宝（Van Cleef & Arpels）。除了路易威登，其他奢侈品牌都被纳粹关闭了。此外，路易威登还开了一家工厂专门生产政府宣传品，仅贝当元帅的半身像就生产了2 500尊。为了奖赏亨利-路易的耿耿忠心，贝当政府还授予他勋章。

战争结束后，过了一段时间奢侈品业才恢复元气。原料仍旧短缺，很多工人在战争中失踪。大多数在战争中被关闭的时装店又重新开张，还多了几个新名字，有皮尔·巴尔曼（Pierre Balmain）、纪梵希、克里斯汀·迪奥，迪奥于 1947 年推出"新风貌"（New Look）系列女装，恢复了高级女装的荣耀。"纳粹占领期间的服装风格实在是太糟了，我迫不及待要改进它，"迪奥说，"我要重现女人的丰胸、蜂腰和削肩，凸现女人天然的曲线美。这是通向优雅的怀旧之旅。"[41]

提及这段时期，法国女演员莱斯丽·卡隆记忆犹新。1953 年，卡隆的前芭蕾舞老师罗兰·佩提特带她去见迪奥。芳龄 21 岁的卡隆刚刚因出演影片《一个美国人在巴黎》（*An American in Paris*）而崭露头角，因此佩提特告诫她，"你该穿得体面些。"多年后一个夏季的傍晚，卡隆在她巴黎左岸公寓的客厅里对我说："衣着得体和受教育、有礼貌、懂就餐礼仪同样重要。"

卡隆和佩提特在蒙田大街克里斯汀·迪奥的总部会客室里见到了迪奥和他的首席女售货员。"佩提特和这位首席女售货员很熟，她是'公司里的重要角色'——那个时候，女售货员们常在社交圈里走动，"卡隆说。"她们知道什么场合该穿什么衣服，绝不会让客人在同一场合撞衫。绝不会的。她们手握大权，如果她们说：'不，亲爱的，这件衣服真的不适合你！'你就得听她们的。"卡隆挑了一条胸前缀蝴蝶结的白色全丝硬缎礼服、一条镶着罗缎缎带的黑色天鹅绒小礼服后，便像众多女人一样成为高级女装的忠实顾客。

20 世纪 50 年代，全世界有 20 多万名女性穿高级女装，这是资产阶级女性日常生活的一部分。反观今天，全球只有 200 个女人穿高级时装，套装的价格从 2.5 万美元起价，礼服则最低要 10 万美元，所以她们在穿的时候很是珍惜。我记得伊凡娜·特朗普②在 1988 年告诉我，她的礼服在纽约和棕榈滩穿过几次之后，为了避免一件衣服在社交场合穿着次数太多而有失礼节，她就把衣服寄给了住在捷克斯洛伐克的母亲。[42] 这都是柏林墙倒塌之前的事了。

在战后几年，购买时装仍然是高尚的社交活动。每年一月和七月，迪奥要在总部举办两次新装发布会。迪奥会寄出 300 张有黄金凸饰的请柬，邀请忠实顾客、杂志编辑、记者、零售商及社交名人参加发布会。迪奥总部位于蒙田大街 30 号，是一栋建于 19 世纪早期的灰色花岗岩大楼，也被圈内人称为"宅邸"。来宾们坐在一排排漂亮的椅子上，后墙的壁龛里摆着巨大的花缸，里面插着玫瑰、栀子花、康乃馨，空气中氤氲花香。发布会绝对准时开始，不会为了等某位迟到者而特别妥协。有一次，温莎公爵夫人姗姗来迟，只得屈尊站在楼梯间观看。

当司仪唱出裙装、套装的名字以及号码，天鹅般优雅的模特儿缓缓走过金色与橄榄色调的房间，在巨大的水晶吊灯下驻足，双手插腰，刻意快速转身，轻快地脱下外衣或披肩，再次转身，然后换下一个模特儿上场。[43] 美国和欧洲的百货公司、时装店零售商坐在第一排，在笔记本上飞快地写下可能会下订单的服装号码。出席新装秀的其他巴黎人、名流们都很时髦，很多人穿着最新款的迪奥时装，戴着珍珠贴颈项链、帽子、手套，观赏时偶尔赞许地点点头。发布会长达 3 小时，而今天不过 20 分钟，若一个半小时已经算很长的啦。时装秀以一件精美绝伦的新娘礼服结尾，模特儿会受到如雷的掌声，和"好极了！""太妙了！"的喝彩声。迪奥自己很少出现在这种场合，他解释说："手忙脚乱地准备了一场时装秀之后，我不再想在发布会上露脸。"[44]

发布会结束后，卡隆记得，"如果你决定买衣服，就留下来，女士们会被领到大厅各处的几间会客室里。售货员叫来服装模特儿，让她穿上你喜欢的衣服。你从各个角度审视它，然后说，'我很喜欢它，但我希望它长一点、短一点。'你可以提出任何意见。然后你再定好下一次会面的时间，接着进到更衣室，那里每款衣服有 3 个尺码。"

迪奥这样评论巴黎顾客：她们"太难缠了"。[45]1957 年，他告诉《时代周刊》，"试衣的时候她们就像体操选手，站起来，坐下去，弯腰，扭身，目的是要检测这件衣服。因为她们知道，没有缝好的一条带子、一颗纽扣可能会是体面场合中的一场灾难。通常她们有丈夫或男友作陪，他们也很留意针脚、接缝和扣眼。她们确实让人生气，但就算再琐碎，我们也不能对她们的挑剔置之不理。我们得让她们志得意满地离开迪奥大楼，不然就糟了，我们的声誉经不得破坏。"

设计师往往会亲自参与顾客的试穿环节，衣服的做工非常好，可以反复穿好几年。"一件裙装或一身套装是根据你的体型，专门为你量身定做的，重要的是，它们让你感觉舒适并展示出你最好的一面。你首先会感到怡然自得，然后才有心思考虑别的细节。"卡隆说，"不管你站多久，坐多久，这件衣服都完美如初，让你感到安心。迪奥、马克·博昂（Marc Bohan）、纪梵希、伊夫·圣·洛朗会问你：'你打算在什么场合穿这件衣服？你需要跑步或跳舞吗？如果你是参加需要久坐的庆祝活动，那么不要选天鹅绒的面料，它会留下坐过的痕迹。坐着的时候衣服不能太紧，否则站起来就会打皱。这件衣服长短适合你，那件不适合。'"

卡隆告诉我："有时候看见时下的女人穿套装时，上臂部位绷得紧紧的，我心里就会想，'天哪！难道没有人告诉你要注意上臂吗？'"她拿起苏富比拍卖公司出的 2006 年 6 月拍卖品目录，上面刊有她的最好的时装。她翻到一页，好让我理解她的意思。这页的照片上有一件红色和粉色的羊毛粗花呢套装，她曾在 1965 年的电影《一往情深》（A Very Special Favor）中穿过这件衣服。她说："看，它多合身，完全贴合你的身材。"她又指着一张 1968 年她穿着伊夫·圣·洛朗的橘色真丝镶金属小亮片礼服为迈克·尼古拉斯颁发奥斯卡最佳导演奖的照片，说："这件礼服特别难做，因为它里面没有胸衣。"她进一步解释："它是丝绸做的紧身裙，是整体裁剪，所以整件裙子没有接缝。实在是难以想象，设计师就是有一套。"她翻过几页，翻到一张摄于 1966 年的照片，照片上她穿着伊夫·圣·洛朗著名的波普图案迷你裙。这条裙子由几何图形和流动的线条拼出简洁的款式，颜色有如彩色蜡笔般鲜艳。这个样式，她说，"全是波浪形，而且都是不同的布片。它有个优点，胸部刚好在衣服的接缝处，而且有日本丝绸做的衬里，整件衣服都有，好比穿了件日本丝绸做的内衣。"

女装店把他们的图纸卖给美国的百货公司，有纽约的萨克斯第五大道百货商场、旧金山玛格琳高级百货公司，卖给他们一年的生产权。[46]这样，无法亲自前往巴黎的美国上流阶层女性便可以在家乡定做新款女装了。在美国卖的款式和巴黎的不完全一样，但非常接近。美国的百货公司尽可能重现巴黎时装沙龙的格调，设置有宽敞私密的试衣间。中间市场的服装制造商们则向迪奥支付酬金，在1957年加上给迪奥的专利费，共计2 000美元，这样便可以在自己生产的裙装和套装中加入迪奥的设计元素，以50 ～ 60美元的价格在美国市场上销售。"如果你不能来巴黎，实在是错失良机。"1957年一位纽约成衣制造商在一场迪奥的新装发布会上说，"在这儿，一个顶针里的创意都比全美国多。"

迪奥明白时尚业的未来在中间市场里，所以他不只是出售他的创意，还把他的品牌卖给其他公司，让他们把迪奥福音传播给那些买不起高级定制女装的顾客们。他最先从美国长袜入手，那时法国工业还没有从战争的破坏中恢复。"我让女孩们穿美国长袜，"1948年他对赞助人雅克·鲁伊特（Jacques Rouet）说，"为什么不用我们自己的名字？"迪奥牌袜子问世，时尚专利的概念也就此诞生，此后转让时尚专利成为可行的商业模式。

20世纪三四十年代，沃尔特·迪士尼公司通过转让专利权，允许别的公司生产米老鼠图书、玩具和其他大众商品，发展出一门大生意。迪奥看出转让专利既不需投入成本，也不用负管理职责，就能把奢侈品市场扩展到更广泛的顾客群。于是与特定行业的领头制造商签订合约，协商生产贴有迪奥名字的商品，回报是迪奥可以从销量中抽取专利费。到 1951 年，迪奥已经拥有了手袋、男式衬衣、手套、围巾、帽子、针织衫、运动装、内衣甚至眼镜的专利权。[47]

很快，转让专利成为时尚业最热门的生意。[48] 设计师们把名字授权给香水。1959 年，迪奥的前任助理皮尔·卡丹（Pierre Cardin）开创自己的事业，他授权成衣制造商，大量生产他设计的女式成衣，从而改变了时尚业的面貌。你不用再去百货公司定做一件缝着百货公司标签的皮尔·卡丹衣服，直接在衣架上就可以拿到贴着"巴黎，皮尔·卡丹"标签的成衣。卡丹的名字无处不在，雨伞、香烟上都有，他的签名成为制造商们垂涎的商标。

另一位迪奥的助理，后来继承了迪奥品牌的伊夫·圣·洛朗，在 1966 年早先一步买到专利权，推出一个价格较低的成衣系列，名叫左岸（Rive Gauche），目标针对年轻顾客群。左岸改变了时尚工业的模式。之前，时尚业的模式很简单：设计师制作高雅精致的时装，兼卖一点香水和配饰。现在则有了新的金字塔模型：塔尖的高级定制时装卖给真正的有钱人，同一位设计师设计的成衣卖给中产阶级顾客，名目繁多的香水和配饰卖给底层的大众。

随着品牌许可的出现，香水业开始膨胀，高级女装迅速凋零。

"我不再买高级女装了，因为，坦白地说，它已面目全非。"莱斯丽·卡隆对我说，"我记得好像是 1968 年，一本时尚杂志邀请我参与版面拍摄。他们找来一堆我从来没听说过的品牌，什么比芭（Biba）之类的。他们设想你应该像个花童，你不能再戴帽子，不能戴手套，不能穿胸衣，这样你穿上高级礼服的话，看起来真的太落伍了。"

面对高级女装的沉沦，高级女装大师克里斯托巴尔·巴伦西亚加③感到幻想破灭，突然宣布关闭他的时装店。戴安娜·弗里兰在她的书中回忆，"得知消息时，我和莫娜·俾斯麦④正在卡普里岛上。莫娜三天没有出她的房间，我知道……她生命中的一个重要时期结束了！" [49]

奢侈品行业的一个重要时期也结束了。此后，奢侈品业不再只是创造钱才买得到的精美到极致的物品，它成了一门赚钱的行业，谋求暴利的行业。服装设计师任意许可他们创立的品牌，不仅仅限于香水和眼镜。纪梵希和 Pucci 都为林肯汽车的"欧洲大陆"车型设计过特别款。奢侈品的品质一落千丈。"有时我也买到过面料特别差的成衣，"卡隆回忆，"我有一些参加奥斯卡颁奖典礼和影片首映式的照片，穿的衣服堪称破烂，却被视为时尚。"贴心的服务也消失无踪。"布鲁明戴尔百货公司（Bloomingdale）是购物的终点站，在那没人打算为你服务，" [50] 戴安娜·弗里兰在 1984 年写道，"然后你看到了一位先生，你以为他是店里的巡视

员，'很抱歉，女士，我帮不上忙。我和你一样，也在找人帮我。'
你只能含着泪走回大街，什么也没买到，还劳神伤身！……或者，
再假设我走进萨克斯第五大道商场，看到龙门架上挂着两打标价
5 000 美元的衣服。挂在架子上！我被惊到了……5 000 美元的衣
服就这样吊在那儿……当然，许多人享受这种多样性。或许他们
两手空空而返，但在精神上他们享受到了购物的快乐。这是一种
精神运动。"

　　参观路易威登博物馆时，可以清楚地看出路易威登与那个时
期是格格不入的。战后到 20 世纪 80 年代早期这段时间的展品很
少。负责销售的亨利 - 路易和监督生产的克劳迪 - 路易是继承人，
而不是创新者。路易威登以传统的方式生产传统的行李箱，卖给数
量有限、越来越老的顾客群，生意自然就垮掉了，阿涅勒工厂的生
产甚至达不到最低的要求。1977 年，路易威登有两家店面，一家
在巴黎马索大街，一家在法国南部的城市尼斯，营业额只有 7 000
万法郎（相当于 1 200 万美元），利润不过区区 700 万法郎（约合
120 万美元）。[51]

　　终于，威登家族 80 岁的女家长蕾妮·威登（Renee Vuitton）
在 1977 年要求她的女婿亨利·雷卡米尔（Henry Racamier）接手家
族事务。[52]雷卡米尔当年 65 岁，相貌堂堂，身高 188 厘米，英俊
潇洒，言谈举止既礼貌又有亲和力。雷卡米尔和路易·威登一样，

也来自法国东部的侏罗山区。1943 年，他娶了加斯顿 - 路易与蕾妮的第三个女儿奥德蕾（Odile）。婚后他开了自己的钢板公司，名为斯蒂诺克斯（Stinox），他经营有方，公司成为业内翘楚。1976 年，钢铁工业开始走下坡路，雷卡米尔便把公司卖给了德国蒂森钢铁集团，宣布退休。他是个精力充沛，活泼好动的人，不习惯无所事事，因此岳母请他出山，他便欣然受命。

雷卡米尔研读很多书后发现，在商业链中零售商——特别是拥有特许经营权的经销商，拿走了利润的最大头。当时，大多数奢侈品公司规模仍然很小，由创始人的家族经营，而他们擅长创造与生产，并不善于商业运作。因此理智的做法是，开设店面、发行股票时让商人投资，分担风险。在海外这么做尤其重要，因为本地销售商比任何一位巴黎设计师都了解当地的顾客群。这些经销商以批发价买下产品，再以两倍或更高的零售价卖给顾客，大赚特赚。

雷卡米尔不是时尚中人，他是生意人。他决定对路易威登实行一项"垂直整合"的策略：他踢走了中间商，开设路易威登直接管理的直营店。[53] 这是奢侈品行业的一项重要改革，在财政上取得了空前的成功。短短几年内，路易威登的利润上升到惊人的40%，而他的大多数竞争者只能赚得 15% ～ 25% 的利润。如今，大多数奢侈品牌都采用雷卡米尔的模式，让上游和下游垂直整合到了一起。

雷卡米尔扩大阿涅勒作坊的生产量，并在外省设立新工厂。[54]

他引进一款新皮具产品，名为 Epi，它用真皮制作，表面有精致细腻、参差交错的水平波纹，深受欢迎。他还为路易威登争取到美洲杯帆船赛预选赛的赞助权，扩大了品牌的影响力，并在亚洲各地和纽约 57 大道开设门店。到 1984 年，也就是雷卡米尔接手路易威登 7 年之后，该公司的营业额增长了 15 倍，约 1.43 亿美元，利润近乎提高 30 倍，达 2 200 万美元。[55] 同年，路易威登在巴黎和纽约的证券交易所公开上市。转变为公开的股份公司使得公司的管理阶层更加职业化，但也让公司更容易被接管收购。

1986 年，路易威登买下凯歌香槟。[56] 这是一个香槟酒和香水集团，旗下有纪梵希香水。纪梵希香水和纪梵希时装公司有联盟关系，但是是独立运作的香水和美容产品。第二年夏天，在雷卡米尔的精心策划下，路易威登与酩悦 - 轩尼诗（Moet-Hennessy）合并，创立了 LVMH 集团，成为当时法国第六大上市公司。1988年，雷卡米尔又将纪梵希时装公司纳入投资版图，以当时 4 500 万美元的天文数字将其买下，并承诺品牌创始人于贝尔·德·纪梵希（Hubert de Givenchy），他可以一直担任品牌的设计师，直到他想退休不干。

不到 10 年时间，雷卡米尔把路易威登从只卖给精英客户的小型家族企业转变为实力强大的公众品牌，有丰厚的营业收入，潜力更是远大。通过与既有的且稳定成长的企业集团结合，再通过收购纪梵希为公司创造出高级女装部门，雷卡米尔赋予路易威登征服世界所需的势力和组织。他认清了奢侈品必将全球化的未来趋势，利用集团内部各品牌间的协同作战来实现扩张。他将奢侈品牌从一个人或家族经营的高级店铺转变为聚焦普罗大众的企业，在维持了品牌完整性的同时又实现了雄心壮志。可是，雷卡米尔走错了一步棋：他向家族外的一个人寻求帮助，可这个人对路易威登以及集团旗下的品牌没有情感上的牵连，他野心勃勃，毫无畏惧。雷卡米尔的这一步永远改变了奢侈品业发展的进程。

注释：

①日本主义运动：19世纪中期，日本与西方通商后，在西方产生的一种审美观。

②伊凡娜·特朗普：Ivana Trump，美国地产大亨唐纳德·特朗普的前妻，纽约社交界名人。

③克里斯托巴尔·巴伦西亚加：Cristobal Balenciaga，其创立的品牌俗称"巴黎世家"。

④莫娜·俾斯麦：Mona Bismarck，德国总理俾斯麦的孙媳妇，她曾被可可·香奈儿等欧洲设计大师称赞为"最会穿衣的女人"。

Chapter Two

GROUP MENTALITY

奢侈品航母

战争摧毁人类，奢侈摧毁人性，而且能立刻收买人心。

——约翰·克劳恩（Joho Crowne），17 世纪英国剧作家

1999 年 2 月，一个寒冷的早晨，我在 LVMH 巴黎的总部大楼见到了集团主席伯纳德·阿诺特。我要为《新闻周刊》撰写一篇文章，为此约了阿诺特的采访。10 年间，阿诺特将 LVMH 打造成奢侈品业的航母，旗下囊括数十个品牌，赚得大把真金白银。阿诺特是企图恶性收购古驰的策划者之一。古驰原本是佛罗伦萨一家上市的皮具公司，在公司首席执行官多米尼克·德·索雷（Domenico De Sole）和设计师汤姆·福德的率领下，5 年之内它从濒临破产被重塑为有史以来最成功的奢侈品牌之一。阿诺特希望把古驰收入囊中，那个早上他邀请我去他办公室，就是想和我谈他的动机。

阿诺特悄无声息地走进来。他人虽高，却略微驼着背，仿佛为自己的身高感到尴尬。他穿了套合体的灰色西装，颜色十分配他的那双冰蓝色眼睛，双手修长纤细，动作优雅，这是他热爱钢琴造就的。他英语不好，我们便用法语交谈，他说话时声音压得很低，带着浓重的鼻音，但音质却浑厚，吐字轻快，节奏动听，让人心甘情愿相信他嘴里说出的话语。这真是出乎我的意料。他的态度让我想起了美国前总统老泰迪·罗斯福的名言："说话客气，态度强硬。"阿诺特确实具有铁腕，10年来他用强硬作风降服了奢侈品业内的对手，将奢侈品业纳为自己的棋盘，为游戏制定出了新的规则。

在阿诺特的示范下，奢侈品企业开始走集团化路线：现在市面上主要的奢侈品牌绝大多数都被某集团收归旗下，经营主管者基本上没有奢侈品业的背景，却精通商业运作。这些主管有约翰·鲁帕多（Johann Rupert），他担任历峰集团（Richemont）的总裁，该集团有卡地亚、蔻依（Chloé）、登喜路（Dunhill）；帕特里奇奥·伯特利（Patrizio Bertelli），他是意大利设计师缪西娅·普拉达（Miuccia Prada）的丈夫，普拉达集团的主席，还持有可观的古驰集团的股份；让-路易·仲马（Jean-Louis Dumas），爱马仕的总裁，他还掌管着精品鞋履品牌约翰·洛伯（John Lobb）和银器品牌普依弗凯特（Puiforcat），他是创始人的后代，按法国人的说法，他是奢侈品巨头中少有的具备奢侈品文化素养的人；还有多米尼克·德·索雷，此人是哈佛大学毕业的律师，古驰集团却因为他走向成功，并有了更远大的前景。

阿诺特和我在会议桌边坐下，开始言归正传。我问他，为什么想要收购古驰？

他回答："首先，这家公司运营得很好，股价却被低估了。这个品牌有很大的发展潜力，商业运作上也有改善的余地，而且它还有精良的管理团队。对我们而言，它显然是很好的补充：它是一个主要由法国人经营的意大利品牌，而且是世界上最好的公司之一。"

我继续追问，那么如果顺利并购古驰，你接下来有何计划？

"我们希望增加赢利，"阿诺特坦率地说，"古驰的利润只有路易威登的一半，可见它还有提升的空间。"

如果说，30 年来奢侈品业有所变化，那么变化就是这个行业一门心思追逐利润。过去的时代，奢侈品牌只是私人拥有的企业，大家虽然也在意利润，但公司的首要目标是尽可能制造出最完美的产品。自从企业大亨接管奢侈品牌后，这样的目标就被我所称之为的"奢华崇拜"（Cult of Luxury）所取代。今天，人们像搜集棒球卡一样搜集名牌产品，像艺术品一样展示它们，像标签一样炫耀它们。阿诺特和其他奢侈品业巨头已经把焦点从"奢侈品是什么"转移到"奢侈品代表什么"。为了达成这个目的，他们吹嘘奢侈品牌的历史传统来"强调品牌的永恒性"，这是阿诺特常挂在嘴上的话；雇用一个年轻时髦的设计师，给产品增添性感摩登的格调；简化品牌的名称让它更好记，比如克里斯汀·迪奥简称迪奥，去掉 Burberry 后面的"'s"，然后在从手袋到比基尼的每一件产品都印上商标；再锲而不舍地投放广告，将新福音传播给大众。

阿诺特的第二任妻子艾兰·默西埃（Helee Mercier）色艺俱

佳，她出生在加拿大，是金发美女，也是钢琴家。他们经常携手
参加时装秀，大肆宣扬他的品牌。这对佳偶乘坐私人司机驾驶的
汽车来到现场，在保镖的簇拥下穿过人群，来到第一排的座位上。
在第一排，他们可以掌控全局，接待重量级的来宾，像法国前第
一夫人贝娜黛特·希拉克夫人，还有演员莎朗·斯通，她们就挨在
他们的左右坐着。新装秀开始前，他们摆出姿势拍照，和杂志编
辑、报社记者聊天。多数奢侈品集团的总裁并不出席他们品牌的
新装秀，就算参加也会坐在后排，尽量不引起别人注目，而且很
少会带上他们的妻子。

竭尽全力鼓吹宣扬带来的影响，就是阿诺特所说的："它们满
足了你的一切梦想。它们是那么新颖，那么独一无二，让你只想
买下来。事实上，你也非买不可，不然你就不属于当下，就跟不
上潮流。"[57]

1949 年 3 月 5 日，伯纳德·让·埃蒂安·阿诺特出生在法国北
部、距比利时不远的工业城市鲁贝。这座城市聚居了诸多名门望
族和富商巨贾，可能是法国风气最保守的地区。[58] 阿诺特的父亲
让经营着家族的建筑公司，他的母亲玛丽-乔·沙维内尔是位钢
琴家。阿诺特自童年开始学钢琴，显露出巨大的可塑性，但是天
分又不足以让他成为职业钢琴家。"你必须天分超群，但是，我没
有。"[59] 他说。后来，阿诺特进入理工学院。这是法国最著名的大

学之一，法国政界、商界的诸多精英均毕业于该校。阿诺特在理工学院拿到了工程学学位后，便进入名为费里特 - 沙维内尔的家族企业。[60]1973 年，他和鲁贝纺织业名门家族的金发美女安妮·德瓦弗林结婚。据纳德吉·弗雷斯提尔（Nadege Forestier）和娜珊妮·哈维（Nazanine Ravai）合著的《体验奢华：伯纳德·阿诺特与 LVMH 的故事》（*The Taste of Luxury：Bernard Arnault and the Moet-Hennessy Louis Vuitton Story*）一书中记载的，阿诺特在费里特 - 沙维内尔公司里一直保守着已婚的秘密。我要声明一点：在撰写这本书的过程中，我发现自己跟德瓦弗林家族有姻亲关系，但这不影响我对阿诺特的新闻报道立场。他不戴婚戒，女儿出生后他已婚的秘密仍然不为人知。

　　阿诺特在生意场上也同样守口如瓶。27 岁那年，他处理了一宗买卖，将费里特 - 沙维内尔公司的建筑部门卖给罗斯柴尔斯国家建筑协会，赚得 4 000 万法郎的巨款。交易完成后他才告知父亲，结果让·阿诺特下台，伯纳特·阿诺特接手费里特 - 沙维内尔公司。只用了 5 年，阿诺特便将公司的开发部门费林尼欧发展为法国顶尖的私人住宅开发商，专门开发度假型住宅。

　　1981 年，弗朗索瓦·密特朗高票当选，成为法国第一位社会主义者总统。他上台后迅速将银行、主要工商业实行国有化，新的社会主义经济政策让阿诺特等商界的保守分子感到紧张。阿诺特带着妻子和两个年幼的孩子——德尔菲娜和安东尼，逃离法国去了美国。[61]在美国，他买了栋地中海风格的豪宅，面对着纽约的长岛海峡。他让孩子进了好学校，自己在佛罗里达开创事业，兴建度假住宅，发展得颇为稳健。后来他说："在美国，如果你一开始没能进对社交圈，做生意是很难的。"几年之后，社会党对他们的经济政策进行松绑，阿诺特也觉得到回国的时候了。但是他不想回国仍做地产商，便致电他在法国的律师皮尔·哥代，指示他找一间值得买下的公司。

哥代和阿诺特一样都来自法国北部，他来自里尔市。在里尔，他在费里特 - 沙维内尔公司为阿诺特的父亲担任律师。哥代也像阿诺特一样是个高个子，身高 193 厘米，气宇轩昂。他也具有阿诺特那般的狡猾、果断，不怕与人发生冲突。两人刚开始合作时彼此周旋，很快他们就绑在了一起，组成一对双打选手。哥代充当了阿诺特的职业打手，他会散布坏消息，能轻轻松松摆平一切麻烦事。

1999 年我与阿诺特的那次会面，便领教了哥代的个人风格。我依约到达后，一位助理告诉我，为我额外安排了与哥代的采访，谈论有关接管古驰的情况，并领我进了会议室。哥代昂首阔步走了进来，似乎是法国版的约翰·韦恩。他用锐利的眼神震住我，滔滔不绝对我说古驰的经营状况有多糟，路易威登集团吃了多大亏。他漂亮的车轱辘话翻来覆去说得我头晕，却压根儿不提路易威登出价收购古驰的事。我离开会议室的时候，身心疲惫，似乎刚被人猛烈攻击了一顿，却没有得到任何有用的信息。任务没有完成。哥代曾承认："我可以是非常讨人嫌的。"[62]

1984 年 7 月，哥代给纽约的阿诺特打了个电话，建议他买下布萨克公司（Boussac）。

布萨克纺织帝国曾被一家名为"阿格契 - 维洛特地产投资"的控股公司收购，后来这家公司创下法国第二大企业破产案的纪录。布萨克的多数财产都没有什么价值了，但是有块宝石等着人擦去它上面蒙着的灰。那就是克里斯汀·迪奥，被誉为"时尚业的通用汽车"的法国高级女装公司。迪奥时装店于 1946 年开幕营业，纺织品制造商马塞尔·布萨克（Marcel Boussac）是克里斯汀·迪奥最早的幕后赞助人，而且迪奥女装始终是布萨克集团不可或缺的部分。布萨克于 1980 年去世后，到 20 世纪 80 年代早期，迪奥的财务状况便陷入混乱：总店在亏本，90% 的销售额来自转让权。1983 年，迪奥自己的营业额加上授权收益是 4.37 亿法郎（8 500 万美元），净利润只区区 3 800 万法郎，合 750 万美元。

只有寄希望于被收购了。[63] 卡地亚曾在 20 世纪 70 年代末开价约 30 万美元希望收购它，酩悦 - 轩尼诗香槟也颇有兴趣，因为他们已经有了迪奥香水。但是收购方不能只买迪奥一家实体，法国政府坚持"阿格契 - 维洛特地产投资"必须作为整体出售。哥代说服了阿诺特回法国参与竞标。阿诺特对奢侈品行业一无所知，但他之所以愿意介入是因为他发现了他有一个优势。他的妻子是维洛特家族的远亲，维洛特家族也来自法国北方，阿诺特在社交场合认识了他们。他们都喜欢收藏艺术品，所以会定期在拍卖会上碰面。阿诺特决定直接与维洛特家族交易，绕过破产法庭。

有了人脉关系，阿诺特还需要资金支持。他说服了莱尔德·弗雷尔斯银行与他合作。[64] 这家投资银行与法国政府关系密切，当时被戏称为"第二工业部长"。阿诺特要出的购买价为 8 000 万美元，据说大部分资金莱尔德·弗雷尔斯银行都帮他筹集到了。[65] 也许这是阿诺特做出的最明智的决策：因为与莱尔德·弗雷尔斯的关系，阿诺特具备了说服法国政府的份量和实力，让政府相信 35 岁的他是个合格的收购者。这个策略成功了，1984 年底，阿诺特掌控了"阿格契 - 维洛特地产投资"，附带着，也拥有了迪奥。

阿诺特接管公司后，即刻在法国商业圈和迪奥内部引起了公愤。在 20 世纪 80 年代以前，在法国做生意是绅士的游戏，双方有礼有节。但从阿诺特管理家族企业的方式来看，他既豁得出去，也不顾及别人的感受。他是法国企业家中的新品种，只要制定了目标就要不惜一切代价取得成功。他大量抛售"阿格契 - 维洛特"集团的股票，此举震惊了法国工商业界和法国政府。[66] 他更在 5 年内解雇了大约 8 000 名工人，卖掉集团的大部分制造业部门，获利近 5 亿美元，由此阿诺特成为法国最富有的人之一。

阿诺特对迪奥的态度更加无礼，更不道德。他不像迪奥前总裁雅克·鲁伊特（Jacques Rouet）那么合群，阿诺特从不与工人接触，他更依赖一小群忠心耿耿的管理层，只听取他们的建议。[67] 据说，接管迪奥不久，阿诺特声称他办公室楼上的工作间里缝纫机的声音吵到了他，命令这个房间必须装上隔音设备。还有个说法是，阿诺特坚持员工不能使用他办公室前的走廊，从时装店通往楼上主管办公室的一部电梯也只能供他专用，这些让他和员工更疏离了。他软弱无力的握手方式，说话时看着别处的习惯，都被视为一种侮辱人的态度。他的穿着打扮也常常使人感到难堪，不过这一点在他重新打造时装部门的风格时，以身作则改了过来。

和雷卡米尔一样，阿诺特也是商人，也不是时尚圈中人士。在他接手迪奥时，全世界有 260 件迪奥产品授权给其他公司生产，且多数低于奢侈品的标准。[68] 比如有一款在美国销售的手袋，是用廉价皮革在亚洲制造的。阿诺特整顿了这一局面，采用雷卡米尔的垂直整合策略——在企业内部掌控生产、分配、行销的商业策略。销量上去了，利润也水涨船高。

最重要的是，阿诺特对品牌做出了牺牲奉献，这毋庸置疑。

某天，一位幕僚问他，假如有人出价 5 亿美元买下迪奥，你会卖吗？

"我不想卖，"阿诺特回答，"这家公司是无价的。"[69]

从拥有迪奥那一刻起，阿诺特便有了梦想：以高级女装为基石，打造一个奢侈品集团。他的样板是酩悦 - 轩尼诗集团，这个集团旗下有酩悦香槟、轩尼诗科纳克白兰地、迪奥香水。1986 年底，阿诺特走出了他的第一步棋：他秘密会见高级女装品牌帕杜 (Patou) 的设计师克里斯汀·拉夸 (Christian Lacroix)，鼓动这位广受赞誉的设计师在毫无预警的情况下，带着几位助手离开了帕杜，新成立一个时装品牌"克里斯汀·拉夸"。这步棋给帕杜以重创。2002 年，宝洁公司（P&G）从创始人手中买下了帕杜。今天，帕杜仍在销售香水，包括 1931 年出品的经典香水"喜悦"（Joy），但拉夸出走后，帕杜再也没有生产过高级女装或成衣。

阿诺特创立拉夸女装品牌采用的鬼鬼祟祟的伎俩——还有人说这是不道德的，令时尚界惊诧。很快大家就明白了这是阿诺特的一贯做派：暗中潜入，随即以迅雷不及掩耳之势迅速攻下，把美军的"休克"战术用在了时尚业。阿诺特和拉夸不择手段的做法也让他们几年不得安生。1988 年，法国法院判决拉夸赔偿帕杜200 万美元的损失。[70] 尽管拉夸的设计叫好声一片，却从未盈利，2005 年阿诺特将它卖给了迈阿密的法力克集团（Falic Group）。

1987 年，阿诺特再有惊人之举：他想从创始人手中买下 Céline品牌。Céline 是家生产精品女装和皮具的家族小企业，有 40 多年的历史，思琳·薇琵娜（Céline Vipiana）夫人负责设计，她的丈夫理查德掌管财政。Céline 公司的营业额每年不过可怜的 2 000 万美元（12 亿法郎），利润只有 500 万美元（2 600 万法郎）。就像以前迪奥等奢侈品公司一样，Céline 的店铺通常是当地经销商特许经营的专卖店，所有权归经销商，由他们来经营，Céline 只抽取一定比例的销售额。靠出售特许经营权来赚钱，扩大品牌的影响，这不啻是条捷径，特别在海外市场，比如日本，无须花太多力气就可获利丰厚。

薇琵娜夫妇彼时已年过花甲，萌生了退休的念头，可他们的儿子却无心继承家族事业。1987 年，阿诺特提议买下 Céline，但是据薇琵娜夫妇的说法，阿诺特承诺他们可以留下来并帮助公司的运营，所以他们才同意了，并卖给阿诺特 2/3 的股份。然而，签署合同几个月后，薇琵娜夫妇说，他们在毫无征兆的情况下被阿诺特撵走了。"老爷爷，老奶奶，你们待在家里好了，"按薇琵娜夫妇的说词，皮尔·哥代是这么对他们说的，"如果需要，我们会打电话给你们的。"

在沉重的打击下，薇琵娜夫妇把剩余的股份全部卖给了阿诺特。[71] 几个月后，他们在蒙特卡罗一家餐厅与阿诺特、Céline 的新任首席执行官——金发美女南·莱杰（Nan Legeai）不期而遇。"如果当时你说三个月后就会把我们踢出大门，就算你出两倍的价钱我们也不会把公司卖给你。"理查德·薇琵娜嗓音嘶哑地对阿诺特说，"你给我们挖了个坑。"

也许正因如此，阿诺特才能在 3 年后就达成自己的目标：他拥有了一个奢侈品集团。

1988 年春天，LVMH 的副董事长雷卡米尔做了件日后他懊悔不已的事。[72] 他致电阿诺特，提议大家见个面，商讨阿诺特是否愿意加入 LVMH 集团。当时，雷卡米尔正和 LVMH 的董事长阿兰·雪弗莱（Alain Chevalier）进行权力斗争，以为拉拢阿诺特可以增加自己的胜算，岂知阿诺特别有用心。一度，雷卡米尔认为阿诺特是他的盟友，哪想到阿诺特秘密与雪弗莱碰头，谋划一笔能让阿诺特成为集团大股东的交易。和雷卡米尔勾心斗角几个月后，雪弗莱精疲力竭，让出了集团董事长一职。到那时，阿诺特已是 LVMH 最主要的股票持有者，顺理成章成为集团董事长，雷卡米尔依旧担任副董事长和常务董事，兼路易威登的董事长。接下来的 15 个月，雷卡米尔和阿诺特为争夺实权展开了激战，在董事会、法庭、媒体上打得不可开交，这就是著名的"LVMH 夺权事件"。据传，阿诺特雇了一个顶尖私人侦探，调查雷卡米尔和威登家族的生活；而法国的数家报纸声称（都是错误的报道），雷卡米尔支持极右翼政治家让 - 马里·勒·庞（Jean-Marie Le Pen），他的孙子们在后院模仿纳粹军人踢正步。阿诺特还曾对雷卡米尔提出刑事诉讼，指控他勾结一位路易威登的销售伙伴进行诈骗，并怂恿警方在纪梵希新装秀的当天早晨对雷卡米尔在巴黎 16 区的住宅进行了搜查。[73] 后来，这项指控被撤销。由此，法国《解放日报》评论阿诺特为"资本业的马基雅维利①"。[74]

终于，在 1990 年 4 月，法院做出了有利于阿诺特的判决，77 岁的雷卡米尔从路易威登和 LVMH 辞职。[75]40 岁那年，阿诺特完成了法国历史上最恶名昭彰的商业兼并案，志得意满。这个案例后来促成法国商业兼并法令的改革。威登家族只有收拾好家当，全家人包括雷卡米尔的妻子奥德蕾，含泪离开了蒙田大街的集团总部。"我们也知道总有一天企业会落到家族以外的人手里，"丹妮丝·威登的丈夫让·奥利亚斯特罗告诉记者，"但让人难以接受的是，事态竟然在这种情况下发生了……没人敢说伯纳德·阿诺特对付我们的手段是正大光明的。"

3 个月后，阿诺特和妻子离婚了。

雷卡米尔带领路易威登的事业起飞，1990 年他辞职之际，路易威登已经扩展到 125 家门店，销售额达 41.65 亿法郎，按当时的汇率约合 7.65 亿美元。但是带领路易威登和整个 LVMH 集团更上一层楼的是伯纳德·阿诺特。他的动机很简单：奢侈品行业。他说，"只有奢侈品业才能让你奢侈地赚钱。"[76] 他拓展他的集团，专注发展他所谓的"明星品牌"，比如威登、纪梵希、迪奥。这些品牌是他所说的"永远不受时间影响的、现代化的、快速成长的、利润丰厚的"实体。[77]

一些品牌是阿诺特轻易就拿下的，另一些他则用了强硬、激烈的手段加以接管。每一个新到手的品牌，阿诺特都能开发出赚钱的机会。布利兹（Bliss）、迈克高仕（Michael Kors）、马克·雅可布（Marc Jacobs）等年轻的品牌，处理起来就很容易：简化它们，将其纳入 LVMH 的生产、配送、零售网络。处理老品牌就是另一回事儿了，得把它们从头到脚加以改造。为此，阿诺特实行他催生的奢侈品发展新模式：强调品牌的永恒性，让设计活泼起来，再疯狂地做广告。

以路易威登为例，阿诺特从 1990 年开始雇用热情洋溢的 42 岁法国商人伊夫·卡萨利（Yves Carcelle）担任发展战略部的新首脑。几个月后，卡萨利便被提拔为路易威登的首席执行官和董事长。

卡萨利出身一介平民，和阿诺特一样就读于精英的摇篮——理工学院。[78] 毕业后他放弃了理工科专业，投身市场营销，曾做过短期的旅行推销员，四处去推销海绵，还在一家德国日用品集团工作了 9 年。1985 年，一家法国大纺织品集团聘请他来挽救每况愈下的高级亚麻布品牌迪斯坎普斯（Descamps）。18 个月内，他解雇员工，进行生产重组，让迪斯坎普斯重放光彩。

即便卡萨利有让枯木逢春、老树发新芽的本事，阿诺特和他还是做足了准备。"你想到路易威登，就想到了机场，"美国版《时尚》杂志主编安娜·温特（Anna Wintour）曾对《纽约客》杂志这样说，"路易威登发展到今天，已经没有了时尚的印记，没有了身份地位的象征意义。路易威登的形象已经和——棕榈泉一样了。"[79]

为了擦亮路易威登的老字号招牌，卡萨利和他的副手让-马克·鲁比亚（Jean-Marc Loubier）展开了广告大战：首先将品牌的发展历史传奇化；发起并赞助老爷车公路赛，比如 1993 年横贯东南亚的"老爷车赤道赛"；邀请记者参观阿涅勒作坊，撰写路易威登行李箱制作过程的报道。他们重新推出有百年历史的棋盘格帆布，还从 20 世纪 30 年代的行李箱款式上汲取灵感，推出复古风格的手袋"艾玛"（Alma）。

梦想制造出来了，下面要做的就是让设计活泼起来。1996 年，为了纪念花押字帆布诞生 100 周年，他们聘请 7 位先锋设计师重新诠释这种帆布，并把他们的设计作品当作宣传广告。西班牙设计师西比拉（Sybilla）设计出一款上面冒出一支雨伞的背包；阿兹丁·阿莱亚（Azzedine Alaïa）用豹纹设计花押字手袋；薇薇安·维斯特伍德（Vivienne Westwood）拿出一个像裙撑似的腰包。但阿诺特想要的更多。吸引公众注意力的妙招之一，是每年在纽约、米兰和巴黎举办两次新装秀。新装秀现场会有上千名记者，有几十家媒体、通讯社、图片社来拍照，这样新装秀本身立刻成为头条，而且新装的照片一旦刊登在报纸和杂志上，就会全年都出现。阿诺特对我说到此处，引用了克里斯汀·迪奥的名言："时尚评论的价值不在于褒还是贬，而在于它有没有出现在头版。"

　　阿诺特想在路易威登开辟女式高级成衣线，让手下去找一个新潮、风头最劲的设计师来负责此事。千挑万选之后，阿诺特决定用马克·雅可布。这个任命意味深长。雅可布当年 30 多岁，邋邋遢遢，像波希米亚人那般放浪，骨子里却透出纽约客的气质。几年前，他给纽约时装品牌佩里·艾利斯（Perry Ellis）的运动装系列做设计师，从摇滚歌星科特·柯本②那里获得灵感，设计出一个破破烂烂的服装系列，让时装界大跌眼镜，将其戏称为"垃圾风"（grunge）。这个"破衣烂衫"系列让雅可布获得了当年美国时装设计师协会的年度女装设计师奖，也让他被佩里·艾利斯炒了鱿鱼。后来，雅可布用佩里·艾利斯支付的赔偿金建立了一个与佩里·艾利斯齐名的时装品牌，为时髦富有的女孩，比如他的朋友索菲娅·科波拉、金·戈登、摇滚乐队音速青年（Sonic Youth）的吉他手和主唱，设计漂亮、摩登且昂贵的衣服。他这样的浪子，能为端庄、具有资本主义审美观的路易威登带来什么呢?

注意,这正是阿诺特想要的。雅可布为路易威登设计的女装系列立刻在巴黎时装周上广受欢迎,受到高度赞赏,并被评价为时装业的新风尚领头羊。不过这些服装只是小批量生产,价格定得极高,而且只在路易威登的高级女装店出售。这些高级成衣的作用似乎只是用来上头条,只用于广告中的亮相,目的是为了卖路易威登的皮具。尽管吸引了诸多眼球,但根据分析师的说法,这些女装在路易威登的营业额中只不过占到5%。

阿诺特和卡萨利在赋予路易威登以新形象的同时,也加强了经营管理。在雷卡米尔时代,路易威登70%的生产都外包出去,卡萨利将其全部收回,在公司内部生产,并在10年内将工厂的数量从5家增加到14家。他在雷卡米尔的成就上继续努力,凭借收购美国经销商的股份来控制产品的流通和销售。"如果你控制了工厂,就控制了产品的品质。"阿诺特解释道:"如果你控制了销售,就控制了产品的形象。"[80] 分析师也认同这一观点,因为他们发现到2004年,当路易威登完全掌控300家店铺的销售网后,拿到了总利润的80%。[81]

阿诺特改造迪奥的手段更为残酷。当时迪奥的设计师是63岁的马克·博昂,据他说,1989年5月《女装日报》(Women's Wear Daily)的记者打来电话核实消息,他才知道自己被解雇了,他在迪奥29年的职业生涯戛然而止。[82] 博昂告诉媒体:"突然间,我就被冷酷地掉了出去,好像我以往只是个不称职的仆人。"阿诺特用意大利成衣设计师奇安弗兰科·费雷（Gianfranco Ferré）取代博安，这一举动触怒了法国和高级定制女装界的人士，他们中的很多人相信，成衣设计师根本不懂高级定制量体裁衣的艺术。

对纪梵希，阿诺特一样粗暴。据媒体披露，阿诺特和于贝尔·德·纪梵希之间进行了一系列毫无实际意义的谈判，之后谈判陷入僵局，不得已，优秀的女装设计师纪梵希只有从他创立了43年的时装公司退休。阿诺特无视纪梵希悉心挑选的接班人，雇用了英国设计师约翰·加利阿诺（John Galliano）。35岁的加利阿诺是水管工的儿子，也是时尚媒体的骄子，他举办的狂野派对和他斜裁的弗拉明戈式服装、20世纪50年代风情的薄纱华服具有相同的知名度。纪梵希是看到自己公司媒体办公室发布的新闻通稿才知道这一人事任命的——和记者同时知道。纪梵希的顾客群长期以来主要是美国人，我问加利阿诺，他如何看这个问题。他用带着工人阶级口音的英语厉声说："我不会曲意逢迎他们，我不是去讨好他们的。可能很多顾客都会离开吧。"

1996年，阿诺特没有和费雷续签迪奥的合约，而是将加利阿诺从纪梵希调来迪奥。之后，阿诺特便约见让·保罗·高缇耶（Jean Paul Gaultier）谈纪梵希的工作。高缇耶是法国时尚圈的坏男孩，因为替麦当娜设计了一款有圆锥文胸的紧身衣而出名。高缇耶拒绝了阿诺特的邀约，他想要的是迪奥。阿诺特接着考虑亚历山大·麦昆（Alexander McQueen）。麦昆27岁，是伦敦出租车司机的儿子，他有矮墩墩、肉嘟嘟的身材，还有硬梆梆的伦敦东区③口音，以及让强尼·罗登④也显得温顺甜美的暴脾气，是时尚界的万人嫌。他在时装业崭露头角是因为推出诸如"高地强暴"（Highland Rape）之类的时装秀。在这场新装秀上，模特儿们穿着苏格兰格子短裙、撕成条条缕缕的蕾丝装，上面溅着鲜血。他在伦敦中央圣马丁艺术学院读书，以及在伦敦萨维尔街⑤实习时，已经向世人证明了他有极高的设计天赋。如果他能控制自己的坏脾气，他会更有前途。阿诺特想投资的正是他的潜力。果不其然，在商谈的过程中，麦昆几次站起来，冲阿诺特发脾气。

"搞明白点，"麦昆的律师劝自己的客户冷静下来，"他们是马车，你是唯一拉得动他们的马。"

"我才不是他们的马！"麦昆咆哮着，转向阿诺特。

"我不需要你！"他爆发了，吼道。

然后他暴风般冲出办公室。

不过后来，麦昆调整心态，接受了这份工作。

在纪梵希成衣系列处女秀开幕前几周，我为了给《国际新闻周刊》的一篇封面故事写侧记，在巴黎见到了麦昆。他坐在曾是赫伯特·德·纪梵希的桌前，这个位置可以俯瞰乔治五世大街。他刚刚为拍摄封面照片剪了个莫希干发型，头皮屑飘洒在笔记本电脑的白色树脂贴面上。谈话中，麦昆告诉我："我的设计曲高和寡，我为它饱受羞辱中伤。这就像希特勒和大屠杀，他因为不理解而毁灭了数百万人，许多人也是这么对待我的，因为他们不理解我的设计。"为了打破屋里长久的沉默，他赶快转换话题："奥黛丽·赫本死了。"[83] 他对着另一位记者说。

在改组高级管理层时，阿诺特同样表现出冷血。1996年，他撤掉了长期担任纪梵希香水部门领导的让·戈提埃勒（Jean Gourtiere），启用宝洁公司的前任首席执行官阿兰·洛伦佐（Alan Lorenzo）；[84] 迪奥香水部门的原主管是莫里斯·罗杰（Maurice Roger），他否定市场营销学说，以"哲学家国王"著名，现在他被帕特里克·柯伊尔（Patrick Choel）替代。做事一板一眼的柯伊尔曾是联合利华公司的首席执行官，在联合利华工作了30年，还担任过美国化妆品集团"庞氏"的首席执行官。媒体顺理成章冠以阿诺特"终结者"的美誉。"在欧洲人看来，我是美国式作风。"阿诺特解释道："我要面对真正的现实，而不是自以为真实的现实。我做的是长远打算。"[85] 一位老同事言简意赅地总结说："在一个绝不接受独裁的国家，阿诺特是百分之百的独裁者。而且他激怒了每个人。"[86]

新上来的设计师们均不负使命，他们推出疯狂的作品抢占了头条版块，比如迪奥用新闻报纸做服装，说灵感来自于流浪汉。新任的市场总监们更是口水四溅地大吹大擂。无疑，这让很多高级女装的老客户流向了更传统的品牌，比如香奈儿、伊夫·圣·洛朗。

"迪奥时装秀上，我和法国第一夫人贝娜黛特·希拉克、前第一夫人克劳迪·蓬皮杜坐在一起，她们的表情就像脸上刚刚被一条冰冷的死鱼打过。"1997年，纽约社交名流、迪奥的终身主顾南·肯普纳（Nan Kempner）看完迪奥演绎爱德华时代风格的新装秀后，这样告诉我。"她们不敢相信眼前所见的一切，这个她们光顾多年的传统时装屋竟然变成了这副模样。那些衣服哪件是希拉克夫人或蓬皮杜夫人可以穿的？"

阿诺特可不在乎。女装其实是亏损的，亏损的不是小数字。但新一代迪奥的顾客潮水般涌进 LVMH 旗下的品牌专卖店，购买与新兴时髦品牌相关的商品。香水、手袋的销量呈两三倍增长，带来了丰厚的利润。"卖给对的顾客不再是个问题了。"高级定制女装的顾客、美国社交名媛苏珊·古弗兰（Susan Gutfreund）承认，"尘埃落定，一切都是卖给大众的。你走过机场，买一副买得起的迪奥太阳镜，感觉也沾上了点儿奢侈品牌的魔力。"

20 世纪 90 年代大部分时期，阿诺特集团的真正对手是另一著名奢侈品航母历峰集团。历峰集团的根据地在瑞士，旗下有卡地亚、梵克雅宝、登喜路、万宝龙（Montblanc）以及蔻依，掌门人是出生于南非约翰内斯堡的荷兰裔商人约翰·鲁珀特。

鲁珀特的发家史毫无传奇色彩。第二次世界大战期间，鲁珀特的父亲安东和两位朋友接管了约翰内斯堡的一家小烟草厂，战后安东的商业才华得以大放异彩。他从著名的伦敦烟草商罗斯曼（Rothmans）那里获得香烟品牌的授权，在 20 世纪 50 年代将生意做遍了全球。20 世纪 70 年代，安东买下卡地亚和登喜路的股份，而登喜路旗下又有文具品牌万宝龙。就像路易威登之于 LVMH，卡地亚也是这个未来的奢侈品集团的基石和摇钱树。卡地亚增加了一个中等价位的副牌，名字叫"就爱卡地亚"（Les Must De Cartier），有力地帮助了集团的扩张和利润的增长。

鲁珀特本从事银行业，在纽约的两家银行柴斯·曼哈顿（Chase Manhattan）、拉札德·弗雷里斯（Lazard Frères）工作过。1985 年他就已经在南非开了自己的商业银行，但也加入了自家的企业。一度，企业飞速增长：拥有了以时髦嬉皮风格闻名的时装品牌克洛伊，还有高级腕表伯爵表（Piaget）、名士表（Baume & Mercier）。1988 年，部分原因是为了应对南非政府实施种族隔离政策遭到的贸易制裁，鲁珀特对公司进行了重组。他把奢侈品牌和家族的烟草、矿业资产分开，把前者转移到卢森堡和瑞士，自己担任了新集团的首席执行官。2002 年，他就任历峰集团的董事长。

鲁珀特和阿诺特一样难以捉摸。他很少在公共场合亮相，也极少接受采访。他成为英国报纸头条的那一次，是因为他对玛格丽特·撒切尔夫人说："当我打断你时别打断我。"他马不停蹄从一地飞往另一地，每年在两架私人飞机上度过的时间就有 700 个小时。[87]"为了调整心情，认清未来，你得上东方走走，"他曾这么说，"得到南非看看，得去纽约的大街上遛遛。"他从不参加新装秀，他曾向克洛伊的董事长拉尔夫·托里丹诺（Ralph Toledano）解释说："你才是主角，我不是。"

　　鲁珀特巡视他的品牌专卖店往往是微服私访：事先不告知，突然造访，经常没人认得出他。他把权力完全下放给各位首席执行官，却对运营状况了如指掌。他有金融业背景，但和管理层交谈时，谈的都是市场和策略，从不说图标数字。他高瞻远瞩，在品牌表现不佳时，他不会廉价卖掉它。他还会向它注资，有时甚至是相当大的资金，慢慢地、耐心地等待它们作出回报。历峰旗下品牌多数是珠宝和腕表，对此鲁珀特解释说："我们专注风格而非风尚。我们不想卖一年得打两次折的东西。"[88]

　　20 世纪 90 年代末，阿诺特等大亨群雄逐鹿于奢侈品领域、瓜分各品牌之际，鲁珀特却表现得相当谨慎。他只做了两笔大交易：1999 年他花 2.65 亿美元从巴黎珠宝商梵克雅宝家族手中买了 60% 的股份；2002 年，他以 18.6 亿美元的价格从沃达丰那里买来三个高级腕表品牌：积家（Jaeger-LeCoultre）、万国（International Watch Co.）、朗格（A.Lange & Sohne）。他还成为两家小公司——老英格兰（Old England）男士服装，兰姿（Lancel）皮具的最大股东。他接到豪雅手表（Tag Heuer）、玉宝表（Ebel）、尚美珠宝（Chaumet）、真力时手表（Zenith）要求合并的请求，但他拒绝了。他的回答是："这不仅仅是你要买什么的问题，更是不景气的时候能不能支撑它们的问题……以我的观点，建立信誉比购买信誉更能让你的股票表现出众。"[89]

LVMH、古驰、普拉达等众多奢侈品集团把旗下品牌捆绑在一起，以便在店铺租赁和广告上能拿到优惠的价格，还可以把不同品牌的商品放在同一间工厂、由同一群工人生产制作。历峰集团的做法完全不同，鲁珀特让旗下的各公司保持相对独立。他说："产品完整的个性比各品牌的协同作用重要得多。广告大师大卫·奥格威（David Ogilvy）曾说，'消费者不是嗜血的傻子，她是你的妻子。'消费者想知道伯爵表就是在伯爵的工厂生产的，这是它与众不同的地方，否则它就是另一个牌子。"[90]

历峰集团的股份有 9.1% 为鲁珀特家族持有，其余的在瑞士证券交易所交易。鲁珀特家族还掌握历峰一半的投票权。鲁珀特表示，尽管每个季度都要求利润有大幅度增长，但他并无压力。他曾说："我们不赶时间。"[91] 的确如此，分析师说他付给梵克雅宝家族的钱太多了，他听了就耸耸肩膀。收购后不久，他说："过 5~10 年再看，它会是桩划算的买卖。"[92] 他特别小心谨慎，以至于银行分析师们给他取了个绰号：鲁珀特熊。

鲁珀特的战略行之有效。2005 年，历峰集团的营业额达到 52.5 亿美元（43.1 亿欧元）。据分析师的报告，卡地亚占了历峰一半的营业收入，营业利润所占的比例达到惊人的 85%。[93] 据报道，卡地亚 60% 的收入来自于销售腕表。

由于各品牌的营业额呈指数增长，香水和配饰又带来源源不断的收入，LVMH 赚得个盆满钵满，都快溢出来了。阿诺特自觉无所不能，所向披靡。1998 年，他悄无声息开始大量收购古驰的股票，古驰是那时最炙手可热的品牌。

古驰的经历如同过山车，有起有伏。1923 年，古驰起家的时候，只是佛罗伦萨一间销售进口行李箱的小门面。随着生意的做大，店老板古齐欧·古驰便开了一间工厂，生产自己设计的产品。20 世纪 30 年代，国际联盟对墨索里尼掌权的意大利实施经济制裁，造成供应短缺，于是古驰开始实验采用新材料，比如用竹子、帆布来制造产品，并且生产皮带、钱包之类比较小的皮具。到了五六十年代，在老古驰的两个儿子鲁道夫、奥尔多的带领下，公司很是繁荣兴盛。古驰推出的花卉图案围巾、竹子拎手的手袋、马勒平跟船鞋⑥成了杰奎琳·肯尼迪、格蕾丝·凯利等偶像的最爱。

20 世纪 70 年代，古驰家族陷入豪门恩怨的纷争，过度授权也让他们麻烦不断。到 80 年代末期，被古驰集团授权的产品全球超过 2.2 万种，从烟嘴到苏格兰威士忌，哪儿都能见到古驰的名字。[94] "古驰大多数时候在吃老本，"布莱恩·布莱克（Brain Blake）说，他于 1987 年加入古驰集团，10 年后做到了总裁一职。"当时古驰绝大部分生意靠的是销售印有'双 G'图样的帆布质地产品，这些产品成本低，也卖不出好价钱。真正有品位的奢侈品客户是不会买古驰的。"[95] 著名的市场营销策略家费斯·波普康恩（Faith Popcorn）的评论更坦率直白："当你看到（古驰那红加绿的招牌色）条纹，就想把它扔掉。"

20 世纪 80 年代，鲁道夫的儿子莫里奇奥（Maurizio Gucci）接手公司，带来了多米尼克·德·索雷。德·索雷出生在意大利，毕业于哈佛大学，曾在华盛顿顶尖的律师事务所做过律师。莫里奇奥任命他为公司总裁，而他也将古驰美国公司（Gucci American）引向了蒸蒸日上之途。接下来的几年里，德·索雷开除了古驰 900 名员工中的 150 人，招募来销售经验丰富的职业经理人，公司直接负责销售，控制授权的数量，赎回特许经营权，种种措施都是在效仿亨利·雷卡米尔做垂直整合。1989 年，莫里奇奥说服鼎鼎有名的零售业奇才道恩·梅洛（Dawn Mello）辞掉她在纽约波道夫·古德曼（Bergdorf Goodman）百货公司总裁的职位，来到米兰担任古驰的创意总监。梅洛大刀阔斧砍掉绝大多数的现有产品线，组建了新的设计团队，其中就有汤姆·福德。福德当时只有 29 岁，主修室内设计，曾做过模特儿、演员，还在纽约第七大道有过几年服装业的从业经验。他让古驰陈旧老气的设计变得活泼起来，并为公司塑造出时髦的形象。福德告诉我："我进公司后第一件事就是做竹节提手包包。第一天。"

古驰有了新团队、新面貌、新规划，但还不足以挽救古驰的颓势。莫里奇奥为新计划投入了巨资，而古驰的两大市场——中东战争爆发、美国经济衰退，都给公司雪上加霜，使公司陷入入不敷出的泥沼。据报道，1991—1993 年公司亏损高达 1.02 亿美元，濒临破产。巴林的一家投资集团"投资公司"在 20 世纪 80 年代末买通了古驰家族的几名成员，于 1993 年以 1.7 亿美元买下莫里奇奥剩余股份的 50%。一年半之后，莫里奇奥在米兰被前妻雇佣的职业杀手枪杀身亡，梅洛离开公司，福德成为创意总监，而德·索雷被任命为公司的首席运营官。

德·索雷新官上任，烧的三把火之一是把古驰的产品价位调低 30%，让价位低于香奈儿和爱马仕，与路易威登、普拉达同一价位。然后，福德施展创意魔法，把消费者拉回来。1995 年 3 月，福德全权主导设计后的第一批作品发布了。他完全摒弃了古驰端庄的贵族形象，重建了一个更摩登时尚、富有性感挑逗意味的风格。"当我第一次把穿着臀部紧绷绷的裤子、闪着金属光泽的衬衣的模特儿送上伸展台，我还记着自己有多惶恐。因为我在格调上做了戏剧性的变化。"福德在 1996 年对我说，"我真的应该再三思考古驰本身，以及古驰应该有的形象。很多人（时装编辑和零售商）会说：'喔！太棒了，但它不是古驰。'"这有什么关系呢？大众买账就行了。古驰的营业额从 1994 年的 2.64 亿美元飞升到 1996 年的 8.8 亿美元。[96] 小规模的奢侈品牌和平价服装连锁店，比如盖普、Zara 开始学习福德的设计，"投资公司"让古驰上市，成为奢侈品行业有史以来最成功的首次公开募股（IPO）。

早在 1991 年，长期关注古驰的阿诺特就打起了收购它的主意。不过据传闻，他大费了一番周章，却撒手了，告诉合作伙伴这个品牌没什么前途。后来他眼睁睁看着古驰开枝散叶，成长为明星品牌，懊恼地更渴望得到它。1999 年初，阿诺特悄无声息花 14 亿美元买下古驰 34.4% 的股份后（其中 10% 是从普拉达手里买来的），他开始筹划出价接管。被时尚杂志戏称为"汤与德"（Tom & Domenico）的二人组合自然出手反击绰号为"喀什米尔的狼"和"狡猾的蛇"的阿诺特。《女装日报》称这场对抗战是"手袋战役"。福德威胁道，如果阿诺特接管古驰的计谋得逞，他将辞职；在他的合约中有允许迅速离职这一条，他要将其作为"汤姆炸弹"。而德·索雷则公开宣称："阿诺特妄想偷走这家公司。"[97]

1999 年 3 月 19 日星期五，事态发展到胜负关头。上午 8 点 30 分，阿诺特在巴黎郊外的迪斯尼乐园主持了一个高层会议，之后他再度前去与德·索雷会面。但是，德·索雷却唱了另一出戏。他和福德在巴黎召开了一场新闻发布会，宣布古驰集团有了白武士的保护，白武士就是阿诺特的死对头，法国金融家弗朗索瓦·皮诺特（Francois Pinault）。皮诺特是春天百货集团（Pinault-Printemps-Redoute，PPR）的老板，旗下还有嘉士得拍卖行、春天连锁百货公司（Printemps）、雷都邮购公司（La Redoute）。皮诺特以 29 亿美元买下古驰集团 40% 的股份，平均每股股价 75 美元，比阿诺特愿意出的每股价钱还少 10 美元。皮诺特还以 10 亿美元买下伊夫·圣·洛朗左岸（Rive Gauche）成衣品牌和化妆品公司。阿诺特说这番举动令他"措手不及，瞠目结舌"。"皮诺特和妻子会上我家做客，而我妻子在他儿子的婚礼上就坐在他旁边。"[98] 阿诺特对《女装日报》大发牢骚。皮诺特事先没有对他透一丝口风，令他大为光火。

皮诺特闻言则大笑。"怎么？难道我要打电话给他，告诉他：'亲爱的朋友，我正要从你手中偷走古驰吗？'"[99]

很快，福德就兼任了伊夫·圣·洛朗的设计师，和德·索雷联手对伊夫·圣·洛朗进行垂直整合，花大力气将它发展为全球性的奢侈品牌。伊夫·圣·洛朗的前老板皮尔·贝尔热（Pierre Bergé）是老旧的授权派，春天百货集团接管伊夫·圣·洛朗之际，发现他派出 167 份授权书，范围从衣服到打火机，而直营店全球不过 13 家。[100]春天百货集团还得到几个经典奢侈品牌，有巴黎世家、宝缇嘉（Bottega Veneta），还有珠宝品牌宝诗龙，它们全被改组，由一位年轻的设计师掌舵，提高了公司的运转效率。集团还资助两位年轻设计师创立了新品牌：辞去克洛伊设计师一职的斯泰拉·麦卡特尼（Stella McCartney），和离开纪梵希的麦昆。2004 年 4 月，"汤与德"离开古驰，原因是春天百货集团要收回他们的自主权，要求他们凡事向上一级呈报。换句话说，皮诺特想让古驰更集权化。

古驰迎战阿诺特大获成功，意义深远：这是阿诺特第一次在他发起的游戏中成了输家。输了的滋味可不好受。"伯纳德·阿诺特痛恨失败，"阿诺特的一位亲信告诉我。在古驰集团创建之前，奢侈品业内尚有几家集团，但都不足以构成威胁，LVMH 独占鳌头。现在，古驰集团横空出世，阿诺特在品牌、设计师、顾客群等方面都有了强劲直接的竞争对手。新的游戏开始了，而伯纳德·阿诺特再也不能制定游戏规则了。

鹬蚌相争，渔翁得利，其实，普拉达才是 LVMH 与古驰之争的最大赢家。普拉达的董事长帕特里奇奥·伯特利 (Patrizio Bertelli) 将他持有的 10% 古驰股份卖给 LVMH，获利 1.4 亿美元，于是他拿着这笔钱去买别的奢侈品牌。1999 年，伯特利买下纽约的潮流品牌赫尔穆特·朗 (Helmut Lang) 51% 的股份。赫尔穆特·朗是出生于奥地利的设计师，他的品牌以成衣为主。伯特利买下了英国鞋业公司丘奇 (Church & Co) 的股份后，又争取了几年，控股了极为成功的德国设计师吉尔·桑达 (Jil Sander) 的成衣公司。仅 6 个月，伯特利便将一群各自为政的奢侈品牌聚在了一起，抱团之后，这些品牌每年为集团增加了 10 亿美元的营业额。

普拉达的总部在米兰，从大楼外观怎么也看不出这是全世界最成功的奢侈品牌之一，而且是一个重要的奢侈品集团的基石。当你到达伯尔加摩街 21 号普拉达公司的院子，会以为出租车司机走错路了。这条街灰暗单调，是一个极度工业化的城市里极度工业化的地区。(LVMH 集团的总部与普拉达全然不同，现在的总部位于蒙田大街一座闪亮现代的新楼里，对面是华贵的雅典娜广场饭店。) 普拉达的大门是毫无特点的橡木门，门上没有公司名、门牌，什么都没有。走进大门，一位穿着灰色衣服的保安上前接待你。安保室、铺着鹅卵石的庭院、院子四周各式各样像工厂的建筑物，还有院子里停放的多辆汽车——每样东西都是灰色的。唯一与众不同的是保安的灰色制服：这可不是一般保安穿的皱巴巴的制服，而是用僵直的——有人说这是新法西斯主义的表现——线条裁剪制作成的普拉达公司的制服。而保安身后的时钟显示着米兰、纽约、洛杉矶、东京、悉尼和香港的时间。2006年春天我到访时，有几个钟表的时间误差了几分钟。

我被带进一个常常在媒体上看到的房间。那自然就是普拉达女士的办公室了，办公室内的氛围和她的设计一样刻板僵硬、矫揉造作：灌浇混凝土地板，一堆橘色和黄色的塑料模制伊姆斯椅子（Eames），而在房间中央的地板上凸出一根金属滑梯——它可是艺术家卡斯顿·霍勒（Carsten Höller）的作品，名为《第五号滑梯》。它穿过三层楼直通地面的停车场，普拉达被记者追问的时候，就"嗖"地坐着滑梯一溜而下。

普拉达走进了房间，看她的范儿，似乎这间办公室是她家的沙龙，陪她进来的不是公关经理而是她信任的男管家。这是个出生于富裕的资产阶级家庭，在仆人女佣、豪华气派和彬彬有礼的围绕中长大的女人，完全不像她的竞争对手多娜蒂拉·范思哲（Donatella Versace），后者明显出身草根阶层。普拉达的矫情一点儿都不是装出来的，势利在她骨子里就有。她穿了件宽下摆的裙子，腰间紧紧系着腰带，就像20世纪50年代有教养的中年女士的穿着，让我想起美国20世纪60年代情景喜剧《我爱露西》里的角色露西亚·波尔。她的裙子用海军蓝的棱纹绸做成，走起路来沙沙作响，一件浅蓝色的牛津式衬衣束在裙子里。她脚上穿着竹子底的鞋，当她走过刷了油漆的水泥地板，鞋子唧唧地响，摇曳生姿的步态好像中国裹了小脚的女人。她的栗色头发已经开始发灰，长度恰到好处地剪至齐肩，头上戴了资产阶级女性必备、用深绿色布料编织而成的发带。她脸上脂粉未施，甚至连口红都没有搽，眉毛却精心刷过。她有个贵族式的侧影，是雕塑大师们在大理石上表现出的那种侧脸，坚挺的鼻子上撒满雀斑。她耳朵上挂着大大的悬垂式古董钻石耳环，不是她自己的便是某人留给她的传家宝；左胸上别了个20世纪50年代风格的鲜艳大胸针。

　　她吩咐一个随侍在旁的助理给她拿来一壶茴香茶。她仪态优美地倒茶，像得体的英国仕女。一边倒茶，她一边不情不愿地告诉我些许普拉达家族和公司的历史。她的外祖父马里奥·普拉达（Mario Prada）出身公务员家庭，"他们肯定是有些资产的，因为他们还能到处旅行，"她说。此外，马里奥还热衷欧洲上流社会奢华的生活方式。1913年，马里奥和哥哥马蒂诺一起在米兰"艾曼纽二世拱廊"开了家名为"弗雷特利·普拉达"（Fratelli Prada）的店铺。"艾曼纽二世拱廊"是19世纪末期建起的购物广场，有马赛克铺设的地面和拱形的玻璃屋顶，离米兰大教堂不远。在斯卡拉歌剧院舞美设计师尼科拉·比诺伊（Nicola Benois）的帮助下，马里奥用了昂贵的木材、黄铜栏杆，还摆上皮面书籍，别具匠心将店铺装饰得犹如英国贵族家的图书馆。普拉达告诉我的和以往反复讲述的故事有一些不同，她说，"弗雷特利·普拉达"不卖行李箱，也不是路易威登那样的"旅行用品公司"，而是一家专卖"奢侈品"的精品店。的确，在拱廊店铺的门上仍有原来的牌子，上面的字样读作"奢侈品"（Oggetti di Lusso）。普拉达说："他去维也纳找最好的皮料做箱子，到波兰找水晶做瓶子，他卖手表和晚宴包，他和艺术家、工匠们一起工作。"她给我看马里奥一些作品的照片：1918年做了一个蜥蜴皮小手袋，缀着白铁和琉璃的包扣；1925年做了一个黑色丝绸手包，有手工雕刻的象牙猴子钩环；1927年做了一个青蛙皮的钱包，上面镶一朵银质花朵；1938年做了只龟壳和搪瓷的手表。普拉达说："他创意十足。"

普拉达说，她不清楚"弗雷特利·普拉达"店是如何度过第一次世界大战的，显然战争对其是有影响的，因为战后马蒂诺就收手不干了。马里奥在曼佐尼街附近，离斯卡拉歌剧院不远的地方开了第二家店。这家店安然度过了第二次世界大战，然而战后马里奥也关闭了店铺，彻底歇业。之后的家族历史细节，普拉达语焉不详，她解释说，那是因为她对过去的事情没什么兴趣。有些细节也许是真的：在普拉达的设计作品上有个珐琅小三角形商标，是唯一看得出家族渊源的物品，这个图案灵感来自她外祖父行李箱上的商标。普拉达的少言寡语部分原因可能是出于她接受的传统教育，但我能感觉出其中的神秘，这个家族的某些事情，至少是普拉达本人的某些事情，被隐瞒起来了。我激她，给她压力，希望她能多透露一些，如果她算是回答了的话，那她也是说得怒气冲冲，吞吞吐吐。她没有告诉我的，我从普拉达身边的消息人士那里打听到了。

马里奥娶了一个名叫菲尔内达的女人（普拉达没有告诉我她的名字），他们生了两个女儿，一个是普拉达的母亲露易莎（Luisa）。普拉达没有告诉我她姨妈的名字。20世纪40年代某一年，露易莎嫁给一个姓毕扬基（Bianchi）的男人，"他出身一个富裕、古怪的家庭"，普拉达说。她没有再告诉我任何她父亲的事——他有没有工作，有没有负担家庭生活，有没有经营家里的公司——一概没说，除了说他"古怪"。"我母亲会很生气的，她觉得我已经说得太多了。"普拉达解释道。后来我得知她父亲的名字是路易吉（Luigi），别人都叫他"吉诺"。

毕扬基和露易莎有3个孩子，阿尔贝托尔、玛丽娜、玛丽娅——她就是后来人所周知的缪西娅。他们在罗马门大道的家是栋4层高、建于19世纪末的大宅，至今普拉达和其他家族成员仍然住在那儿。采访时，我问她为什么她的姓名是缪西娅·普拉达，而不是缪西娅·毕扬基？普拉达回答："我的名字是缪西娅·普拉达·毕扬基。一些女人会保留她的姓名，在意大利是这样的。"其实，根据普拉达身边消息人士的说法，到20世纪80年代末缪西娅·普拉达的正式姓名都是缪西娅·毕扬基，她过继给年老未嫁的姨妈后，才正式改名为缪西娅·普拉达。

第二次世界大战结束，马里奥·普拉达对他的事业失去兴趣，将店铺平平淡淡经营到1958年他去世。露易莎接手了家里的生意。那时，一位已婚且有三个孩子的贵妇在店里工作是难以想象的事。普拉达如此解释这桩事：店里的生意实际上有两个生意人在经营，

"我母亲只是在那儿帮忙而已，那是她兼职的工作"。我问她是否到店里去帮过忙，比如收银、给订户送货等，她不可思议地看着我。"那时我还是个学生！"从她的语气听得出来，当时她那个阶层的学生是用不着工作的，就算在自家店里打零工也不可能。普拉达还记得小时候去过一两次拱廊店铺，"那不是女人该去的地方。"她坚决地说，尽管那是——至少在理论上——她妈妈的店。她父亲吉诺几乎不管家里的生意，有一点可以提的是，他生产高尔夫球场用的割草机。[101]

她母亲的"兼职工作"有一搭没一搭地拖了 20 年，直到耗光家里的财产。"我们从富有降到小康"，[102] 普拉达曾这样告诉一家意大利报纸。终于，28 岁的普拉达在 1978 年接手了公司，最初她手足无措，一筹莫展。她有米兰大学政治学的博士学位，还在当地的皮寇罗剧团学习了 5 年，希望当一个哑剧演员。她唯一的时尚经验就是生活在奢华中：她有时尚瘾，穿的都是伊夫·圣·洛朗、比芭（Biba）、安德烈·库雷热（Andre Courreges）的高级成衣。她在心里很抗拒接管家里的生意：她主张男女平等，拥护社会主义——虽然喜欢穿伊夫·圣·洛朗，她毕竟是个从未工作过的资产阶级女权主义者，是个共产党员。"我对时尚如痴如醉，但并不信仰它。"她告诉我。后来她说服自己，这家公司"不是做衣裳的，尚不算轻佻的行业"。我问她，没上过一天管理课，也没做过一天的相关工作，为什么就敢来管理一家公司？她挥挥手，似乎这问题是个小虫子，打扰了她。

做了一年，她气馁得快认输了。这时她遇到了伯特利，一位来自托斯卡纳地区阿雷佐的皮具制造商。时尚业有个传说，1978年普拉达在米兰的商业展上抓住他正在销售仿冒她设计的便宜包，理直气壮缠着让他停止销售，然后决定让他加入公司负责生产。我向她求证这一传说的真实性，她却说了另一个版本的故事。伯特利——她总是称呼他的姓氏，从不叫他的名字帕特里奇奥，来到拱廊店铺对她说："我们为什么不联手做呢？"她被他"锐利的眼神"征服，于是答应再考虑考虑。她继续说："如果我没有遇到他，我可能半途而废了。当时我买不起一间工厂，当然现在我买得起了，可当时呢？女人开工厂？我认为这行不通。他有一家工厂，已经在经营了，而我可以负责创意的部分，这样立刻就能把家族公司带到新的境界。"我问她商展上的那个故事，她言简意赅地说："我知道他的公司。我和很多人见过面，然后见到了他。我不知道有没有在展会上注意过他，或者是否在店里见过他。"这对伙伴的关系迅速从生意往来发展为罗曼史，他们同居了 8 年，于1987 年结婚，生了两个儿子。

毋庸置疑，是伯特利推动普拉达的生活拐了个弯。10 年间，普拉达负责鞋履和女装的设计，灵感都来自她资产阶级的教养和品位。20 世纪 90 年代中期，她创建了更年轻化的副牌 Miu Miu、男装系列、普拉达运动装（Prada Sport）。普拉达坚持说，这些事情都违背了她的个人意愿。她对我说："鞋子吗？我不想做鞋子。衣服啊？我也不想做衣服。"每看到普拉达踟蹰不前，伯特利就会如此应对："那好吧，你就不要再掺合了。"这么一说，普拉达便明白了，那是她"不可能"同意的事。回头看，普拉达很高兴伯特利推着她向前走。"如果我只做手袋，一定会很没劲，"现在她说，"一旦你敞开心胸，就能学到更多。"

普拉达说起这件事时，总是不愿承认她的所作所为是为了五斗米而折腰。她解释："这是巨大冲突。我很愿意说明什么是奢华，奢华就是仆从成群和16世纪的服务。如果你想讨论世间罕见的美丽，我知道那长什么样子。在今天要伪装奢华是很容易的。你给品牌添加一些历史细节，再加上一点珍贵的装饰，这就成了奢华。我忍受不了这个……真正懂得奢华的人痛恨身份地位，你也不会因为穿上昂贵的衣服就看上去很富有。当你看一个人时，你看到他散发出来的精神、魅力和创造力了吗？只看到一颗大钻石，那代表什么？不过代表心满意足罢了。我觉得这太可怕了——对品位的判断完全基于金钱的多少。拥有奢侈品让你看起来更好，这全是幻觉。真的！那不能带给你什么，那太陈腐了。"

有段时间，普拉达几乎可以逃脱每天的纠结了：她被要求参加意大利议员的竞选。当然，她不会告诉我什么时候竞选，她代表哪个党派。她退缩了。"我得为此放弃工作。"她又说："你能想象一位著名设计师参与政治吗？"我当时差点脱口而出伊洛娜·斯塔勒（Ilona Staller）的名字，这位色情明星曾以"小白菜"（Cicciolina）的艺名火爆一时，又在20世纪80年代当选意大利国会议员。但我识趣地闭上了嘴。

缪西娅·普拉达不情不愿地设计服装、鞋子和手袋，帕特里奇奥·伯特利则专心打理普拉达的经营。他的理念是利用恐惧实现绝对的控制。他身材矮胖，长着一张斗牛狗似的脸，留着修饰整齐的白色卷发。他的眼镜是怀旧风格的摩登派，就像彼得·塞勒斯⑦戴的那样，只是更窄。这让他看起来像个时髦的知识分子。没人知道他有幽默感，而他的坏脾气却是尽人皆知。他会为一丁点儿错大发雷霆，暴怒的时间"不是一分钟，而是半小时"！一位以前在他手下干过的人回忆道。从没有人敢还嘴，除了缪西娅。他们俩能像狗和猫那样在办公室打斗一天，然后又一块儿回家共进晚餐。

伯特利参与到公司的每一个细节中：他为公司选择文具，为员工食堂定制菜单，亲自招聘了大多数员工。他在纽约开美国分公司时，所有的办公家具都让人从米兰运来，还给员工餐厅运来一大批意大利面和他最喜欢的橄榄油。纽约办公室的瓷器、餐具和米兰、东京的一模一样，前台接待也穿着同样的制服。每天中午，清洁工会到办公室来清理烟灰缸和垃圾桶。一切都井井有条，一位员工告诉我。

伯特利的经营理念有时候是不同寻常的。例如，20世纪90年代早期，他就砍掉了公司的热销手袋产品系列，因为他不想让普拉达成为只有一个产品的公司。"即便是那些赚钱的业务，如果他知道这些业务会阻碍公司的成长，也会被他砍掉。"纽约普拉达的前公关总监莱斯利·约翰森（Leslie Johnsen）说。他会全心投入到设计中，然后自己重新开发一个完整的手袋系列，这一点已为人所知。缪西娅在公开场合赞许他这些掺和，她曾经说，"他这么做是会有点烦，但我得承认，当他插手一个产品时，这产品会变得更好。"[103]

在伯特利的掌管下，普拉达的业务蒸蒸日上，从 1991 年的 2 500 万美元增加到 1997 年的 7.5 亿美元。[104] 然后伯特利开始像缪西娅厌恶的那些暴发户那样花钱。在 20 世纪 90 年代后期，他斥资超过 5 000 万美元为美洲杯建造了眩目的灰红色帆船"红月"（Luna Rossa）。伯特利是个雄心勃勃的水手，他认为这种高调的竞赛会为普拉达赢得新的客户群，还能推广普拉达的运动产品系列。这个运动系列就称为"红月"，是在 1997 年推出的设计过度、价格离谱的运动服装系列。20 世纪 90 年代后期，普拉达的店面设计师罗伯托·巴奇奥基（Roberto Baciocchi）受命将贝加莫路上的一座老留声机厂改造成公司的新总部，和伯特利夫妇的当代艺术基金会"普拉达基金会"（Fondazione Prada）办公场所。这个建筑里，裸露着钢梁和水泥墙面的大厅是普拉达男女成衣系列的秀场，每年还举办两场艺术展，参展的艺术家有森万里子（Mariko Mori）、巴利·麦基（Barry McGee）和卡斯顿·霍勒。我在那儿时，纽约的艺术家汤姆·萨奇（Tom Sachs）正在为展览作准备。

2000 年后，伯特利开始走背字。"红月"在美洲杯的决赛中惨败给新西兰队；吉尔·桑达辞去她创办了 30 多年的公司的首席执行官和设计师职位，"理由很简单，我和伯特利的经营理念不同。"桑达后来告诉我。没有了桑达执掌设计，公司最终垮掉了，吉尔·桑达这个品牌也大伤元气。而普拉达集团还在无止尽地扩张，包括斥资 4 000 万美元在曼哈顿下城修建雷恩·库哈斯（Rem Koolhaas）设计的旗舰店。这间原计划在 2001 年底揭幕的旗舰店让公司背上更大的债务。为了募集资金，伯特利决定在 2001 年 9 月底让公司上市。孰料当年 9 月 11 日在纽约和华盛顿发生了恐怖袭击，普拉达的首次公开募股泡汤。奢侈品行业也在一夜之间萎缩。到 2001 年，据报道普拉达集团大约负债 19 亿美元，几乎和营业额持平。[105]

在谈到股票首次公开发行时，普拉达的回应大大出乎我的意料。我告诉她，我在晨报中看到，现在普拉达集团失去了吉尔·桑达、赫尔穆特·朗等品牌，因此，业内谣传普拉达公司可能想再公开上市一次。不是，她说，不是真的。我问："你曾有过几次公开上市的念头？三次，对吗？"不是，她又说了一遍。一次是 2001 年 9 月 18 日，还有一次，她继续说，是媒体杜撰的。

我停止了做笔记，直视她。我了解到，为了普拉达集团 2001 年 9 月第一次公开上市的计划，普华永道国际会计师事务所曾为他们准备过资料，后来又分别准备过两次；而其中的一次，伯特利也在 2002 年举行记者见面会发布过消息。

　　普拉达的回避态度，其实不明智地露出了今天奢侈品业的阿喀琉斯之踵：奢侈品公司的管理者们想成为全球性企业的领导者，他们不仅对大众隐瞒产品的生产制造过程，还要隐瞒品牌的运作。假如真相大白于天下，大众对品牌的信心将会瓦解：消费者将不再购买奢侈品，公司的利润会直线下滑，品牌连同它们的母公司会面临破产。公开上市的公司要透明化，也就是说，在每年的财务报告中他们必须提出财务数据。但是，当诸多名牌合并成一个大集团，管理者就可以把所有的数字混在一起，从而混淆真相。从整体看，LVMH获得了利润，它的品牌由于大肆宣传似乎也极为成功。但是，你所不知道的是，LVMH旗下的路易威登每年创下营业额纪录时，另两个品牌纪梵希与高田贤三（Kenzo）的收入却差强人意。

　　近10年来，奢侈品业内形成了更多的集团，有宝格丽集团（Bulgari Group）、菲拉格慕集团（Ferragamo Group）、瓦伦蒂诺时尚集团（Valentino Fashion Group），时尚业内现有的品牌几乎都被卷入这些大集团的资本运作游戏。今天，只有寥寥几家欧洲奢侈品牌仍然坚持独立，只由私人经营，它们有法国的索尼亚·里基尔（Sonia Rykiel）、意大利的阿玛尼（Armani）、杜嘉班纳（Dolce & Gabbana），还有范思哲，虽然创始人吉阿尼·范思哲（Gianni Versace）在1997年被谋杀之前曾说过要公开上市。而乔治·阿玛尼，现在已是70多岁的高龄，还没有确定继承人，多年来他也审慎地考虑过各种意见，包括卖给LVMH和公开上市，但他拒绝这些方案。

有一次，我问阿玛尼为什么拒绝那些方案？他回答："我可以让自己夜里回办公室去修改我想修改的任何事，而不需要征求任何人的意见，也不必为达成一定的财政目标而焦虑。因为投资者——他们什么都不懂——决定了今天要 10% 的什么，接下来是20%、30%。这就是关键所在。"他还说："有时候结果需要等待，然而大多数的情况是，市场需要即刻看到结果。从心理学的角度看，这样不适合我们的工作，因为这会消磨我们的热情。"

注释：

①马基雅维利：尼可罗·马基雅维利（Niccolò Machiavelli，1469—1527），意大利政治理论家，他的著作《君主论》阐述了一个意志坚定的统治者不顾道德观念的约束，如何获得并保持其权力。

②科特·柯本：Kurt Cobain，美国摇滚乐队"涅槃"主唱，1994 年开枪自杀。

③伦敦东区：劳动阶层聚居区，这一带居民的说话口音、用词和英国中产阶级都有很大的不同。

④强尼·罗登：Johnny Rotten，英国摇滚乐队"性手枪"主唱，以脾气恶劣著称。

⑤萨维尔街：Savile Row，位于伦敦市中心梅菲尔区的一条街，街两边有很多裁缝店，以手工定制高级的男装闻名。

⑥马勒平跟船鞋：鞋脸上有金属横带状的装饰物，像马的勒口，这种鞋款是古驰发明的。

⑦彼得·塞勒斯：Peter Sellers，英国喜剧演员。

Chapter Three

GOING GLOBAL

全球化

不知足者是为贫。

——日本谚语

　　日本摄影记者和出版人都筑响一（Kyoichi Tsuzuki）为日本最老牌的时装杂志《流行新闻》（*Fashion News*）拍了近 10 年照片，这些照片反映的是为奢侈品牌癫狂的日本人，在狭小的公寓中，他们被自己收集的衣服、领带、围巾、首饰、手袋和鞋子所包围。都筑把他的摄影对象称作"幸福的牺牲品"，尽管他们是品牌营销的牺牲品，但那些东西看起来似乎给他们带来了某种幸福。2005年 11 月一个清冷的早上，我到都筑响一在东京的公寓拜访了他。喝过几杯茉莉花茶后，他跟我谈起这些幸福的牺牲品们。有一位爱马仕的收集者是个专利官员，住在一幢不带电梯的楼房的狭小公寓中。他把他所有的爱马仕衬衣、领带和皮具都放在原来的包装盒袋中，然后堆放在榻榻米上。他花了 50 万日元（大约 4 000美金）买了个爱马仕公文包，在提这包时他会在提手上包上爱马仕的手巾，防止皮子被汗水污损。

还有一位僧人以宗教般的虔诚收集川久保玲（Comme des Garçons）。都筑告诉我，每月都会有一次，他脱去袈裟，换上川久保玲先知先觉的前卫服装，从寺庙前往东京挑几件川久保玲的衣服。他对这些衣服的超自然力量深信不疑，甚至称他那早年失足的妹妹自从穿上川久保玲就悔过自新。有位预科学校的英文老师，开始穿吉阿尼·范思哲的华丽服装，为的是吸引学生们的注意。十年后，他已经有上百件范思哲，收集的宝格丽首饰也让人吃惊。他和没工作的女朋友住在一间小公寓里，他的女朋友每天做的事就是整理这些衣物。这些人里还包括汤姆·福德收藏家（她还有古驰和伊夫·圣·洛朗）、阿玛尼先生、麦昆小姐和一位马吉拉^①狂人。这位狂人对自己的收藏品呵护备至，从来不在家里做饭，因为不想让那些衣服沾上烟火气。他冰箱里唯一的东西就是眼药水。"他口渴时，就去便利店买水就地喝完，然后再回家。他不想在房间里搁任何垃圾。"都筑说。

都筑的主角们似乎都很偏执，事实上他们是日本社会中沉迷于名牌的代表群体。分析师预测，全球奢侈品有20%卖到了日本，30%卖给了到海外旅游的日本游客。这意味着，日本人买走了全世界一半的奢侈品。今天，全日本约有40%的人拥有一件路易威登的产品。在市场调查中，他们理直气壮地宣称，买奢侈品是因为其耐用。然而，专家认为这背后有更深层的社会学意义。根据民意调查，日本人认为日本是一个无阶级的国家；在一项调查中，85%的日本人定位自己是中产阶级。同时，日本人以全民一致为荣。

从社会经济学的角度看，通过穿戴带商标的奢侈品，日本人能够定义自己，让自己遵守社会习俗，符合一致性社会的要求。使用奢侈品就如同他们给自己贴上了标签。

日本消费群体对奢侈品行业的影响无法估量，他们的品位影响了产品与店面的设计，他们的旅游习惯影响了品牌扩张的方向，他们的苛求影响了专营店的经营方式。路易威登首席执行官伊夫·卡萨利说："我们决定任何全球策略时，都会先问问日本同事，日本对此的观点。"换句话说，是日本人同化了奢侈品，而奢侈品被推向全球，实际上就是同化了全世界。

日本人对西方奢侈品的热爱是近代才有的现象。20世纪六七十年代，日本经济腾飞，庞大的新兴中产阶级群体诞生，他们希望过一种更奢华、更炫耀的生活。一般来说，拥有豪宅等庞大的不动产是证明你过着奢华生活、显示你财富的最露骨的方式，但在人口稠密的岛国日本，这几乎是不可能完成的任务，因此日本人转而选择穿戴昂贵的服饰来彰显财富。在战后的新生代看来，出自西方的奢侈品，比如皮具、丝绸围巾、皮草、珠宝，是最高地位的象征。

可是，日本国内的奢侈品销售渠道非常狭窄，导致日本国内的货源非常贫乏。为了满足疾速增长的奢侈品需求量，日本中间商到欧洲以零售价格买下商品运回日本，在东京的商店以3～4倍的价格出售，创造出一个所谓的平行市场（parallel market）。这种平行市场让欧洲奢侈品公司的高管们甚是困惑：他们旗舰店里的商品被一扫而空，可他们却对海外的商品销售束手无策。

1976 年 2 月，路易·威登的曾孙亨利-路易邀请毕马威国际会计师事务所的顾问幡田次郎（Kyojiro Hata）到玛索大道的办公室讨论这个问题。[106] 幡田次郎在巴黎的生意与时尚毫不相干，对奢侈品业更是一无所知，甚至从来没有听说过路易威登。亨利-路易的举止给他留下了深刻的印象："他是一个非常内向、真诚的人，极为谨慎。"他至今对路易威登专卖店和店内商品所呈现出来的优雅格调记忆犹新："办公室里宁静的气氛与挑高的天花板设计，是我从未经历过的世界。"[107] 后来，幡田在他的回忆录《日本路易威登：奢华的创立》（*Louis Vuitton Japan：The Building of Luxury*）中写道："长长的房间里有一扇小窗户，通过窗户向外可以看到营业区，而墙壁里嵌着古董旅行箱。我第一次亲身感受到路易威登的悠久历史和精深的法国传统文化。我被唤醒了。"

亨利-路易对幡田说明了他的恼怒：日本人抢购路易威登的商品，导致路易威登必须限制日本顾客购买商品的数量。透过办公室的小窗户，幡田也看到了玛索大道的专卖店里日本顾客的疯狂行为，他们抢购路易威登就像抢购大甩卖的东西。幡田对这一现象大感兴趣，转向亨利-路易提议，由他来做个研究，对日本的奢侈品市场做出评估。亨利-路易同意了。

幡田回到东京后，发现东京都会里到处都在卖路易威登的花押字手袋，而且价格不菲。当时，日本只有一家批发商进口路易威登的产品，有授权的零售店只一家：位于赤坂东急饭店长廊商场的安国际。他回忆造访这家商店时的情景说："店里完全没有存货，而且没有人知道什么时候会上新货。"幡田将他的报告呈交给亨利-路易，报告里断定，时下正是路易威登进军日本市场，并在日本适度扩张事业版图的大好时机。亨利-路易认同了幡田的看法，并聘请他监督这项计划。当时，奢侈品公司只在几个主要的国际大都市设有专卖店，而且往往是通过授予特许经营权来销售的方式，或者就是在百货公司中销售数量有限的奢侈品。这意味着，奢侈品的零售市场大有可为。幡田则有更大的野心：征服海外领地，不只把奢侈品卖给日本的上流社会，也要把主要目标锁定在数量庞大、持续增多的富有中产阶级。路易威登在日本的事业扩张是奢侈品行业迈向全球化大胆的第一步，而让它迈出第一步的是一个圈外的生意人。

幡田想出了一个双管齐下的商业模式，并开始实施。[108] 首先，巴黎的路易威登不通过批发商，而是直接给日本零售商发货，当时，这种销售手法在奢侈品业前所未闻；第二，路易威登制定了一份管理条约，规定日本分部必须全力维护品牌形象，保护商标，并负责质量控制、广告与宣传，而路易威登再向百货公司收取授权费与管理费。路易威登在法国的总部直接领导日本分部的一切事务，从制服到包装纸，日本分部都与法国总部完全一致；在百货公司，路易威登的商品不包含在会员折扣、礼品目录单里。这一切都是为了努力哄抬品牌的形象。幡田一语道破其中奥妙："我们想准确传达的不只有路易威登的名字，还有品牌的价值，也就是它的历史与传统。"

1978 年 3 月，路易威登东京专卖店在 5 家百货公司开幕，接着，9 月又在大阪开了一家。每一家路易威登专卖店只有 700 ~ 1 000 平方英尺，却摆满了每一个尺寸的行李箱——"它们是路易威登工匠手艺的象征。"幡田告诉我。

接下来，幡田开始处理价格问题。1978 年路易威登在日本开第一家店时，由于货币汇率和政府的管制，东京的货品比巴黎贵出约 2.5 倍。为了市场平衡，扫除平行市场，幡田制定了浮动价格体系，随着汇率变化调整商品价格，以保证日本的路易威登商品售价不高出巴黎的 1.4 倍。立刻，路易威登在日本的价格跌了一半甚至更多。日本消费者突然觉得路易威登的价格很划算，尤其是与其他奢侈品牌相比。第一年，这 6 家店卖出了 580 万美元的商品，"震惊了整个业界"，对此幡田记忆犹在。两年内，日本路易威登专卖店的营业额翻倍，高达 1 100 万美元，幡田被任命为路易威登日本分部的经理，并且将其转型为股份公司，名为"日本路易威登"（Louis Vuitton Japan）。1981 年，幡田在时髦的银座开了路易威登第一家独立店面。

此外，日本人对商品品质显示出无人企及的挑剔。"他们对细节的专注，对品质的要求，无可匹敌，毫不妥协，"香奈儿日本分公司董事长理查德·克拉斯（Richard Collasse）说，"日本人对瑕疵持零容忍度。"

为了证明他的结论，他讲了个故事。那是在 20 世纪 80 年代，克拉斯在另一个奢侈品牌专卖店工作，一天一位日本女人拿了件女装走进来，说衣服有问题。克拉斯看了又看，终于看到有一条 2 英寸长的线头悬挂在褶边上。这个线头对她来说，就是决不能容忍的问题。克拉斯给她新换了一件衣服，反复鞠躬，事后还寄了一大把鲜花给她。后来，他决定做一个测试。他把这件衣服给一位法国女人看，她试穿了，很喜欢，看到了那条线，说："我可以剪掉它。"他又把衣服拿给一位美国女人看，她试穿了，很喜欢，压根儿没看到那条线。

同样的情况，幡田在路易威登也遇到过。他描述当时的情况："开头 10 年，我们常常得向巴黎方面退货，说：'在日本，这个水平的品质是不能被接受的。'一开始，巴黎总部很不理解我们的困难处境。如果我们退还的商品是因为搭扣的方向装错了，他们会跟我们争论说，你们可以把它卖给左撇子顾客。如果我们抱怨针脚不直，他们说手工缝制的东西本身就是这样，他们在巴黎卖的时候一点问题都没有。有一次，我们退回去了所有的商品，告知他们：'请把这些货拿到巴黎卖。'"[109] 后来，1991 年幡田在日本开了一家路易威登维修中心，现在已经有了两家。

路易威登在日本市场的扩张，使之在奢侈品业成了先锋。很快，它的竞争者们也把触角伸到了日本，在主要的百货公司销售商品，在东京银座的商业区、大阪开设专柜。这真是烈火烹油的好时机。20 世纪 80 年代早期和中期，日本经济突飞猛进，每年保持 3.7% 的增长率，战后新生代手中的可支配收入也急速增加。日本人大量投资海外产业，其中一些投资大到令人瞠目结舌的程度。1989 年、1990 年，三菱公司为了买下纽约洛克菲勒中心 80% 的产权，悻悻地掏了 14 亿美元；1989 年，索尼公司花 34 亿美元买下了哥伦比亚影业公司；1990 年，松下电器以 61 亿美元接手环球影视公司，其中包括环球影城；1990 年，日本商人斋藤良平（Ryoei Saito）斥资 8 250 万美元买下了梵高的画作《加歇医生肖像》。

然而，繁花似锦的景象也给日本带来了新的社会现象，银行界称之为"单身寄生虫"（Parasite Singles），指的是受过大学教育的女性，年龄在 25~34 岁，未婚，有份收入不错的工作——比如秘书、老师、主管——但却和父母住在一起。[110] 她们的经济能力在当时甚至现在，都令人不可小觑：分析师预测在 1.3 亿日本人口中，"单身寄生虫"的人数约占 10%。由于她们在生活上的花费很低，"单身寄生虫"把充裕的可支配收入用在了购物上。她们最爱的物品是奢侈品牌的皮具，尤为偏好印有商标的款式。没错！今天在日本销售的奢侈品中，23% 是钱包和手袋等皮具。

"单身寄生虫"族群一经形成，便在日本国内疯狂血拼，促使奢侈品公司在日本扩张店面，加大供应。甚至 20 世纪 90 年代早期泡沫经济破灭后，日本陷入长达 10 年的经济衰退，"单身寄生虫"对奢侈品的欲望仍没有降低。她们是 20 世纪 90 年代唯一增多了消费的群体，而且日本的国民消费中有 80% 出自她们之手。[111]

"单身寄生虫"们发现强势的日元在海外可以买到更多奢侈品，便参加出国购物旅游团，而旅行线路通常是获得了奢侈品牌授权的公司设计组织的。购物游鼓励了奢侈品在新兴的市场开设销售点，并且安排会说日语的售货员。"单身寄生虫"最爱的旅游目的地之一是夏威夷，因为夏威夷距离日本不远，风景旖旎，而且可以使用日元。

20 世纪 80 年代初，时任香奈儿日本区董事长的拉尔夫·弗格尔（Rolf Vogel）到夏威夷度假，被那里血拼的日本游客数量之大惊得目瞪口呆。"我们还是别打高尔夫球了，找个地方开店吧！"他对同事说。

弗格尔致电纽约的香奈儿主管，说了他的想法。

"在夏威夷开店？"他们说，"你疯了吗？"

弗格尔当然没疯。1984 年，弗格尔在夏威夷开了美国第一家香奈儿独立店面，比在纽约、贝弗利山庄开店的时间都早，店址在鼎鼎大名的皇家夏威夷酒店车道入口处的购物中心里。这家店主要卖配饰和香奈儿新任设计师卡尔·拉格斐（Karl Lagerfeld）设计的少量成衣。日本游客蜂拥而入，疯狂抢购真皮钱包、金链腰带、双色皮鞋。整个 20 世纪 90 年代，香奈儿在怀基基海滩这个专卖店都是其全球销量第一的店，每年营业额达 6 000 万美元。

　　香奈儿的成功引得其他品牌纷纷效仿，尾随至怀基基附近的卡拉卡瓦大道开店。所有的著名品牌都来了，每家品牌都开设宽敞豪华的精品店，再配上会说日语的售货小姐。这不愧为明智的商业策略：路易威登自 1992 年开幕后的 5 年间，在卡拉卡瓦大道的店铺每年有近 1 亿美元的收入。[112] 几个品牌也表示，它们在怀基基的店铺是全世界销售额最高的专柜，这又吸引更多的品牌来夏威夷抢滩，而已经驻扎成功的品牌则升级到更好的地点。2002年，香奈儿搬出皇家夏威夷酒店，斥巨资在卡拉卡瓦大道上开了1.2 万平方英尺的旗舰店，卡地亚则搬进香奈儿的旧店址。

　　香奈儿的新旗舰店堪称富丽堂皇的购物天堂，大厅宏伟气派，天花板高高挑起，地上铺着丝绒地毯，手袋、太阳镜、鞋子、成衣摆满了店铺。店内的一切都被监控摄像头记录下来，影像被传回纽约的美国总部。每天涌进卡拉卡瓦大道香奈儿旗舰店的顾客有七八千人，大部分是日本游客，他们大多数人购买的是配饰。有时候，日本顾客会用手机拍下店内某件商品的照片，传给日本国内的朋友，并发短信问："你觉得怎么样？"如果朋友回短信说不错，她就会买下。如果某件商品怀基基的店里没有，店员就从美国大陆的店里调货，连夜空运到夏威夷，在顾客登机返回日本前送到她的手里。香奈儿在夏威夷分部的副董事长冈野乔伊斯（Joyce Okano）告诉我："在夏威夷，一半多的香奈儿商品都被日本人买走了。"

诱使日本人到夏威夷消费的一个重要原因是，在夏威夷购买奢侈品免关税。免税制度规定，消费者可以拿登机牌购买免税商品。这些免税品不仅从未进入当地零售市场，价格还比零售价低10% ~ 30%。以爱马仕为例，爱马仕的产品在日本售价比法国贵30%，比免税店则贵了15% ~ 20%。2005 年，爱马仕的总营业额中 10% 来自免税商品。

根据"世界免税协会"（Tax Free World Association）的调查，今天免税商品的全球营业额大约是 250 亿美元，其中 91 亿美元来自奢侈品的销售。世界上现有几家免税品连锁店，规模最大、独占鳌头的是"环球免税店"（Duty Free Shoppers，简称 DFS），主要在亚洲和太平洋地区开店，LVMH 是主要股东。2006 年，DFS 的营业额约为 22 亿美元（合 17 亿欧元），比位居第二的竞争对手高 30%。[113]

销售免税品的概念可以追溯到商业起源时期。在英国起源于16 世纪的头十年，那时的水手在国际海域的船上想喝酒可以买到免关税或免税的酒。到 19 世纪，海上旅行长达数星期甚至数月，这期间船员、旅客可以购买免关税的酒、香烟、香水。现代意义的免税零售业则始于 1944 年签订的《芝加哥公约》（*Chicago Convention*），根据公约，国际民用航空组织允许飞机和船只在国际航线上贩卖免税商品，并在机场开设"免税购物区"。不久，爱尔兰夏侬机场配餐部门的负责人布伦丹·奥勒冈（Brendan

O'Regan）在机场开了间小店面，向横越大西洋，或者中途停靠
夏侬机场加油的航班的乘客销售礼物和纪念品。一开始，生意惨
淡，有时一天只卖得 5 英镑。到 20 世纪 50 年代国际旅行人数增加，
奥勒冈的生意才开始红火。到 1953 年，夏侬机场的这间小店营业
额达到 12 万英镑。

1960 年，两个美国人罗伯特·米勒（Robert Miller）和恰
克·菲尼（Chuck Feeney）一起在巴塞罗那的酒吧喝酒。[114] 他们
是学生时代的好朋友，都毕业于康奈尔大学饭店管理学院，喝酒
时异想天开地决定做一门向美国士兵出售免税酒的生意。于是他
们结束在欧洲的旅行，在香港和夏威夷檀香山的机场开店，取名
"环球免税店"，目标锁定亚洲游客。他们的生意日益兴隆，因此
请来英国会计师艾伦·巴克尔和美国税务律师安东尼·派拉维协助
他们有效配置公司的收益，并给了二人各自一小笔股份。1977—
1995 年，DFS 的股息约有 30 亿美元，四位合伙人收到的股息有
90% 是现金，或者汇入了可以避税的信托机构或基金会。[115]DFS
和菲尼的基金会当时都设在海外避税天堂百慕大。一位了解这家
公司的律师说："他们养的可不是一头乳汁充沛的金牛，这头金牛
的个头儿比哥斯拉、金钢都要大。"[116]

菲尼是四位合伙人中作风比较保守的一位，设立了一个名为
"大西洋慈善集团"的基金会，向康奈尔大学捐赠了大笔善款，设
立资助贫寒学生的奖学金项目，还向爱尔兰共和军所属的新芬党
捐款。[117] 他从来都是匿名捐赠，所以大多数受助者从不知道帮助

他们的人是谁。他解释说："我只是觉得自己的钱够用了，钱不该左右我的生活。我是那种你看到是怎样就是怎样的人。"米勒则相反，他作风豪放，据说在纽约、瑞士格施塔德、巴黎、香港，以及英格兰的约克郡都有豪宅。[118] 他好讲排场，有一次他举办了一场持续三天的盛宴，他厄瓜多尔裔的妻子尚塔尔打扮得像南美洲的王妃，乘坐着热气球抵达会场。为了筹办女儿玛丽 - 香特尔与希腊王储巴夫洛斯的婚礼，据说米勒耗资 150 万美元。他邀请了 1 400 名嘉宾，在伦敦高雅的克拉瑞奇饭店（Claridge's Hotel）举办婚宴，并请来英国女王伊丽莎白二世主持婚礼。

1994 年，菲尼决定把他持有的股份卖给 DFS 最大的供货商 LVMH。[119] 米勒抵死反对。"尽管伯纳德·阿诺特信誓旦旦，但他为了 LVMH 的收益总是耍花招剥削只掌握了部分资产的公司，完全不顾及少数股东的利益。"米勒在法庭上控诉阿诺特。菲尼和巴克尔以 24.7 亿美元的价格，将他们持有的公司大部分股份卖给了阿诺特。[120] 最终，派拉维也将自己所持有的 2.5% 股份卖给了阿诺特。这时，阿诺特突然停止与米勒的谈判，不再收购他所持有的 38.75% 股份，据说当时市值 16 亿美元。于是，米勒成为 DFS 的小股东。阿诺特告诉财务分析师，"现阶段已没有必要再投入 90 亿法郎（约 15.8 亿美元）来巩固 LVMH 和 DFS 联合的优势"。换句话说，世界上最顶尖的奢侈品制造商已经控制了世界上最顶尖的奢侈品销售商。

　　通过奢侈品，阿诺特改变了免税商品既定的交易模式。传统上，免税商店位于机场、港口、航班、客轮等保证货物不会进入当地商业市场的地方。阿诺特却另有目标：瞄准身处城市中的游客。当然，你还得有登机牌，在你准备登机的时候，你所购买的商品才会送到你手上。只不过，你是在城市中消费，免税店就和饭店一街之隔。

　　2001年，阿诺特投资6 500万美元，在夏威夷怀基基的卡拉卡瓦大道，伍尔沃思连锁百货店的旧址上开了一家三层楼高，雪白闪亮，像购物中心般的免税店"DFS大拱廊"，销售含关税和免关税的奢侈品。不同于机场里只顾堆积货物、不讲究店面陈设的免税店，"DFS大拱廊"才是真正的免税品天堂。要进入拱廊，你会先穿过一个装了6.5万加仑水的水族馆，里面养着黑吻珊瑚鲨、斑点鹰魟、鹦哥鱼以及其他五彩缤纷的夏威夷小丑鱼；要么走过一条人行道，通往一座充满夏威夷花香、澳大利亚坚果糖、波利尼西亚工艺品的中庭。二楼是常规的含关税区，特色是当季最时髦的商品，也卖少量几个大品牌印有商标的配饰，还有价格更合理的牌子，比如力士保（LeSportsac）。这儿有全美国最大的化妆品区。"DFS大拱廊"里含关税区的商品免掉了4%的消费税，这由商店代付了，以此保证DFS在价格上比卡拉卡瓦大道上其他零售商更有竞争力。三楼专卖免税商品，在那儿你可以买到奢侈品以及香水、酒类、香烟。由于顾客必须要有一张前往国外目的地的登机证明才能在此购物，所以这一层楼看不到几个美国顾客，日本人占多数。

DFS 总是有狡猾的伎俩让日本人走进店里消费，当年恰克·菲尼学会了日语，和日本旅行社达成交易，让他们带着旅行团前来购物。而伯纳德·阿诺特统领的 DFS 将菲尼的计谋发扬光大。从日本飞来夏威夷的航班在清晨落地，比饭店入住登记的时间早得多。如果日本人参加的是旅行团（85% 的日本游客随团出行），他们往往已经拿到了回程的机票，还有一张 DFS 的购物卡，这样就可以进入 DFS 的免税商品区。如果他们参加的是 DFS 委托的旅行社，巴士会把游客直接从机场接到大拱廊。游客们先被领进一间会议室观看夏威夷和 DFS 的简单介绍，然后再被带到免税品的楼层，那儿的布置就像宜家家居的卖场：整个商场店只有一个出口，你只有穿过店内的每一个区域，走过奢侈品、珠宝、香水、酒类、香烟区，才出得去。

大多数顶级的奢侈品牌，如普拉达、爱马仕、迪奥、Céline、芬迪（Fendi）、菲拉格慕、宝格丽、博柏利（Burberry）、卡地亚、梵克雅宝等都在"DFS 大拱廊"设了专柜。在免税区，这些品牌都设置了缩小版的专卖店，主要销售饰品、配饰，诸如手袋、钱包、珠宝、手表和鞋子，或者小件的流行商品，包括 T 恤衫、浴衣等可以带上飞机的东西。很多专柜和香烟、酒类区的折扣标签上只写有日文；有些品牌同时在免税区和非免税区都设了专柜，但尽量避免出售同样的商品；在免税区的楼层，专柜里很少有大于 7 号半的女鞋和大于 8 号的服装，因为日本女人个子娇小。当然，卖得最多的还是皮具。2003 年，日本赴海外的游客中 42% 购买的商品是高档或奢侈品牌的手袋、皮具。[121]

日本人第一次逛大拱廊一般只观望，他们喜欢在傍晚吃过饭后再回来仔细选购。为了照顾他们的购物特点，大拱廊和卡拉卡瓦大道上的多数奢侈品店都到晚上 11 点才关门。DFS 提供免费的专线巴士，往来于卡拉卡瓦大道，在路易威登、古驰、卡地亚、香奈儿、DFS 大拱廊设有停靠站。DFS 还会给在免税区里购物的顾客补贴出租车费用，专线巴士站索性设在大拱廊的背面，让日本游客有机会再度穿过店里。DFS 的目的就是要让日本游客尽可能走进商店。

免税店成功的秘诀在于大量销售商品，但也会出售一些独家商品。比如，2000 年 LVMH 旗下的品牌 Céline 就为同属于 LVMH 的 DFS 设计了一个手袋系列；有时，爱马仕也会摆出一只顾客梦寐以求的凯莉包或柏金包，平时这两款包都是定做并在等候名单上排几个月队才能拿到手，在 DFS 摆出来自然一抢而空。2005 年 2 月，爱马仕在 DFS 摆出一个黑色的鳄鱼皮小柏金包，镶一个钻石拉环，售价 8.21 万美元，几天内就被一位日本顾客买走。夏威夷大拱廊是 DFS 最大的零售商店，而迄今为止日本人是大拱廊，乃至全球所有的 DFS，最大的消费群体。

今天，夏威夷每年接待 700 万观光客，其中 150 万是日本人。他们在夏威夷待四五天，或者来度长周末，大多数人是来购物的，观光倒是其次。"日本人很清楚他们此行的目的。"香奈儿的乔伊斯说,"他们随身带着行程表,在每一家店里要买什么,他们心里门儿清。"

日本人沉迷于奢侈品,而奢侈品公司沉迷于满足这种占有欲,这样的关系彻底改变了怀基基的风貌。我曾在20世纪80年代中期来过这里,当时香奈儿刚在此登陆不久,卡拉卡瓦大道像在举办派对:年轻人坐在锃亮的低底盘日本车里兜风,几个站街女郎等着孤单的客人上门,有伍尔沃思之类的廉价商店,当地酒吧里演奏口水歌的乐队正在唱夏威夷腔调的流行歌曲,还有几家老电影院。我去看了克林特·伊斯特伍德的电影《伤心岭》(*Heartbreak Ridge*)。

2004年我重访夏威夷,发现一切都变了。不再有当地酒吧,电影院也没有了,我在20世纪80年代去的那家电影院被砖头围了起来,等着拆除。在这些地址上树立起闪耀着光芒的奢侈品圣殿、日本旅行社和寿司店。唯一带有怀基基风味的是连锁店ABC,里面卖点防晒霜、胶卷、夹脚拖鞋、中国生产的夏威夷纪念品。我向卡地亚在皇家夏威夷酒店购物中心、阿拉莫阿纳的专卖店经理凯琳·库柏谈到这些,她叹了口气。"没错,"她承认,"怀基基已经没有什么当地特色了。"

成功地将奢侈品推销给日本人后,奢侈品公司不仅日进斗金,还信心大增意气风发。他们有了向全世界扩张的资金和勇气。他们计划向国际性大都市迈进，迈进巴黎、伦敦、纽约、罗马、米兰、贝弗利山庄、香港。这些城市不仅当地客源充足，还有人数稳定的日本观光客。在这些都市里开的专卖店都是旗舰店，有着阔大、闪亮的橱窗，橱窗里贩卖着商品，也贩卖奢侈品牌的形象。简而言之，奢侈品牌必须"建立一个服饰的梦幻世界——创造你的顾客梦想过的生活"，汤姆·福德对我如此说。这些旗舰店大肆铺张炫耀财富和创意，实际上对日常生活毫无用处，但它们唤起了人们对传统精致奢华的梦想，也传达出当今追求华丽的新奢侈主义。从本质上看，这些都是虚幻的。

为了做到这一点，奢侈品公司请来建筑设计师设计新店面。古驰集团雇了业内有影响的美国室内设计师比尔·索菲尔德（Bill Sofield），普拉达聘请的是米兰建筑师巴托·巴西奥克希（Roberto Baciocchi）。1996年，伯纳德·阿诺特给纽约的建筑师彼得·马里诺（Peter Marino）打了个电话。马里诺曾因设计了高级百货公司巴尼斯纽约精品店（Barneys）的店面而出名。

马里诺是性情中人，高约175厘米，说话带着纽约腔，穿着黑色皮衣，打扮得像自行车骑士。他有种古怪的幽默感，喋喋不休，好像在不恰当的时间贸然上门的邻居。他毕业于康奈尔大学的建筑学院，刚入行时为斯基德莫尔-奥因斯-梅里尔（Skidmore、Owings & Merril）、乔治·纳尔逊（George Nelson & Associates）等传统的事务所工作。20世纪70年代早期，他开始与安迪·沃霍尔合作，为沃霍尔重新设计装饰了他位于纽约上城的住宅，沃霍尔在联合广场那名声不太好的工作室"厂房"也出自马里诺之手。和沃霍尔的合作，让马里诺在时尚圈声名鹊起，他自己也承认，"沃霍尔确实是张好名片"。[122]

1978 年，马里诺开了自己的设计事务所，就是现在知名的"彼得·马里诺建筑师事务所"，开始为富佬们设计住宅，像伊夫·圣·洛朗的设计师、香奈儿的老板阿兰·维德摩尔（Alain Wertheimer）、菲亚特汽车公司的董事长吉阿尼·阿涅利（Gianni Agnelli）都是他的客户。马里诺的设计走纯粹的法式路线，他还经常和让他赚了大钱的金主们一起周游各地，搜罗最精美的古董和艺术品。要找马里诺重新装饰一间起居室和图书室，得花 5 700 万美元，但钱不是问题。[123] 马里诺曾经说过："我做的是真正的'高级'宅邸。"

马里诺告诉我，刚接到阿诺特的电话，"一开始我不知道他是何方神圣。"

当阿诺特说到他的公司，说到路易威登和迪奥时，马里诺立刻心领神会。

他心中暗忖："这可来了票大生意。"

阿诺特问："嗯，你明天能来趟巴黎吗？"

马里诺嘴里却含混说："我不能确定。"

但是，通完电话后的第二天，他还是去了。

马里诺的第一个项目是重新装饰迪奥在蒙田大街上的老店。

我记得早在阿诺特盘算着占有迪奥之前的 1982 年，自己曾去过这

门店。当时我还是少女，到迪奥店里去是为了买

做圣诞节礼物。迪奥的店面让我想起贵族公馆

刷成柔和的灰色，镶着雪白的嵌壁板，地上铺着

走在上面柔软舒适。天花板下垂挂着水晶枝形吊

穿着优雅的长礼服、连衣裙，会客室中摆满了帽

子。店主音乐，没有叽叽喳喳的说话声，顾客们都压低了声
音说话。店员是中年女人，穿着端庄的套裙和高跟鞋，头发挽成
光洁的发髻。她们是时髦巴黎人的缩影，她们为你提供巴黎的时
尚，并以身作则告诉你什么是巴黎的时尚。香水室在右手边，沐
浴在阳光下，经典款的香水陈列在一个老式的木头玻璃柜台上。
我选了"迪奥之韵"和"迪奥小姐"。店员娴静地用灰色的包装纸
把香水包好，不用胶带或胶水，而用白色的带子打上蝴蝶结系好
包装。这两瓶香水是我买过的最美丽的礼物，而且是我所经历过
的最精致的消费体验。

马里诺将迪奥老店重饰一新后，我几乎认不出它来了。原来
是门厅的地方现在变成一个两层楼高，像购物中心里的圆形宽阔
的空间，手袋和丝巾展示在这里，它们可是游客和中间市场的顾
客最喜欢买的商品。右手边，曾经是端庄的香水柜台，马里诺将
其改成女鞋部，地面铺上虎纹地毯，穿衣镜上挂着灰色和樱桃红
的塔夫绸帷幔，镜子支架则是斑马腿的造型。女鞋部可以通往女
装部，那儿是新路易十六和洛可可路易十五风格的大杂烩：椅子

面是香水月季图案的缎子，装饰着银色的酒椰纤维绒球；圆形矮凳的腿上雕刻有沟槽，贴着金叶子，上面放着象牙白的豹纹锦缎厚坐垫；扶手椅上蒙着银色天鹅绒，还打着褶裥；还有两张蒙着蛇皮的茶几。柜台用青铜打造，镶嵌了云母；试衣间里装饰着灰色丝绸，缀着黑色的香蒂莉（Chantilly）蕾丝花边；石头地板上用融化了的银色玻璃勾出迪奥标志性的藤蔓图案，更有马里诺钟爱的家具——一张青铜山羊腿的凳子。香水和化妆品专柜被移至店内的左后方，顾客穿过这一区域，就像穿过一条走廊。这个区域完全设置在银灰色的镜子里，在银箔的内层描绘着黑色和金色的阿拉伯风格图案与花卉。马里诺说他想创造出一个珠宝盒，但我看来却是艳丽俗气，与阿诺特之前雅致高贵的迪奥简直云泥之别。

迪奥的高管们对马里诺的设计大为震惊，那种暴发户的奢侈感觉吸引了各个经济阶层的游客和顾客，马里诺也成为奢侈品牌的御用店面设计师。除了迪奥，他还给香奈儿、唐娜·凯伦（Donna Karan）、卡尔文·克莱恩（Calvin Klein）、芬迪、路易威登的店面，瓦伦蒂诺在纽约的家和他152英尺长的游艇"TM蓝色一号"，做了富丽堂皇、极尽奢华的内部装饰设计。多数公司会尽量避免用几乎所有对手都用过的设计师，奢侈品行业的高管们却认为这样的设计师得到大家的一致认同，说明他品位超群。奢侈品行业是个俱乐部世界，大家在同一家餐馆吃饭，到同一个地方度假。设计师们彼此认识，很多人关系亲密，公关和助理设计师等工作人员从一个品牌跳槽到另一个品牌，并无顾忌。他们自称

"时尚部落"。

以前，奢侈品公司由创始人和其继承人经营时，每一个奢侈品牌都有自己独特的风格，反映了创立者的创意，而店面通常就位于设计师工作室的楼下。现在，不仅一个品牌下的各家店面要求同一化，一个集团的各品牌之间也出现了个性让位于同一性的现象。好莱坞惯于使用同一批有票房号召力的明星来拍摄大制作电影，以吸引中间市场的观众；奢侈品牌也借鉴好莱坞的做法，雇用同样的建筑设计师，采用同样的设计手段吸引大众走进名品店。奢侈品在历史上曾经代表了创新，它们的设计具有革命性，它们总会带来新的气象。然而现在，它们却害怕因为特立独行而吓跑了顾客。

马里诺便是妥协的典型例子。他本来天马行空，却因为奢侈品牌都用他做店面设计，反而收敛了锋芒。对此，马里诺辩解说，各个品牌的设计师团队从不知晓对方的点子，"我是唯一的桥梁"。马里诺是这么告诉我的，但他设计的大部分店铺明显很雷同：都用了大量金色、银色、闪亮、光泽来营造出璀璨和洁净感。以巴黎康朋街上的香奈儿老店为例，马里诺花费一整年的时间重新装饰了这间店，店里有洒满金色斑点的深红色环氧树脂嵌板，许多金银色古典风格蝴蝶结包裹着镜子，还用假象牙精心镶嵌出类似钢琴键盘的图案。马里诺的装饰设计衬托得手袋就像红地毯上熠熠生辉的巨星。为此，他说："我们要遵守的第一规则是：建筑风格不能掩盖商品的风采。"[124]

马里诺的设计耗资靡费，不管是新建一间旗舰店还是老店翻新，动辄就是千万，但大投入还是值得的。马里诺为芬迪设计了大阪和香港的专卖店，开业数月营业额就增长了3倍。[125]2005年，马里诺第二次翻修香榭丽舍大街上的路易威登店面，估计花了2 000万美元，预计一年的营业额将有9 000万到1.15亿美元（约7 500万～9 500万欧元）。[126]"我们能看到营业额在马里诺设计前后的变化，店面翻新后营业额增长了20%～40%。"香奈儿欧洲公司董事长弗朗索瓦·蒙特奈（Francoise Montenay）告诉我："我们只用两年时间就收回了成本。"到2006年，马里诺为香奈儿做了欧洲所有店面、亚洲大部分店面的设计。

奢侈品继续实施全球化策略，开始向各国的第二大城市迈进，比如蒙特卡罗、威尼斯、芝加哥、迈阿密、圣保罗、大阪，这些专卖店的装饰也呼应了旗舰店的华丽。这些品牌抱着全球化的宗旨，要在全世界推销具有凝聚力的品牌形象。回到奢侈品全球化的发源地日本，全球化的开山元老幡田次郎开始对这种营销策略感到困惑。"不管你走到哪儿，所有的商店都千人一面，看起来没什么区别，越来越乏味。"他对我说。他想做一些让奢侈品行业恢复生机、重拾创意的举措。

幡田一直对建筑很感兴趣。他妻子的哥哥远藤政义（Masayoshi Yendo）是日本建筑师学会的前会长，于是幡田决定举办一场竞赛，从中选拔出一位建筑新秀来设计梦幻之作。"我们希望它是路易威登的商店，而不是某位建筑师的纪念碑。"他说，而且"一旦你把设计任务委托给明星建筑师，就没有商量的余地了"。最终，路易威登选中了青木淳（Jun Aoki）的方案：一栋有毛茸茸外墙的建筑，像空气像雾霾又像海市蜃楼。1999 年，建筑工程完工后，这家店是"一个矩形的立方体，好像放在城市中央的透明珠宝盒"。正如青木淳描述的，这座建筑有一面玻璃的外立面，重新诠释了路易威登的棋盘格花纹。2002 年，青木淳在绿树成荫的优雅商业区表参道为路易威登完成了另一件建筑杰作：一座由"随意堆放的路易威登旅行箱"所构成的商店。青木淳说，每一个"旅行箱"都创造出一个通风、现代感十足的长方形空间，展示并销售路易威登的商品。[127]

表参道的这家路易威登商店成为日本最热门的购物场所。店内设有服务台，提供导览、预订餐厅或计程车的服务，还提供关于东京的资讯。顶楼有一间贵宾室，要乘坐私人电梯才能抵达，专供重要的顾客试衣，或放置客户订购的旅行箱、与众不同的配饰。开张那天，路易威登举办了盛大的庆祝派对，出席派对的有电影明星、城中名流以及重要客户，他们徜徉在玻璃展示柜之间，啜着凯歌皇牌香槟（Veuve Clicquot，LVMH 旗下的一个品牌），时刻准备好摆出"浦士"（pose）让狗仔队拍照。

这个策略实在行之有效。在表参道的专卖店开幕前两天，1 400 个年轻的日本路易威登"粉丝"便在店门外打地铺，等着购物。

开业第一天，商店的营业额就达到惊人的 104 万美元。我在 2005
年 11 月造访了这家奢侈品店，在店里看到一位中年日本妇人正在
试穿一条印有路易威登花押字图案的蓝色牛仔裤，为之搭配了一
个花押字图案镶栗鼠毛边的牛仔布肩挎包。她的丈夫坐在扶手椅
上玩手机，衬衫袖口搭着路易威登的袖扣。一旁，他们的狗坐在
折叠式婴儿车里，一脸满足地看着主人。在四楼，一群高大、吵
闹的俄罗斯人正买了手提箱结账，一群头发挑染成金色的时髦日
本小伙子穿着闪亮的紧身套装、大领口的衬衫和牛仔靴，正跟两
个穿着小夹克、迷你裙、细跟长统靴的日本女孩搭讪。我觉得这
些游荡在表参道路易威登店的日本时髦小青年看起来和优哉游哉
的美国年轻人没什么两样。

其实，真正的时尚是凌驾在这之上的。在这栋楼里有家"时
尚呼吸"（Celux），英文发音为"说它时尚"（say luxe），听起来
又有法语"它是时尚"（It's luxury）的意思。这是一家私人俱乐
部，隐藏在路易威登建筑物顶层后面的角落里，日本的潮人们要
加入俱乐部需一次性支付约 1 850 美元的会费，每年还要缴纳 215
美元才能保留会员资格。[128] 会员可以在这儿买到东京其他地方买
不到的当代艺术品、古董珠宝、奢侈品和皮具。会员从一扇不起
眼的侧门进入，刷他们的"时尚呼吸"卡乘坐私人电梯达到八楼
的客厅。客厅里铺有血红色的地毯，镶了异国风情的木嵌板，播
放着爵士乐。你身边围绕着的都是 LVMH 旗下品牌的商品：印有
Pucci 图案的卡佩利尼（Cappellini，意大利顶级家具品牌）摩登粉

红色沙发，咖啡桌上放着高田贤三的香氛疗法产品，在一个竖立的路易威登旅行皮箱上有一个迷你酒吧。而俱乐部收藏的时尚书籍和当代艺术作品也足以让你印象深刻。走下一段夸张的旋转楼梯，来到一间两层楼高的套房，里面有红色天鹅绒的扶手椅、彩色水晶水果吊灯，以及镶着巴洛克风格金框的镜子，展示的商品既有英国奥立弗·高德史密斯（Oliver Goldsmith）的复古风太阳镜，也有轻纱做的浪凡（Lanvin）短上衣。

很多年轻设计师为"时尚呼吸"设计产品，比如英国品牌"肮脏"（Filth）推出一款怀旧风格的绿色军装夹克，袖子上印有"Celux"的字样。一般来说，俱乐部里的每样东西，从艺术品到扶手椅，都可以购买。"时尚呼吸"的公关代表田边千秋（Chiaki Tanabe）说，他们的会员是"有品位、有时尚敏感度的人，比如艺术家、企业家、DJ以及音乐家——都是引领时尚潮流的人"。要成为其中的一分子，你得有一位会员推荐。2005年秋天，"时尚呼吸"的会员已达到1 000人，为预期目标的一半。

路易威登商店在日本掀起了一场奢侈建筑物大战。2001年，爱马仕斥资1.37亿美元在银座建造了一座12层高的玻璃大厦，由伦佐·皮阿诺（Renzo Piano）设计，里面包括1 400平方英尺的光彩夺目的商品展示空间、一间作坊、主管办公室、一间画廊，还有一间有40个座位的电影放映室。这儿原来只是一座小咖啡馆，现在矗立起东京第一座辉煌的奢侈品牌大楼。2003年，普拉达投入8 000万美元，在表参道建造了一座六层楼高的后现代主义风格艺术殿堂，由瑞士建筑事务所"赫尔佐格和德·梅隆"（Herzog & de Meuron）设计，这对搭档还担纲了伦敦泰特现代艺术馆的设计。赫尔佐格和德·梅隆为建筑设计了 5 个突出的外立面，外立面由一块块清澈如气泡的菱形玻璃交结组成，吸引得前来照相的人比刷卡的人还多。2004 年 12 月，香奈儿在银座的商店开幕。这里原来是华纳兄弟的商店，有巨大的电视屏幕播放《兔宝宝》的短片。拍卖时香奈儿投 1.17 亿美元将这块地皮买下，花 3 个月时间拆掉原有的建筑，马里诺再花 14 个半月建起一座全新的建筑。

这座建筑物相当吸引眼球。它高 10 层，里面有 1.4 万平方英尺的购物区，采用的材料无不贵得离谱。柱子上洒着闪闪发光的银粉，墙壁的嵌板上交织着金色缎带。地下还为顾客建了一座在东京极为罕见的地下停车场，当你开车进来迎面就看见安迪·沃霍尔的波普画《香奈儿 5 号》。商店楼上是主管豪华的办公套间，窗户甚是宽大；有间宽敞的多功能演艺厅，叫奈克索斯大厅（Nexus Hall），当时正在与法国国家图书馆合办古典音乐会和摄影展；楼顶露台上种了日本竹子，布置了亭台水榭；顶楼可以俯瞰东京市容的地方是餐厅 Beige，由米其林星级厨师艾伦·杜卡斯（Alain Ducasse）主理。"我想要全世界最好的厨师。"香奈儿日本分公司董事长理查德·科拉塞（Richard Collasse）简短地说。

马里诺设计的华彩部分在建筑物的正面，这部分花掉了总预算的一半：那是一面由 Privalite 玻璃②做成的巨大玻璃墙，嵌入了 70 万个 LED 灯，每当夜色降临它们就会旋转，旋出黑白两色的香奈儿标志性图案，比如双 C、花呢图案、山茶花。这面墙其实就是全世界最大的电视。整栋建筑据说花了 2.4 亿美元，为此科拉塞轻描淡写地说，它的成本是东京"高品质建筑"的两倍。[129] 这家店开业一年半仍未实现盈利，香奈儿董事长弗朗索瓦·蒙特奈告诉我，她希望这家店能在 3 年内收回成本。

注释：

①马吉拉：此处指马丁·马吉拉（Martin Margiela），比利时设计师，安特卫普六君子之一。

② Privalite 玻璃：一种高科技玻璃，用开关可以控制玻璃的透明度，并可以在夹层玻璃里面插入数码图像，由比利时圣戈班玻璃制造公司开发。

Part Two

Chapter Four

STARS GET IN YOUR EYES

明星闪进你眼里

奢侈并不意味着贵重与华丽，奢侈是屏除粗俗。

——可可·香奈儿（Coco Chanel）

2005 年 2 月一个细雨蒙蒙的星期五早晨，瑞秋·佐伊（Rachel Zoe）像一阵风走进贝弗利山庄半岛酒店五楼的"周仰杰奥斯卡套房"，^①那副神态好像是走进了自己的家。她穿着剪裁合身、毛皮袖口的罗伯特·卡沃利（Roberto Cavalli）黑色外套，紧身细腿牛仔裤，腰间系着蔻依的腰带，脚蹬鞋跟高 5 英寸带饰扣的长靴。她冲这家伦敦著名精品女鞋公司创始人的侄女蔡姗卓（Sandra Choi）抛了个飞吻，目光飞快扫过周围的一圈人头。这家鞋履公司的创意总监蔡姗卓和创始人、董事长、风情万种的富婆塔玛拉·梅隆（Tamara Mellon）租下这间套房接待社交名人、尚未大红大紫的女明星、著名造型师，让他们挑选下一周出席各种派对和晚宴所要借穿的鞋子。接下来的一个星期内有各种活动，压轴戏是星期天晚上颁发小金人的第 77 届奥斯卡颁奖典礼。佐伊甩着著名的波提切利式长卷发，和在一旁忙着记笔记的蔡姗卓一起走过正在饮茶喝香槟的假金发美人——她们的金发都是染出来的，直接走进奶油黄色调的卧室。卧室的床铺、梳妆台、雕饰衣柜都被抬走，取而代之的是长方形宴会桌。每张桌子上都铺着雪白的亚麻桌布，摆着大捧白玫瑰和郁金香花束，还有许多鞋跟高到极致、价格也高到极致的女鞋。

"给萨尔玛，"佐伊指的是萨尔玛·海耶克（Salma Hayek），"我要6号的。"她用尖利的北新泽西口音指示蔡姗卓。"她今天早上打电话跟我说：'瑞秋，我要5英寸高的鞋子！'"蔡姗卓点点头，草草记下。佐伊拿起一双绑带的金色皮质细跟鞋，交给蔡姗卓记下，又选出同款银色和古铜色的，它们是给朱丽·德尔比（Julie Delpy）准备的，她因为影片《爱在巴黎日落时》获最佳原创剧本提名，准备出席颁奖典礼。"我不知道她那天会戴什么首饰，所以我得多准备几套方案。"佐伊解释。

她又一次扫视这张桌子："这些鞋子太美了！"她拿着一双脚踝处有绑带的古铜色鞋子赞不绝口。她又挑出一双黑色的厚底鞋，指出重点说："我们可以在上面加个珠宝吗？"蔡姗卓点点头，飞快记下。"太好了！"佐伊说。她转过身准备走，突然瞄到了身后角落的另一张桌子。"天哪！噢，天哪！"她拿起一双鞋带镶着大珠宝扣的紫色缎面浅口鞋，把它们搁在支架上，情不自禁大喊。"真是让人想不到啊！还有，再看看这个！"她摆弄着一双5英寸高跟的银色缎带细跟鞋，"穿这样的鞋都让我想哭！"

佐伊（Zoe）的名字发音为"Zo"，像英语中的"雪"（Snow）

的发音。她是好莱坞顶尖的名人造型师之一，是日薪数千美元的时尚达人，专为影视明星、歌星打理外在形象。10 年前，根本没有名人造型师这种职业，随着五花八门的首映式、慈善派对、颁奖礼越来越多，所有场合都要求明星看起来像是从《时尚》杂志里走出来的，因此造型师在好莱坞变得和制作人、私人助理、教练、主厨一样不可或缺。造型师出席时装秀，出入巴黎、米兰、纽约、洛杉矶的展示中心，浏览 style.com 之类的时尚网站，不停购物，为他们的客户搜罗最时髦、最性感、最迷人的服装和饰物。在盛大的场合，比如奥斯卡、金球奖，造型师跟在明星身旁，打扮他们，为他们佩戴首饰，帮他们把饰带系到恰到好处。一个当红巨星任何时候的"公开亮相"，从《大卫·莱特曼脱口秀》到走在闪光灯不断的红地毯上，肯定少不了造型师负责打点他们的衣着。佐伊解释，这样的亮相对奢侈品行业来说，"省掉了百万美元的广告费"。

奢侈品牌问世以来，很长一段时间是不做广告的，路易威登、古驰等皮具品牌会在杂志上刊登一些广告，高级女装品牌比如香奈儿、伊夫·圣·洛朗也只是推销它们的香水和化妆品。就像香奈儿前任董事长艾利·科佩曼对我说的，奢侈品牌的高层和设计师们认为，"推销时尚是很忌讳的，会降低品牌的格调"。20 世纪 70 年代以后走红的一代设计师，比如米兰的乔治·阿玛尼、吉阿尼·范思哲，纽约的拉尔夫·劳伦、卡尔文·克莱恩，扭转了这一观念。他们聘请理查德·艾夫登（Richard Avedon）、布鲁斯·韦

伯（Bruce Weber）等时尚圈顶级摄影师，再找来詹妮丝·狄金森
（Janice Dickinson）、洁丽·霍尔（Jerry Hall）、波姬·小丝等超级
模特儿、明星做广告主角，拍摄广告投放到时尚和艺术类杂志上。
1987 年，香奈儿的服装设计师卡尔·拉格斐——他同时也是出色
的业余摄影师，决定自己掌镜为香奈儿拍摄广告，引得其他品牌
纷纷效仿。"时尚圈的竞争越来越激烈，你必须要让自己更出挑才
行，"科佩曼说，"而广告有助于市场销售。"

20 世纪 90 年代，奢侈品行业迅速成长，时尚广告业水涨船
高。古驰的广告预算提高了近两倍，从 1993 年的 590 万美元，占
营业收入的 2.9%，上升到 1994 年的 1 160 万美元，占到营业收入
的 4.6%。[130] 到 1999 年，古驰的广告和公关预算增加到 8 600 万美
元，占 12 亿美元营业额的 7%。到了 2000 年，整个集团的广告预
算达到大约 2.5 亿美元，占营业额的 13%。LVMH 的广告开支则
超过 10 亿美元，相当于营业额的 11%，2002 年它是时尚杂志最大
的广告金主。[131] 阿诺特曾吹嘘："我们是全世界最大的时尚广告主，
我不能告诉你实际数字，我不能透露秘密——很明显，广告卖得
越多，营业收入越好。"[132]

设计师，在 20 世纪 90 年代他们为自己取了新的名号——创意
总监，成为广告策略中不可或缺的角色。他们设计广告主题，挑
选模特儿和摄影师——此时拉格菲尔德仍旧自己拍摄香奈儿的广
告，而且身体力行做品牌的代言人。关于古驰，有个故事。"多米
尼克和汤姆坐下来，说：'我们应该怎么推销古驰？'"古驰当时

的财务总监罗伯特·辛格在 2001 年回忆道："然后他们说：'我们让汤姆成为明星吧！'"于是，汤姆·福德开始接受杂志和电视采访，采访场景往往安排在他的某栋富丽堂皇的豪宅，举办能制造话题的新闻发布会，八面玲珑地和有钱人周旋，这样他的一举一动成为专栏热衷谈论的八卦。很快，汤姆·福德与古驰品牌便成为享乐主义的同义词，辛格说："集团借此卖掉了数量惊人的手袋。"[133]

这种广告策略在一段时期很是奏效，不久奢侈品牌便意识到他们不只需要"一张照片中有一个漂亮女孩"，巴黎 BETC 时尚广告经销处的克劳斯·林多夫一语中的：他们更需要本身就具有时尚号召力的人物。

他们需要好莱坞。

好莱坞与时尚的关系源远流长。20 世纪 20 年代到 60 年代初是好莱坞的黄金时代，那时由杰克·华纳（Jack Warner）、路易斯·梅耶（Louis B. Mayer）等大佬掌握制片公司，将好莱坞经营得像一个独立王国。电影里表现的都是富裕繁华的场面，人物角色语调优雅，住豪宅、有仆人、衣香鬓影，为观众营造出一场美梦。编织美梦的重要工匠之一是制片公司所属的服装设计师，他们为影片中的每一个角色，从女主角到临时演员，设计并制作服装。追溯到 20 世纪 30 年代，米高梅的服装师阿德里安（Adrian）为葛丽泰·嘉宝设计的斜裁长礼服让人爱不释手，还有影迷写信给阿德里安，请求买下这些衣服。戴安娜·弗里兰说，派拉蒙的服装师特拉维斯·班顿（Travis Banton）说一不二，设计的长礼服光彩夺目，男式晚礼服合身熨贴，"造就了玛琳·黛德丽"。伊迪丝·海德（Edith Head）设计出的剧装廓形鲜明，宽松大方，把希区柯克片中的金发女英雄摇身变为时尚典范。哥伦比亚影业公司的法裔服装师让·路易（Jean Louis）才华横溢，被誉为好莱坞的"魅力王子"，他为丽塔·海华斯在电影《巧妇姬黛》（*Gilda*）中设计了黑缎子的沙漏形长礼服，堪称杰作；玛丽莲·梦露为肯尼迪总统唱《生日快乐歌》时穿的镶珠雪纺礼服，柔软如梦露的第二层皮肤，也是让·路易的设计。金·诺瓦克（Kim Novak）告诉我，1956 年她因主演电影《野餐》（*Picnic*）参加戛纳影展，"我带了两大箱行头，衣服实在多得惊人，那些美轮美奂的长礼服是制片厂的让·路易设计的，让我爱不释手。它们太美了！我穿上它们，阿里·汗王子都神魂颠倒了。"

明星们也很享受这种奢华娇贵的待遇。默片时代的艳星格洛丽亚·史文森戏里戏外都穿着柔滑的缎面长礼服，或者貂皮、白鼬皮大衣，佩戴光芒闪烁的钻石首饰。[134] 平克顿保安公司的保镖则把装满珠宝的箱子送到她在片厂的更衣室，供她挑选首饰。史文森说："大众希望我们像国王、王后那般生活，所以我们就得符合他们的期望。"琼·克劳馥以一天换 10 套衣服而著名，导演约瑟夫·曼凯维奇开玩笑说："她给影迷写回信时都有一套专门的服装。"克劳馥旅行时的行李箱会超过 36 个，连热水瓶都和服装配套。她最喜爱的帽子同种款式有不同颜色的 12 顶，还有 16 件貂皮大衣。她说："看着它们，我就知道自己是明星。"克劳馥曾说每部电影为她花的置装费比剧本费还高。

一个冬日的下午，女演员奥丽维亚·德·哈维兰和我在她的巴黎市内公寓里喝茶，她告诉我："女演员各有各的穿着品位——就算一开始没有，也会培养出来。"哈维兰因为在 1939 年的史诗巨片《乱世佳人》中饰演媚兰一角而闻名于世。"你会吸收很多信息，你要知道在这一行穿着有品位是很重要的，因为这是大众的期待。我还记得有一次去看电影，弗兰西斯·法默也去了。那时她尚未精神崩溃，那天她也不是不修边幅，只不过穿得不太讲究，也没有好好化妆。中场休息时我听到有人说：'那是弗兰西斯·法默！喔，天哪！'这方面我就非常注意，你必须让自己看起来经得起挑剔。"

电影明星的市场推广魅力大得令人肃然起敬。1932 年，克劳馥在电影《莱蒂·林顿》（Letty Lynton）中穿了阿德里安设计的蝉翼纱打褶袖长礼服，梅西百货公司便卖出 50 万件拷贝装；[135]1956 年，格蕾丝·凯利和摩纳哥亲王兰尼埃三世结婚，婚纱由米高梅公司的海伦·罗斯（Helen Rose）设计，是有史以来被最多人依样定做的一款结婚礼服。[136] 好莱坞明星还给百货连锁公司西尔斯·罗巴克（Sears Roebuck）的服装目录代言，[137] 并把他们的签名卖给品牌。[138] 当时，一件服装的标牌上绣着秀兰·邓波儿或克劳馥的亲笔签名，那是非常棒的。

　　法国女演员莱斯丽·卡隆于 1950 年来到好莱坞拍摄电影《一个美国人在巴黎》，她还记得为角色挑选服装的情景："你来到服装间，那里就像高级女装店的店铺，带有两间试衣间，每样东西都拿到你眼前。如果有哪件适合你，海伦·罗斯就会客气地怂恿你选它们。但是你一定要有自己的主见。每个明星都有自己的风格。我总是力图保持法国式的时尚品位，避免走好莱坞路线。好莱坞的风格总是过分华丽，缺乏简单大方。电影公司也为我制作参加首映式的服装，如果你要出席奥斯卡典礼，他们也会为你准备礼服，尤其是当你的电影获得提名时。"

　　城中最好的鞋匠是萨尔瓦多·菲拉格慕（Salvatore Ferragamo），一个来自意大利拿波里东部偏远乡村的野心勃勃的鞋匠。1914 年，他初到美国，定居在加州的圣塔芭芭拉，兄弟二人在那儿开了一家店，为美国电影公司的影片制作牛仔靴和鞋子。[139] 片厂的女演员们，玛丽·碧克馥和她的妹妹洛蒂、波拉·尼格里、多丽丝·德尔·里奥，对菲拉格慕为她们在片中角色制作的鞋子爱不释手，于是来到店里定做自己的浅口轻便鞋。20 年代初，菲拉格慕搬到好莱坞，在拉斯帕尔马斯和好莱坞大道的一角开了间"好莱坞长靴店"。[140] 他为塞西尔·德·戴米尔的史诗巨献《出埃及记》《万王之王》设计制作了"罗马凉鞋"；为在格鲁曼的埃及剧院、中国剧院的歌舞演员制作舞鞋。鲁道夫·瓦伦蒂诺、莉莉安·吉许、克拉拉·鲍、约翰·巴里摩尔都向他定做鞋子。他为专程前来的印度公主做了双独一无二的浅口鞋，鞋面由蜂鸟羽毛织成。公主付给他 500 美元的高价，这是他收到的最高的价码。

　　菲拉格慕热衷混迹于好莱坞的社交圈。"瓦伦蒂诺会为了吃一盘地道的意大利面，突然造访我位于比奇坞大道的家。他是个漂亮的小伙子，素来和蔼亲切。"[141]菲拉格慕在其回忆录《有梦想的鞋匠》(*Shoemaker of Dreams*) 中写道，"巴里摩尔，一位完美的演员，以前常常到我的店里来喝一杯，捎带着买鞋子。当时是禁酒时代，酒是一滴难求，任何一个能弄到酒的幸运儿都会毫不犹豫把整瓶酒灌下去。"他的派对，"只要是可以和睦相处的人，从玛丽·碧克馥到道格拉斯·费尔班克斯，好莱坞的每一位明星都会参加"，菲拉格慕回忆。他亲自当酒保，调制自己兑配的鸡尾酒，有薄荷酒和朗姆酒调成的"碧绿"，有杜松子酒、苦啤酒、少量白兰地和大量冰块调配的"螺丝卡塔"。不过他很明白，就算他和顾客再熟络亲热，"明星们也不是来我店里买我的虚名的，他们是来买合适并给他们锦上添花的鞋子的"。

　　当时巴黎的高级女装界和好莱坞关系冷淡，有时甚至很脆弱。20 世纪 30 年代早期，可可·香奈尔到好莱坞为几部影片担任服装设计，很快就产生挫败感，气馁而归。迪奥也为他喜爱的几位顾客制作过服装，有希区柯克电影《欲海惊魂》的女主角玛琳·黛德丽、诺曼·克拉斯纳的影片《大使的女儿》里的奥丽维亚·德·哈维兰和她的搭档默纳·罗伊。不过 1955 年，迪奥却拒绝提供婚纱让碧姬·芭铎在法国电影《新娘太美丽》里穿着。[142]"迪奥不会让他的服装在大银幕上粗俗地展示，这样会冒犯他那些最优雅的客户。他绝不会冒这个险，"传记作家玛丽-法兰斯·波克纳（Marie-France Pochna）在《克里斯汀·迪奥：让世界焕然一新的男人》一书中写道："迪奥是个势利鬼，他认为从美学的角度看，活生生的贵族比舞台和银幕上拙劣的模仿高级多了。"

只有法国女装设计师于贝尔·德·纪梵希洞察到了好莱坞明星担任品牌宣传大使的潜力。不过，他也是经过一段时间才看清这一点的。1953年，派拉蒙影业公司致电巴黎的纪梵希，和他敲定时间，为"赫本小姐"的新片《龙凤配》挑选几件新装。当剪着波波头，身穿T恤、格子布长裤，脂粉未施的"流浪儿"前来试装时，纪梵希愣住了。他以为他要接待的是凯瑟琳·赫本——她不只是好莱坞的巨星，还是布林莫尔女子学院（Bryn Mawr）的毕业生，她虽然是美国人，却完全符合纪梵希心中对贵族背景和顾客群的定位。纪梵希客气地告诉这位"流浪儿"奥黛丽自己去看上一季的衣服，挑她看中的。"当时我没有时间招呼她，"他说，"我正在设计第二个系列的服装，而且那会儿也没有多少助手帮我。"直到晚上吃晚餐的时候，奥黛丽·赫本施展出她的社交魅力——她其实出身欧洲的好人家——纪梵希才醒悟这是合作的机会。他为奥黛丽的几部电影设计了剧装，包括《第凡内的早餐》《谜中谜》，还说服她为香水"禁忌"（L'Interdit）拍摄广告。这是首次用电影明星的脸庞来推销一支香水。赫本戏里戏外都慷慨允许纪梵希使用自己的名字，纪梵希得以从小型的高级女装店发展为首批具有全球知名度的奢侈品牌，获得极大的商业成功。反观他在奢侈品业的同僚们，却花了数十年时间才看到并学会运用名人的力量。

20 世纪 50 年代，随着电视的普及和美国高等法院对"好莱坞反垄断案"（*Hollywood Anti-Trust Case*）做出的裁定，电影公司被迫卖掉了旗下的连锁影院，电影工业遭到沉重打击，不得不缩减投资，改变电影工业的模式。演员和技术人员，包括服装设计师，逐渐与制片公司解约，许多服装部门关闭。更糟的情况接踵而至，电影开始拍摄现实生活的题材，剧中的演员穿日常服装拍戏，再也不需要饰有貂皮的长袍或者缀着亮片的妖艳长礼服了。到 60 年代中期，电影服装设计师已快成濒临灭绝的职业。"电影厂关闭自己的服装工作室，解雇了服装设计师。"设计师鲍勃·麦凯告诉我，他在 60 年代初出道时曾担任让·路易和伊迪丝·海德的助手。"派拉蒙抛弃了伊迪丝·海德，世道变了。我一直想当电影厂的服装师，可当我踏进这一行时才发现，它已经灭亡了。"

没有了让·路易、伊迪丝·海德、海伦·罗斯提供风情万种的免费服装，明星们不得不自己花钱置办出席首映式、颁奖典礼以及奥斯卡的礼服。他们与本地的设计师唐·洛普（Don Loper）、詹姆斯·格拉诺斯（James Galanos）混得很熟，频频光顾布洛克（Bullock's）、马格琳（I. Magnin）等高级百货公司，还去罗迪欧大道上一家名叫"乔治贝弗利山庄"（Georgio Beverly Hills）的有时髦欧洲风尚的时装店。在 20 世纪的大多数年代，罗迪欧大道都是一条朴素亲切的街道，街上有药店、书店和布朗·德比（Brown Dreby）、罗曼诺夫（Romanoff's）等几家不错的餐厅。[143]20 世纪 50 年代，那里有几家男子服饰店，泰隆·鲍尔、加利·格兰特等男演员会上那儿买衣服。还有一家顶级女式内衣店唤作"珠尔·帕克"（Juel Park），贝弗利山最时髦的女士们，诸如琼·克劳馥、吉恩·蒂尔尼，都在那里量身定做丝绸和蕾丝的长睡袍。但按照通行的标准，"罗迪欧大道不是名牌街"，弗雷德·海曼（Fred Hayman）告诉我，至少在他到贝弗利山时还不是。

要了解好莱坞的时装业，或者说要了解当今美国奢侈品零售业的形态，跟海曼好好聊聊不失为一个好办法。他的时装精品店"乔治贝弗利山庄"将现代奢侈品消费的模式引进了美国。2004 年 10 月，我给海曼办公室去了一个电话。他的办公室在罗迪欧大道向东两个街区的坎农大道，是一栋五层高的建筑，装饰着他标志性的黄白条纹遮阳篷。这年海曼 80 岁出头，已经退休了，但每周仍会抽两天时间去办公室处理商店的遗留事务。接到我的电话，他立刻提议几天后在隔壁的司巴戈餐厅共进午餐。我如约到达这家贝弗利山著名的小餐馆后，被带到显然是海曼固定使用的餐桌旁。他早就到了，正忙着和其他熟客寒暄。他穿着熨烫得笔挺的衬衫、长裤和外套，干净整洁，这样的装束在洛杉矶很罕见，尤其在午餐时间。海曼起身迎接我，他身材矮小，气质斯文，银色的头发一丝不苟地梳到一侧，一口清脆的欧洲口音，举止高贵优雅，这些透露出他的教养和成功的秘诀。

海曼出生于1925年，在瑞士的纺织小镇圣高尔（Saint Gall）长大，孩童时代随母亲、继父移民纽约。17岁，海曼进入康拉德·希尔顿旗下著名的华尔道夫-阿斯特饭店的厨房当学徒，几年后升职为宴会经理。1955年，希尔顿派海曼到洛杉矶，监管新落成的贝弗利希尔顿饭店的餐厅。他从华尔道夫饭店带来了50名员工，对他们做了以下要求：个人化服务、无懈可击的态度、低调圆满地完成任务。后来，这些都成为他招牌式的管理风格。不久，贝弗利希尔顿酒店就成为克拉克·盖博、诺玛·希拉、艾琳·邓恩等巨星们定期前来小酌、用餐的据点。

20世纪50年代后期，海曼投资了罗迪欧大道和戴顿街交汇处的一家女式服装店"乔治"。他惊异地发现自己竟然很喜欢干零售业，于是辞去了饭店的工作，从合伙人手里一一买下股份，完全接管了这家店。他又买下隔壁的罗迪欧大道273号店铺，打通两家店，为店铺装饰上醒目的黄白条纹遮阳篷，又在店内摆了张落袋台球桌，装了个"有几瓶酒"的橡木吧台。他告诉我，顾客在店内购物时，穿着制服的酒保便会为客人奉上香茶、卡布奇诺、葡萄酒和鸡尾酒。店里有个角落装饰得像个洞穴，砌了一架壁炉，还有舒适的椅子和报纸架。海曼的第三任妻子盖尔是店里的买手，当海曼与伊丽莎白·泰勒、芭芭拉·史翠珊、娜塔莉·伍德等顾客聊天时，盖尔和手下漂亮的女店员们就充当模特儿展示侯司顿（Halston）、戴安·冯·芙丝汀宝（Diane von Furstenberg）、奥斯卡·德·拉·伦塔（Oscar de la Renta）、克里斯汀·迪奥的新款时装。乔治时装店的服务模式和贝弗利希尔顿酒店的一样，是很个人化的。"顾客在我们店里买了服装后，我们会寄感谢卡给他们，"海曼告诉我，"我们为所有顾客建立了档案，厚厚的一摞，如果他们有一阵子没消费，我们就会关心一下。"派一辆车号为"273"的银色劳斯莱斯幻影汽车送去一封手写的信。乔治不是"女士的店"，海曼强调，"它像一个家"。

真正称得上是海曼对手的只有古驰一家。古驰是第一个在罗迪欧大道开店的欧洲名牌。当时，古驰创办人的儿子，时任公司董事长的奥尔多·古驰（Aldo Gucci）觉察到罗迪欧大道将发展为重要的奢侈名牌街，于是在1968年开了这家店。古驰时装店任谁看了都忘不了：打开壮观的玻璃和青铜的大门，进入恢宏的主厅，地板铺着古驰的绿色地毯，天花板上垂下8盏文艺复兴时期风格的穆拉诺玻璃和佛罗伦萨青铜的枝形吊灯。[144]VIP贵宾经由玻璃电梯抵达楼上的女装陈列室"大拱廊"。古驰的粉丝都是重量级人物，格蕾斯·凯利、索菲亚·罗兰、约翰·韦恩是这里的常客。弗兰克·辛纳屈非常喜欢古驰的平底船鞋，店还没开张他就派秘书到罗迪欧大道先买了一双。到20世纪70年代末期，名人、当地人、游客开始疯狂抢购古驰的手袋。[145]古驰手袋既有普通皮革做的，售价100美元；也有镶18K金边的蜥蜴皮做的，卖到1.1万美元，它们卖得快极了，店铺经理不由抱怨："最大的问题是缺货。"海曼回忆："古驰红得不得了，排队的顾客能围着街区绕一圈。"贝弗利山陷入"古驰热",以至于附近贝弗利山高中的学生们都在操场上升起了一面假古驰旗子。[146]

短短几年,"乔治"和古驰带领罗迪欧大道成为奢侈品购买目的地,不只招来有钱人,还吸引了其他时装店进驻。拉尔夫·劳伦于 1971 年在此开了他的第一家马球衫专卖店,伊夫·圣·洛朗、Céline、安德烈·库雷热、法兰珠宝(Fred Joaillier)随后跟进,取代了当地的商店,就连一座加油站里都在卖这些高档奢侈品。于是乎,富豪们涌进这条大街,一掷万金大肆血拼。曾有一次,海曼被迫暂时关闭"乔治",因为有位阿拉伯客人带着他的女眷们前来购物,买走了店里所有的晚礼服。[147]1977 年,"乔治贝弗利山庄"的总营业额为 500 万美元,据安东尼·库克(Anthony Cook)在《新西方》(New West)杂志中绘制的罗迪欧大道奢侈品销售额增长图表显示,"乔治"每平方尺的营业额是彼时美国最成功的百货公司——布卢明戴尔百货公司曼哈顿旗舰店的 4 倍。海曼笑称:"这正好是天时地利人和罢了。"1985 年,香奈儿也在罗迪欧大道开设了美国大陆的第一家店,店里的装潢见证了这条街道日趋增长泛滥的繁华与浮夸:水晶货架、山羊皮墙面,还有一扇从香奈儿 5 号香水瓶的水晶瓶塞中得到灵感设计的天窗。朱迪丝·克兰兹(Judith Krantz)写于 1978 年的畅销小说《顾虑》(Scruples),背景就设在罗迪欧大道,她说这条街道"展现了西方世界烈火烹油般的荣华富贵"。

这样的故事只可能发生在洛杉矶。洛杉矶是座年轻、自由的城市，来此定居的都是甩掉传统束缚、渴望开始全新生活的人。电影是它的支柱产业，也是新兴的产业，创造出来的财富是新的。洛杉矶也没有虚伪做作，没有趋炎附势，没有传统的阶级法则。在奢侈品店里购物，你无须像在美国老派传统的城市里那样，必须有良好出身和得体穿着；在洛杉矶，只要有钱，就能进得门去。

奥斯卡典礼前后，是罗迪欧大道最繁忙的时候。明星们在大道上穿梭，从时装店逛到珠宝店，再去美容院。"明星们往往花几个月时间决定穿什么服装出席奥斯卡，"盖尔·海曼回忆说，"没有人为他们打理服装。"问题在于，大部分明星的品位并不令人称道，况且再也没有制片公司的服装设计师来指导他们如何装扮了。洛杉矶以闲散著称，这让明星的穿着问题更严重。洛杉矶人知道如何穿得休闲，但没有人知道如何穿得有品位。社交名媛如贝特赛伊·布卢明戴尔、南茜·里根，有詹姆斯·加拉诺（James Galanos）为她们搭配有南加州风格的着装，鲍勃·麦凯（Bob Mackie）则为雪儿、喜剧演员卡洛尔·巴内特设计出缀满闪亮饰片的礼服。但大多数名人都得自己来，结果往往惨不忍睹。谁能忘得了黛咪·摩尔在1989年奥斯卡红地毯上穿黑色披风式裙装，搭配氨纶单车裤的模样？

明星们需要指导，需要有品位的人把她们打扮得像前辈一样典雅大方。乔治·阿玛尼乐意向他们伸出援手。

　　回顾 20 世纪 70 年代，正是意大利新一代成衣设计师的崛起，在一夜之间将工业城市米兰变为重要的时尚之都。吉阿尼·范思哲是其中一位。范思哲来自雷焦卡拉布里亚省（Reggio di Calabria）的南部小镇，他从妓女那儿得到灵感，设计出饰有亮片的性感皮衣，因此闻名。还有奇安弗兰科·费雷，他本是科班出身的建筑师，设计出了结构性极强的服装。而乔治·阿玛尼，一位英俊、安静的男人，发明了后来大家所熟知的软西服。

　　要理解阿玛尼和他服装的朴素低调，应该先了解他的童年。他出生于 1934 年，在家里 3 个孩子中排行老二。他的家乡在皮亚琴察（Piacenza），距离米兰 40 英里，是座工业城镇，在第二次世界大战期间曾受到同盟国的无情轰炸。他回忆："有时候，我要和 3 岁的小妹妹一起在防空洞里躲一架要扫射我们的战斗机。"常常正在防空洞外面和伙伴们玩耍时，空袭警报响起来了，他们就急忙跑回防空洞。有一天，他没有和同伴们在一起，他去干别的事了，什么事他已经想不起来，就这样"他们死了，我逃过一劫"。在米兰他的办公室，一次专访中他告诉我，"完全是运气好罢了"。另一次他就没这么好运了。那次，邻居家的小男孩正在玩他们发现的盟军弹药筒里的火药，阿玛尼弯腰看时火药炸了，他成了火人。他在医院治疗了 40 天，被浸泡在大桶的纯酒精里。[148] 他的脚上至今还留有一道疤痕，是拖鞋的扣烧进皮肤后留下来的。他淡然地说："都是不愉快的过去，只是还忘不了。"

　　即便童年时代遭逢世界巨变，阿玛尼仍然展现出视觉审美上的天赋。战争结束后不久的一个圣诞节，他母亲为节日的烤鸡大餐摆设餐桌，小乔治在一旁不开心地看着，不赞同母亲的布置。"桌上的东西太多了，桌子中央的装饰有花，其他地方也都有小花。我记得我跟妈妈说，'一个地方放花就挺好，不要都摆上花'。"他妈妈甫一听闻，大吃一惊，不过在儿子走后，她挪开了餐桌中央的装饰。"她发现我在某些方面和别人不一样，我对特定的事物、对审美、对外在的东西特别敏感。"阿玛尼说，"她发现我能够分辨事物的美丑。"此后，妈妈总要征求他对装饰布置的意见。回想往事，阿玛尼认为母亲是唯一一个"真正影响我工作和生命方向"的女人，"她影响我的方式简单而严格、严厉。她少言寡语，但出言必行"。

1955 年，阿玛尼进入米兰医学院上学，他很快发现自己不适合当医生，于是退学。他在米兰一家名为"拉林纳森提"的百货公司找到了工作。在百货公司工作的 8 年间，阿玛尼做过摄影师、橱窗设计师、男装买手助理和时尚配装师（Fashion Coordinator）。时尚配装师是份好工作，但在时装业却是最卑微的职位。当时有钱又有品位的意大利男人都有自己的裁缝，这些人不用进服装店，在衣架上翻找工厂大量生产、尺码却不多的松垮如口袋的套装。阿玛尼为此现象深感不解，决定要改变这一现状。他进了切瑞蒂（Cerruti），担任一名男装设计师的助理，帮助设计一个名字古怪的男装系列"杀手"（Hitman），学到了服装设计和制作的基本技巧。他设想了几种男装设计新方法，其中有解构法。几年后，阿玛尼离开切瑞蒂，做了名自由设计师。"我准备好了要走自己的路，"他告诉我，"我要创建属于自己的审美观。"

1975 年，阿玛尼和他的男友赛尔焦·加莱奥蒂（Sergio Galeotti）勉强凑出 10 万美元的创业资金，在威尼斯街②租了两间办公室，成立"乔治·阿玛尼时装公司"。加莱奥蒂主管商业事务，阿玛尼负责设计。阿玛尼在他们合租的公寓楼一层向买手们展示了第一个男装系列，借此推出了他的新概念：套装有柔和的线条，并不那么笔挺。阿玛尼抛弃了传统僵硬的英格兰羊毛，也不用海军蓝、黑色、灰色的法兰绒，他偏爱轻柔的布料，比如亚麻布、针织羊毛，还有橄榄色、淡紫色、浅蓝灰色等色调柔和的针织面料。他还喜欢用一种俗称为"灰哗叽"的米灰色面料，这种颜色后来成为阿玛尼的招牌色。3 个月后，他用传统的男装面料设计了同种风格的女装。"那是个女性主义的时代，"阿玛尼告诉我说，"女士们需要的已远远不再是小礼服和紧身衣——也需要能展现力量和权势的衣服。伊夫·圣·洛朗曾做过，做得相当成功，但我认为这样的衣服应该被诠释得更容易让人理解，更容易被更多的人接受。我办公室的女职员看到男装后说：'为什么我们不能穿这样的衣服？'受她们的启发，我试着稍稍改变了一点这种服装的精神。"

纽约男装店巴尼斯的老板弗雷德·普雷斯曼（Fred Pressman）眼光独到，他评价阿玛尼的套装是天才之作，据约书亚·莱文

(Joshua Levine)所著的《巴尼斯时装店的兴衰盛落》(*The Rise and Fall of the House of Barneys*)中记载，1976年6月，普雷斯曼飞抵米兰，开出10万美元购买阿玛尼时装的经销权。[149] 对于一家新成立的公司，这是一笔大买卖，于是阿玛尼给了巴尼斯在纽约市场的专卖权。"这意味着萨克斯百货不会有阿玛尼，布卢明戴尔也不会有；波道夫·古德曼百货不能卖，其他的专卖店也进不了货。"巴尼斯的经理艾德·格兰兹（Ed Glanz）告诉莱文，"这真是一条妙计！"阿玛尼早期的美国顾客都是有头有脸的人物，比如好莱坞著名导演马丁·斯科西斯，哥伦比亚影业公司的董事长唐恩·斯蒂尔，《壮志凌云》的制作人唐·辛普森——因为在洛杉矶阿玛尼的衣服款式不多，此人会在纽约的巴尼斯一次就买足20套黑色套装。还有才华横溢的鲍勃·李·蒙德，他是约翰·屈伏塔的经纪人，当时屈伏塔刚刚主演了热门电影《周末夜狂热》和《油脂》。

1979年，导演保罗·施拉德（Paul Schrader）请屈伏塔出演电影《美国舞男》中的好莱坞高级骗子。[150] 李·蒙德告诉施拉德，乔治·阿玛尼的西装可以完美衬托出屈伏塔饰演的角色：一位温文尔雅、爱慕虚荣的洛杉矶牛郎。施拉德、屈伏塔和阿玛尼在他米兰的工作室见了面，为角色挑好了服装。孰料开拍前几天发生了变故，屈伏塔被调去演另一部电影《都市牛仔》，他的角色改由当时籍籍无名的李察·基尔出演。那真是一个完美的组合，阿玛尼柔软的套装衬托出李察·基尔翩翩的风采，紧身的衬衣雕塑出他小麦肤色的身材。盛装的他倜傥性感，让人的心脏都忘了跳动。这部电影让阿玛尼时装声名远扬，但销售渠道仍然只限于巴尼斯和其他少数几家百货公司、专卖店。1982年，阿玛尼登上《时代》周刊封面，是继伊夫·圣·洛朗之后第二位享有这一盛誉的时装设计师。[151]阿玛尼服装在美国的销售额达到1 400万美元，但只占到全球销售额的10%。阿玛尼希望更多人穿上他的服装，不仅仅是好莱坞和华尔街的精英。其他的美国人呢？他们也需要高品质的服装。

1985年，加莱奥蒂因艾滋病去世，痛失亲人的阿玛尼全身心投入工作。如今，他不单要负责设计，还要制定公司的行销策略，并加以实现。回想《美国舞男》的流行给品牌带来的影响，阿玛尼认识到，进入美国中产阶级观众最好的途径就是打扮明星。1987年，他为布莱恩·德·帕尔马的黑帮电影《铁面无私》设计了20世纪30年代的怀旧风格服装，之后突然间，人们蜂拥而至麦迪逊大道上的阿玛尼专卖店——这是他在美国开的第一家专卖店。第二年，阿玛尼在罗迪欧大道上开了一间13 000平方英尺、有玻璃幕墙的奢侈品商店。为商店开幕举办的义卖活动在洛杉矶当代美术馆举行，颇受好评，参加义卖的300位来宾全是好莱坞最有权势、最出名的人物。宴席由司巴戈③承办，奏乐助兴的则是彼得·杜辛（Peter Duchin）管弦乐团。万事俱备，只欠东风，如阿玛尼所言："我需要对的人以对的方式穿着我的衣服。"

在纽约，阿玛尼请杰奎琳·肯尼迪·奥纳西斯的妹妹莉·拉齐威尔（Lee Radziwill）做他的"特别活动协调员"。拉齐威尔看芭蕾舞、歌剧，参加慈善活动，不管在哪儿都穿着阿玛尼的衣服，不久她那群曝光率极高的社交界朋友也穿上了阿玛尼。那么西海岸怎么办？好莱坞怎么办？拉齐威尔告诉住在洛杉矶的玛丽亚·施莱弗（Maria Shriver）——她姐夫肯尼迪总统的外甥女，有这么一个工作，施莱弗又告诉了她的朋友万达·麦克丹尼尔（Wanda McDaniel）。麦克丹尼尔是《洛杉矶先驱考察家报》的社交版编辑，在1986年施莱弗和阿诺·施瓦辛格的婚礼上她担任过伴娘。在阿玛尼看来，麦克丹尼尔既典雅大方，又熟知好莱坞圈子，是他心目中的理想人选。麦克丹尼尔在密苏里州的梅肯出生长大，毕业于密苏里大学著名的传媒学院，最初在《达拉斯时代先驱报》社交版任编辑，从1977年开始为《洛杉矶先驱考察家报》工作。"我还记得到好莱坞后的第一周，就上贝弗利威尔希尔饭店参加了一场活动，吉米·斯图尔特、加利·格兰特、吉恩·凯利都来了。"在贝弗利山庄饭店的交谊厅里，麦克丹尼尔边用午餐边和我交谈，"我心下暗忖，'天哪，这场面我可从来没见过！'我的意思是，在《达拉斯先驱报》的时候，你碰到的人是达拉斯牛仔队的橄榄球教练汤姆·兰德利和四分卫罗杰·斯托巴赫。这儿可全是超级明星！所以我走到加利·格兰特身边后，不由地说：'我只是想和你打声招呼，因为我觉得我干这份工作可能熬不过一个星期。'"

好在格兰特带着她，把她介绍给他的每个朋友，于是几个月内她就摸清了城内的人脉。她能抢先获得名流们的独家消息，报道手法在她和竞争者——《洛杉矶时报》社交版专栏作家茱迪·雅可布（Jody Jacobs）之间挑起了一场笔战。在总统大选期间，她还写了5篇关于前第一夫人南茜·里根的系列报道，其中一篇罕见地采访到了南茜的继父洛伊尔·戴维斯（Loyal Davis）。这些系列报道文风直率，没有阿谀奉承之嫌，轰动了整个加州。"跟你说吧，当时我以为南茜·里根会砍了我的头，"麦克丹尼尔回忆，"当时有几个人曾告诉我很多内幕，后来都和我形同陌路。"第二年，麦克丹尼尔嫁给了阿尔伯特·鲁迪。鲁迪担任过20世纪70年代几部卖座电影如《教父》《最长的一码》的制片人，克林特·伊斯特伍德最近的电影《百万美元宝贝》也由他制作。他们在贝弗利山庄饭店举办了一场华丽且"星"光闪耀的婚礼，成为好莱坞权势显赫的夫妻档，她当然也成为一名穿着盛装华服的记者。

1988年5月，阿玛尼聘请麦克丹尼尔担任娱乐事业联络部的总监。她的职责是：让好莱坞的演员穿上阿玛尼。她穿着阿玛尼的服装和名人的公关、经纪人、经理人共进午餐，参加晚宴，大力宣扬阿玛尼。很快，阿玛尼成为城中制片人、主管、经纪人、权力掮客的制服。可是阿玛尼想要的远不止这些：他想让电影明星在社交场合穿他的服装，制造骚乱被狗仔队拍照，然后让这些照片出现在全世界的报刊杂志上。麦克丹尼尔瞄准了第一个人选：朱迪·福斯特。

1989年，朱迪·福斯特因为在电影《被告》中扮演了一位强奸受害者而获得奥斯卡最佳女主角奖项。颁奖典礼上，她穿了件淡蓝色的塔夫绸大蓬蓬裙，臀部系了一个她在米兰逛街时买的大蝴蝶结。"每个人都猛批这件礼服，"麦克丹尼尔回忆说，"我知道朱迪·福斯特下一年还会参加奥斯卡，担任颁奖嘉宾，所以我想，为什么不马上和她联系，跟她说：'你想不想把明年的服装交给我？为什么不让我们帮你准备？'而朱迪·福斯特说：'你知道吗？我愿意把下半辈子的穿衣戴帽都交给你打理。'"

阿玛尼在看布莱恩·德·帕尔马1983年拍摄的史诗巨献《疤面煞星》的录像带时发现了第二个人选：婀娜多姿的金发荡妇——米歇尔·菲佛。麦克丹尼尔联系到菲佛，表示可以为她提供出席奥斯卡典礼的礼服。她们一起挑选出一件海军蓝贴身礼服，那礼服堪称完美。麦克丹尼尔回忆说："奥斯卡典礼当天的下午，我去她家给她打点服装之前，给她打了个电话：'你要配什么样的首饰？'"

"我不知道，"米歇尔·菲佛回答，"你看着办吧。"

麦克丹尼尔抓起几个她自己的手袋和珠宝扔到车上，开车到了菲佛位于圣塔莫尼卡的老式西班牙住宅。菲佛穿着阿玛尼长礼服走下楼，脖子上戴着一条男友费舍尔·斯蒂文（Fisher Stenvens）送给她的纤巧的海珠项链。

"米歇尔！"麦克丹尼尔几乎是脱口而出，"这可是奥斯卡！"

她从袋子里拿出一串巴洛克风格的大珍珠项链和一个黑色的鳄鱼皮晚宴包。

"但我还少点光彩！"菲佛哀叹。

麦克丹尼尔摘下她的大钻戒，递给菲佛。

"这太奇怪了吧！"菲佛说。

"没人知道的。"麦克丹尼尔说。

第二天早晨，《女装日报》的头条标题是《极痛与狂喜》，下面配了两张照片：金·贝辛格穿着自己设计的怪里怪气的单袖白色裙装，而米歇尔·菲佛穿着简单低调、品位十足的阿玛尼，光彩照人。

菲佛并非当天唯一穿着阿玛尼的明星。麦克丹尼尔回忆，阿玛尼提供服装赞助的明星还有最佳女主角得主杰西卡·坦迪、最佳女配角提名莉娜·欧琳、最佳男主角提名丹·艾克罗伊德和汤姆·克鲁斯、最佳男配角得主丹泽尔·华盛顿，还有斯蒂夫·马丁、杰夫·戈德布鲁姆、丹尼斯·霍伯，以及奥斯卡典礼主持人比利·克里斯托。"我们是人们唯一需要的品牌，我们是城中唯一的竞争者。"

《女装日报》戏称1990年的奥斯卡是"阿玛尼奖"。《时尚》杂志的主编安娜·温特称其为"一场革命……终结了夸张炫耀、过度矫饰、粗陋庸俗的穿着品位。阿玛尼以现代的方式重新包装了电影明星"。[152]更重要的是，它为美国人树立了可以依样学样的优雅穿着榜样。阿玛尼的营业额一飞冲天，1990—1993年全球营业额翻了一倍，达4.42亿美元，大部分销售增长额来自美国市场。拉尔夫·劳伦当时的西海岸品牌联络员詹妮弗·梅耶说："麦克丹尼尔只用一只手就改写了游戏规则。"[153]

明白了吧：把红地毯上的名人打扮好，是奢侈品牌最有效、花费最低的广告手段。接下来的一年，"每个人都想雇用我，"麦克丹尼尔笑言，"瓦伦蒂诺试过挖我过去，范思哲还私下里和我在贝弗利山庄饭店的房间见面。他说：'你在阿玛尼工作？来为我干吧！'"她谢绝了所有的邀约，继续为阿玛尼照顾名人。卡尔文·克莱恩开始每年在贝弗利维尔西尔酒店举办两次独家西岸沙龙，只邀请某些特定的名人比如梅格·瑞恩、安吉莉卡·休斯顿、歌蒂·韩之流参加，他们还能以优惠价买下身上穿的服装。奢侈品牌开始为明星和其同伴提供免费的旅行、酒店和服装，吸引他们坐到巴黎和米兰自家时装秀的第一排。明星们要做的就是露出笑容让狗仔队拍几分钟照，时装秀结束后再去参加充满宣传色彩的晚宴或派对。如此一来，奢侈品牌便和明星建立起了良好的关系，到奥斯卡、金球奖或其他盛大的红地毯场合，就能顺理成章让明星穿上他家的衣服。

这些努力对品牌的销售影响超乎寻常。麦当娜穿着古驰的宝蓝色缎面衬衫、黑色天鹅绒低腰紧身裤出席 1995 年的 MTV 颁奖典礼，古驰的营业额立刻暴涨：几天之内，要买裤子的等候名单就飞进了全球的古驰专卖店。1995 年，地球人都认识的戴安娜王妃被拍到拿了一只迪奥的手袋，这款手袋便有了昵称"戴妃包"

(Dior Lady)。当年这个售价 1 000 美元的"戴妃包"就卖出 10 万个。仅靠这款手袋，迪奥 1996 年的全球营业额就增加了 20%。杂志发明了投票选举时尚名人，《风尚》（*In Style*）杂志在 1993 年 8 月首开先河。创刊的主编玛莎·尼尔森告诉我，《风尚》的目的是想阐释："时尚触手可及。读者觉得他们对明星有一种'了解'，这是对模特儿从不曾有的。模特儿有魅力，但遥不可及。而明星在电视、电影、流行音乐里，在人们的日常生活和客厅里，他们没那么神秘。"《时尚》《哈泼时尚》等时尚类杂志开始用明星取代模特儿做封面人物。"说白了，放明星时，杂志好卖得多。"《时尚》杂志主编安娜·温特如是说。

　　奥斯卡颁奖典礼是最盛大的名流集会，也是奢侈品牌最重要的宣传机会。"数亿观众收看奥斯卡颁奖典礼，全世界的人都在看，"古驰集团的前公关总监丽莎·谢克对我说，"如果你让对的明星穿着你家的服装走上红地毯，一遍遍说出设计师的名字，你就红了！绝对没错，你就名扬世界了。那影响超级震撼。"的确如此，纽约贝尔·斯特恩斯投资公司（Bear Stearns）前奢侈品分析师达娜·特尔赛（Dana Telsey）宣称："万众瞩目的红毯盛事，对时装和珠宝设计师来说，大概是最重要的时刻。"2005 年的奥斯卡周，我碰到了海瑞·温斯顿（Harry Winston）珠宝公司的卡洛尔·布洛迪。她告诉我，如果一个名人在奥斯卡颁奖典礼的红地毯上被拍到穿戴着你家的产品，那么"每个月的销售额都会冲高一次"，而且持续好几年。"海瑞·温斯顿在美国的广告预算一年只区区 100 多万美元，"她说，"但如果你问美国人谁是海瑞·温斯顿，十有八九会说：'噢，就是那个赞助明星行头的珠宝商！'打扮明星是吸引注意力最有效的方式。乌玛·瑟曼让普拉达成了名，查利兹·赛隆帮王薇薇（Vera Wang）打响了知名度，哈莉·贝瑞造就了艾莉·萨博（Elie Saab）。美国人花数十亿美元购买奢侈品，因为名人穿它们，戴它们。"

很快，打扮明星成为"人满为患"的行业，但在麦克丹尼尔的回忆中，这种工作中仍保留了亲密的关系，让人想起过去电影厂服装部门的年代。麦克丹尼尔说："明星直接来见我们。"他们在三楼的贵宾室试穿最新款的晚礼服，喝着茶聊着天，有时也会下楼到店里买点什么。这是一门和乐融融的生意，一种个人化的服务。

"后来，突然间，"麦克丹尼尔回忆道，"别的人插进来了。"

名人造型师可是时尚业的新行当。原本造型师相当于时装编辑，职责是为替杂志和商品目录拍摄时尚照片的模特儿搭配服装或设计造型。到 20 世纪 90 年代，明星出席正式场合的机会激增，除了奥斯卡和首映式，大量活动都要走红地毯，红地毯旁挤满了狗仔队。于是，造型师发现了一个新世界：为名人做造型。造型师成为自由职业，开始与影视明星、歌星们签约。造型师的工作就像佐伊所说的，"事无巨细，面面俱到"：购物、搭配服装、为明星穿衣打扮，要为他们打造出符合观众想象的台前幕后一致的形象，或者是明星自己希望的形象。如果一位明星计划在媒体前做系列亮相，那么造型师会准备好一个记事本，里面贴满各种服饰的拍立得照片——"从文胸到鞋子"，佐伊说——本子里还有注解，注明哪件衣服要在哪个场合穿，如果下雨、外出又应该怎么穿。"不管女明星有多漂亮，她们都不知道该怎么打扮自己，"时尚公关公司"人民革命"（People's Revolution）的创始人凯莉·卡特隆（Kelly Cutrone）说，"她们需要有人教她们怎么正确念出设计师的名字，是纪—梵—希，不是加—文—奇。需要有人告诉她们怎么穿上一件衣服，搞清楚哪面是正面，哪面是反面，穿着不同的鞋子该怎么走路。这些着装技巧超越了她们的能力范围，而那正是造型师见缝插针的地方，这些都是过去制片厂服装部门干的事。"

很快，造型师靠工作业绩打响了知名度，自己也顺势成为时尚明星。造型师杰西卡·帕斯特（Jessica Paster）就是一例。1998年的奥斯卡颁奖典礼，她为两名获最佳女配角提名的演员做了造型：让金·贝辛格穿爱斯卡达（Escada）的淡绿色塔夫绸蓬蓬裙，给明妮·德里弗穿了件侯司顿的大红色紧身筒形长裙，搭一条色调般配的皮毛披肩。当年，金·贝辛格因为《洛城机密》里的角色获奖，爱斯卡达和帕斯特也一夜成名。从那之后，帕斯特打扮过凯特·布兰切特、乌玛·瑟曼、娜奥米·沃茨、琼·艾伦、凯特·贝金赛尔。身高193厘米，有一头黑发的洛兰·斯哥特（L'Wren Scott）是歌星米克·贾格尔的女友，以前做过模特儿，从为著名时尚摄影师赫尔穆特·牛顿（Helmut Newton）、赫伯·利兹（Herb Ritts）做拍摄造型开始了造型师的职业生涯。斯哥特的招牌风格是通过洗练、奢华的女装塑造出高不可攀的气质，她的主要客户是妮科尔·基德曼，同时也为玛丽莎·托梅、萨拉·杰西卡·帕克打点行头。菲利普·布洛克（Phillip Bloch）也是从模特儿转行的造型师，他的成名之作是2002年奥斯卡颁奖典礼上的哈莉·贝瑞。他让哈莉·贝瑞穿上一袭当时还是无名小辈的黎巴嫩设计师艾莉·萨博设计的紫红色透明礼服，下面围一条像纱笼的裙子，让赢得最佳女主角的哈莉·贝利同时跻身最佳着装女明星之列，也成就了萨博巴黎一线设计师之名。布洛克写了本书《时尚的元素：好莱坞首席造型师经典之作》（Elements of Style：From the Portfolio of Hollywood's Premier Stylist），自己当上了莱卡和维萨信用卡的代言人，并在2007年推出高级鞋履品牌和针对中产市场的家居用品系列，他称之为"为大众而设计的好莱坞魅力"。

2005年我在"周仰杰奥斯卡套房"的会客室里见到佐伊时，她已算得上是这一行中最红的造型师。她的客户名单念起来仿佛《纽约邮报》的第六版，除了萨尔马·海耶克和朱莉·德尔比，还有林赛·罗韩、妮科尔·里奇、米莎·波顿、杰西卡·辛普森。她们有的品位一流，只需帮她们稍做搭配；有的则需要完全改造，从头到脚改头换面。据说只要付得起一天6 000美元的价码，佐伊就能把只穿T恤衫、牛仔裤的宅女改造成时尚达人。

"这些女孩们出门吃晚饭会被跟拍，"佐伊说，"吃午饭也会被拍。从她们一大早出门到回家睡觉的前一分钟，都会被记者拍下来。"[154] 纽约设计师迈克尔·柯斯（Machael Kors）也注意到了这个现象："没有哪个时代像现在有如此多狗仔。很多女人通过看小报获得时尚资讯，佐伊让那些女孩哪怕只是去星巴克买杯咖啡都能百媚千娇。"到 2006 年夏天，佐伊的影响力已经大到你可以在奢侈品的 T 台上看到她的名字。她有了众多粉丝。在巴黎阿玛尼的一场高级定制时装秀上，佐伊最后一分钟才进来，一个站在我身后的女孩兴奋地倒抽一口气说："瞧，佐伊！她可是好莱坞最棒的造型师！"在一些时装秀中，还有人向佐伊索要签名。

瑞秋·佐伊·罗森维格（Rachel Zoe Rosenzweig）——她的经纪人在 1997 年说服她拿掉了复杂的姓氏——1971 年出生在纽约，在新泽西的小矮山（Short Hills）长大。她父亲是工程师，母亲毕业于加州大学伯克利分校，她是家中长女，还有个妹妹。还在童年时，佐伊就发现了自己对时尚的兴趣。"我 13 岁开始看《时尚》杂志，很为奢侈品着迷。"她说，"我爸爸老说可以带我到廉价商店买东西，那儿一样东西只要 1 块钱。"13 岁那年，他们全家去巴黎度假，佐伊拿出她的积蓄，在路易威登专卖店买了一款邮差风格的花押字小背包。这个包她保存至今，把它和她的数百个路易威登包收藏在柜子里。她在华盛顿特区的乔治·华盛顿大学念心理学和社会学时，在乔治城的蒙娜丽莎餐厅找了份服生的工作。在那儿，她遇到英俊潇洒的男侍应罗杰·伯曼，两人坠入爱河，于 1998 年结婚。伯曼做过几年投资银行家，现在是"辨识度传媒"

(Recognition Media) 公司的董事长。这家公司主办各类颁奖节目，其中有为奖励出色互联网公司而设置的威比奖（Webby Awards）。佐伊大学毕业后曾想过是否继续上研究生，将来做心理治疗师，但最后还是决定出来工作。一个朋友的朋友告诉她，《YM》杂志有一个时装助理的职位空缺，她想："为什么不去试试看呢？"她被录用了，每周工作 3 天，一天报酬 75 美元。3 年内，她做到了《YM》的资深时装编辑。她说："我太爱这份工作了，决定后半辈子都要干这一行。"到 1997 年，她做了自由职业者，为时尚杂志做造型。她的工作对象通常都是名人，有时候他们就请她帮忙打点走红地毯时的装束。很快，佐伊积累起一批私人客户，有后街男孩乐队、小甜甜布兰妮、安立奎·伊格莱希亚斯。

佐伊自己，还有她打扮好的客户，都有招牌化的风格：电影《周末夜狂热》混合了早期的歌星雪儿。白天穿轻薄贴身、裁剪精良的牛仔裤，合体的小夹克，爬行动物皮革做的细跟鞋，配上一大堆链子；入夜则穿上女神般的紧身长礼服。她最喜爱的设计师有香奈儿的设计总监卡尔·拉格斐、克里斯汀·拉夸、约翰·加利阿诺、马克·雅可布，还有汤姆·福德。"如果我要文身，我肯定会文上'汤姆·福德万岁'。"2005 年她在《哈泼时尚》杂志上热情洋溢地说。她搜集了很多古董装，特别偏爱侯司顿、古驰、伊夫·圣·洛朗，并把它们用到造型中。佐伊甚至会打开自己的衣橱，向她的"女孩们"免费提供搭配的衣着。[155]"女孩们"有林赛·罗韩、妮科尔·里奇、杰西卡·辛普森，时尚媒体称她们"佐伊帮"。

　　佐伊在其他领域也充分利用了她的造型功力，比如定期为《大都会》杂志做造型，上"欧普拉脱口秀"，为茱迪丝·莱伯（Judith Leiber）设计一个手袋系列。因为品位超群，她享誉世界，就连有钱人和臭名昭著的人都找到她，要她帮忙重塑新形象。"人们跑到洛杉矶来待上 3 天，愿意每天付我 2 万美元，让我带他们买东西。"她自己都有些难以置信，"还有人想雇我飞到巴黎带他们的女儿买东西。"她还向很多奢侈品牌的设计师提供红地毯造型咨询，为他们的设计提供建议。"设计师们没有时间了解顾客，他们只忙着设计衣服，"佐伊解释道，"媒体的压力对名人来说，太大了。这就是我从事这份工作的原因，因为媒体让人产生一种感觉，穿着时尚意味着有权力、有影响力。现在，客户，要么是他们的经纪人、公关，都找上门来喊：'帮我！帮我！帮我！'"2007 年3 月，刚被电影大亨哈维·韦恩斯坦（Harvey Weinstein）买下的侯司顿——成立于 20 世纪 70 年代的美国传奇性奢侈品牌，邀请佐伊加入顾问团，和她签约，聘请她担任创意顾问。

　　佐伊忙于应付她的顾客，毫无喘息之机，她笑称，奥斯卡季对她犯下了"严重的重伤罪"："从 1 月到 3 月都别想睡觉，百万次的试穿、搭配配饰，我和两个助理忙到半夜靠咖啡提神。一天我能接到 300 个电话，200 封电子邮件。"她有个第一准则："在红地毯上，同一个奢侈品牌的衣服不能超过两件。"为了避免此类情况发生，佐伊通常会要求独家使用某个品牌的服装。"这能保护品牌不至于过度曝光，"她说，"最重要的是，这也保护了我的客户。"2006 年，佐伊的客户中出席奥斯卡的有担任颁奖人的詹妮弗·加纳、获最佳女主角提名的凯拉·奈特莉，还有 6 个客户将参加典礼结束后的《名利场》杂志派对，她们同样需要明星般的魅力。在奥斯卡当天，佐伊亲自帮穿着王薇薇设计的深紫红色露半肩塔夫绸长礼服、最尊贵的客户凯拉·奈特莉整理衣着。她的助理则被分派去照顾其他客户。佐伊解释说："你得安排人去贴身服务，以防时尚悲剧发生，比如拉链突然爆开，扣子突然崩掉。"

各家名牌则主动出击，力争让自家产品在红地毯上露脸。他们常年主动向名人提供"商品大礼包"——业话称"赃物"，这往往通过明星们的公关人员。"明星为什么要雇我？帮他们处理天上掉下的大馅饼呗。"特罗伊·南金（Troy Nankin）告诉我，她是希拉里·史旺克、安吉·哈蒙、塞尔玛·布莱尔等明星的公关。"我把那些东西寄给他们的妈妈或者慈善机构。圣诞节前夕，爱斯卡达到处散发手袋，然后《美国周刊》（US Weekly）上就会登一张萨尔玛·布莱尔的照片，旁边配发的图说是：'萨尔玛·布莱尔爱上新款的爱斯卡达手袋'。才不是呢！是萨尔玛·布莱尔的女佣爱上了她的新包包。"传统上，奥斯卡是大收赃物的盛会，颁奖嘉宾都能收到奥斯卡委员会赠送的大堆免费礼品，有出国旅行、名牌手表、便携式摄像放像机，价值几十万美元，以至国税局都找上门来罚款。2007 年，奥斯卡委员会投票终止了这一馈赠行为。名牌还自行贿赂名人和颁奖嘉宾，比如 2005 年，伦敦皮具品牌安雅·辛德马奇（Anya Hindmarch）给获最佳女主角、最佳女配角提名的演员每人一个爱柏利包（Bespoke Ebury），那是一个巧克力色的皮质大手袋，包上装饰着导演或合作演员给该位女星的话，包里塞满露华浓的化妆品。

奢侈品牌为打扮出席奥斯卡的名人所做的种种努力，最显著的或许要数在城中的黄金地段开设会客室，比如在半岛酒店的"周仰杰奥斯卡套房"。他们邀请一线或二线的名人、公关、经纪人、造型师如佐伊，前来吃饭喝茶、小酌一杯，同时看看最新最美的设计——所有的产品都可以"借"去走红地毯。对于"周仰杰"这类小公司，一间奥斯卡套房能收到巨大的公关效益。"把迷人的鞋子套在即将上台领奖的漂亮女演员脚上，嗬！这个活广告比什么宣传都有效！"周仰杰的创意总监蔡姗卓说，"每个看了颁奖典礼或者看了媒体报道的人，都会知道我们打入了奥斯卡。奥斯卡上的每件产品店里都有卖，观众们就能到店里来买那种魅力。"正如蔡姗卓所指的，多数情况下人们不会注意到藏在长礼服裙摆下的"周仰杰"精品鞋，但只要女明星逮住机会，都会向电视台主持人或记者提及她穿的是"周仰杰"的鞋子，并稍稍露一点脚踝让大家看看鞋子。她还会提到是谁借（可以说是赠送）给她礼服、珠宝和手袋。红地毯结束的第二天早晨，"周仰杰"以及其他打扮了明星的大奢侈品牌会给全球的媒体发一封电子邮件，是新闻通稿，稿件中有哪位明星穿了"周仰杰"鞋子等细节，通常还会附上一张红地毯上的照片。蔡姗卓说："看吧，接下来的一年好处多多。"

这种宣传对大众的影响非常深远。据美国棉花公司（Cotton Incorporated）2004 年所做的一项调查，20 ~ 24 岁的女性消费者有 27% 承认，她们通过关注名人获取穿衣打扮的灵感，在 1994 年这 个比例为 15%；25 ~ 34 岁年龄段的女性，这一比例则从 1994 年的 10% 上升到 18%；35 ~ 44 岁的女性，比例从 8% 提升到 14%。[156]

我决定亲眼看看这样的联络盛会。2005 年 2 月，我住进 了电影界和时尚业人士最喜爱的好莱坞老饭店马尔蒙庄园酒店 （Chateau Marmont），并和奢侈品牌、负责配置产品的公关联系 好了会面事宜。饭店的花园里有一组克雷格·埃尔伍德（Craig Ellwood）设计的 20 世纪 50 年代风格的平房，法国设计师罗兰·莫 瑞（Roland Mouret）在其中一间向造型师和名人展示他最新设计 的礼服。他紧张又兴奋地为凯特·布兰切特、塞尔玛·布莱尔搭配 这一星期内参加活动的衣着，为斯嘉丽·约翰逊出席奥斯卡典礼准 备礼服。装饰着 20 世纪 20 年代风格护墙板的"平房一号"可以 俯瞰池塘，塞尔（Sell Jewelry）珠宝公司正在屋里举办招待女士的 午餐会，让造型师、社交名媛、时尚编辑们试戴古董戒指和胸针。 在贝弗利山的四季酒店里，贵侃珠宝（Kwiat）举办了钻石鸡尾酒 会，宾客们啜饮着"钻石丁尼"，一种蓝绿色马丁尼酒里点缀着 金砂的鸡尾酒。《W》杂志在好莱坞山上的一座摩登住宅里举办了 一场只邀请特别人士的"好莱坞世外桃源"派对，大小明星们挑 选、借出雷娜·兰奇（Rena Lange）的衣服、佩妮·佩维利（Penny

Preville）的珠宝，还有积家腕表。在后面的卧室里，名人发型师克里斯·麦克米兰（Chris McMillan）帮着明星们整理她们凌乱的长发。我到那儿时，宝拉·阿布杜（Paula Abdul）正坐在椅子上做头发。之后，我受邀加入宾客，享受了泳池边的日光浴午餐，餐食是洛杉矶顶级餐厅帕蒂纳（Patina）提供的。

在罗迪欧大道，香奈儿租借了弗雷德里克·菲凯沙龙（Frederic Fekkai Salon）为常客和名人顾客举办免费的专业化妆聚会。珠宝公司海瑞·温斯顿在它珠宝盒风格的会客室里接待顾客和造型师。2003 年，海瑞·温斯顿向参加奥斯卡典礼的名人提供了价值超过 4 000 万美元的钻石，仅赞助女星奎因·拉提法（Queen Latifah）的项链就价值 350 万美元。同一条街道上，瑞士珠宝公司萧邦的联合总裁卡洛琳·库鲁斯 - 夏菲勒（Caroline Gruosi-Scheufele）和员工给伊丽莎白·泰勒送来一枚镶钻的心型吊坠做礼物，泰勒将担任奥斯卡典礼之后的埃尔顿·约翰艾滋病基金会义演的荣誉嘉宾。萧邦公司是这个慈善活动的主办方之一。埃尔顿爵士和他的伴侣大卫·弗尼斯（David Furnish）在义演活动中手腕上都戴着萧邦的钻表，这一点照例被《洛杉矶时报》收入奥斯卡派对的综合报道之中。[157]

奥地利百年水晶品牌施华洛世奇，包下了贝弗利山奢华的莱福士酒店（Raffles L'Ermitage）的 102 号花园套房。有十几个奢侈品牌在这家酒店里开设了会客室，施华洛世奇只是其中一家。自电影的黄金时代起，施华洛世奇就为电影工业提供水晶，《绿野仙踪》里多萝西走下黄砖路时穿的璀璨的红宝石鞋就是施华洛世奇制作的。今天，公司国际联络部副总裁、品牌创始人的长孙女娜吉雅·施华洛世奇（Nadja Swarovski），依然不加掩饰地追求好莱坞的加持。2000年，她加入奥斯卡周的奢侈品突击队，订下莱福士酒店的1 400平方英尺花园套房。这套房在奥斯卡周每晚租金要2 000美元。她命令公司运送上百只手袋到洛杉矶来，派遣公司高级主管将手袋送到电影明星的手里。"我们把宣传对象从超级名模转移到了电影明星身上，"某天早上，娜吉雅在套房里一边喝茶一边对我如是说，"名人让奢侈品更具有真实感。"

套房中铺着大块米色长毛绒地毯的起居室里，塞满了长桌子，上面乱七八糟堆满晚宴手袋：铺着闪烁晶亮的银色、金色或黑色水晶的手抓包；用玫瑰灰色、青铜色水晶珠子做成的小手包；有无装饰的丝绸手拿包，可以搭配20世纪40年代的水晶胸针。"美国人的要求很特别，"施华洛世奇国际公关部主任弗朗索瓦·奥塔瑞克斯一边为我展示这些手袋，一边说，"大多数人只要手抓包，要小体积的、黑色、金色或银色的。她们不想冒任何风险。在戛纳影展上，你可以在红地毯上看到各种疯狂的装扮，但在这儿一切都很保守传统。有太多评论家在审视你的穿着，在奥斯卡的红地毯上不允许你犯任何错误。你必须完美无瑕，必须符合大众而不是你个人的期望。"

在房间角落的地板上，有一堆金色、银色、黑色的手抓包，是杰西卡·帕斯特预定的。施华洛世奇也给佐伊寄了一些精选产品，但她还是突然登门，说是顺道来看看有没有其他还可以选的东西。她离开的时候又带走了一些。会客室里的东西没有一件是要卖的。"我们在这里创造一个梦想，"奥塔瑞克斯告诉我，"我们可不会为梦想定价。"

　　用奢侈品打扮名人一旦卷入了权力和金钱，就暴露出造型师圈子里骇人听闻的无情一面。有些造型师声名远扬是因为他们囤积最好看的设计，或者把整个系列的款式都霸占在手里，直到活动的前一晚才放手，这样别人就看不到它们，更别提穿戴它们。有些造型师要求名人客户补偿购买奢侈品的费用，事实上那些都是品牌赠送的礼物；要么故意不告诉客户是礼物，转手再卖给客户，把现金揣进腰包。一位曾为粉红乐队（Pink）、玛丽·布莱姬（Mary J. Blige）、吹牛老爹做过造型的知名造型师，据说被控欺诈纽约 8 家珠宝公司，涉及金额超过 150 万美元，被判 8 个月到 3 年的监禁。[158] 他非法出售这些珠宝是为了维持自己浮华的生活。

　　在这方面，造型师无所不用其极。有人要求品牌付现金，还抵押贷款，或提供免费出国旅游。"他们中 70% 的人会把话说得很明白：'我想我可以办得到。'等你回话后就说：'如果你能做到，我就会考虑用你的产品，我会把这个明星留给你。'""人民革命"的凯莉·卡特隆说："大约 25% ～ 30% 的人会说：'没问题！我能办得到，但你有什么？钱、衣服、旅游、头等舱旅行、住巴黎的丽兹酒店？代价是什么？'"据说，一位造型师要求设计师掏钱让她做吸脂手术。[159]这位设计师掏了钱，而这位造型师的客户就穿着设计师的服装领了她的奥斯卡最佳女主角奖。海瑞·温斯顿的卡洛尔·布洛迪知道另一件事。"我知道那是真的。"她说。传说一个造型师要求某设计师为她的住所做内部装饰。设计师同意了，于是一位女演员穿了他的衣服，而全世界的时尚媒体都说她是红地毯上穿得最美的女明星。"他们手里还捏着王牌：'我需要度个假，可不可以借用你的私人别墅和私人飞机？还有，你能帮我付吸脂手术的费用吗？'"卡特隆说，"而你，就得为他们买单。"

佐伊说："我从来没有因为在红地毯上用哪个品牌而接受贿赂。但有人向我提供全球旅行、礼物、现金，应有尽有。"

有的造型师以刻薄闻名。2000年的金球奖颁奖典礼，杰西卡·帕斯特想让她的大客户希拉里·史旺克穿兰多尔夫·杜克（Randolph Duke）的长礼服。兰多尔夫·杜克的公关记得，当时，"帕斯特听说我们要让查理兹·赛隆穿同一件礼服。其实这不是真的。清晨五点，我接到电话：'我不会被你们愚弄的！'简直是咆哮，是我这辈子听过的最恐怖的声音。我把话筒拿得离耳朵远一点，只听她说：'你完蛋了！你休想再和我的任何客户合作！！！'于是他们撤掉了那件长礼服，让希拉里·史旺克改穿了范思哲。"

我问佐伊这些恶劣行径，她叹了口气，说："一般的造型师都相当记仇，而且很贪婪。这些中学生玩的低劣把戏，实在让我筋疲力尽。"

不过，那些努力和承诺并不能保证明星真的穿上奢侈品牌寄给造型师的衣服。奢侈品牌可能会在奥斯卡典礼当天的下午得知噩耗，然后在傍晚看到名人穿戴着其他品牌现身红地毯。"为了2005年的金球奖典礼，我给一位超级巨星寄了一套手表、袖扣和饰扣，"海瑞·温斯顿的卡洛尔·布洛迪说，"我还借钱给他的女友、他的经纪人、经纪人的太太，以前我从没干过这样的事。但我知道他将是红地毯上万众瞩目的焦点。但第二天我看报道，他并没有戴它们。我打电话给造型师：'这是怎么回事？你为什么要浪费我的时间？'而那造型师回答我说：'他本来打算要戴的，但他眼前有满满一盘手表，他戴任何一块都可以免费得到它。'"

后来，奢侈品牌就趁着名人坐上豪华车前往会场的途中与他们的公关确认。有时，这也没用。"有一年，我让克罗伊·塞维尼挑选了宝格丽，并让她戴着坐上了车，"卡特隆回忆，她当时在贝弗利山的宝格丽工作，"但是当她下车时，却换上了埃斯普雷与加勒德（Asprey & Garrard）设计的十字架。"最后，品牌开始与明星签约，规定在特殊场合、媒体面前，或者全年都要穿戴他们的产品。有一个奢侈品集团做得更彻底：几年前，它私下与一个顶尖的造型师签订合约，规定她只能用该集团的服装来打扮客户。当然，她的一线明星出席首映式和派对时，几乎只穿这个集团旗下品牌的产品——一位女明星甚至在她的婚礼上都穿那个集团的婚纱。这个造型师也成功了，此乃双赢。

几年前，权力开始悄悄从造型师转移到名人手中。卡特隆说，名人开始要求是否能留下衣服、鞋子、珠宝等，"然后就是，'你还有什么可以给我的？'再后来是，'给我 1 万美元的礼券。'接着变成，'汇钱到我的银行帐户来'——10 万美元，20 万美元，甚至 25 万美元。银行博弈中的胜者是奥斯卡的提名演员和颁奖嘉宾。"

威廉·莫里斯、CAA、ICM 等明星经纪公司、经纪人和品牌签定协议，品牌则表明自己的要求：照片中胸针一定要在腰部以上；耳环要让人看见，所以头发得束起来；明星必须在全国性的电视频道上说这个品牌的名字 2 ~ 4 次；如果明星被问到服饰，他一定要清楚肯定地说出品牌的名称。"我认为把明星的名字放在电子邮件里很让人吃惊，"阿玛尼的万达·麦克丹尼尔针对经纪人把明星卖给品牌的现象表示反感。"但是，经纪人清楚地知道这是明星演艺生涯中耐人寻味的组成部分，也是明星个人品牌的一部分。"

用不着费劲，我就听到几个男女明星收受报酬，穿戴名牌出席奥斯卡、金球奖的故事。最著名的是 2005 年金球奖典礼，据说在最后一分钟，查理兹·赛隆和希拉里·史旺克把从海瑞·温斯顿那儿借来的珠宝换成了萧邦的垂吊式耳环，连同耳环她们还收到 6 位数的支票。但她们从未在公开场合提及萧邦的名字。其他明星和好莱坞消息人士透露，萧邦定期付给佩戴萧邦珠宝的人"大笔银子"。萧邦公司的美国发言人史戴芙妮·拉贝里告诉《洛杉矶时报》，萧邦奢侈品公司与明星之间并没有正式的合约，但公司过去曾用钱做过诱饵。[160] 然而，萧邦公司内部显然对明星酬劳的问题尚未达成共识：《洛杉矶时报》报道两天后，在和我的一次访谈中，拉贝里否认公司付钱让明星佩戴珠宝。

"如果你是签约人，而你舍弃一个品牌接受另一个品牌，是因为后者付钱给你，那叫受贿——在美国这是不合法的。"卡洛尔·布洛迪说，"那么，假如你是一个明星，有人付钱给你穿戴他们的产品，而你选择它因为他们贿赂你，这就是犯法吗？这是难解的道德问题。我想只要你不欺骗公众，承认你和品牌签约穿戴他们的珠宝，这就没问题。我想，几年之后，每个品牌都会有一张跟他们息息相关的脸庞，品牌付钱来交换使用明星的相貌，而明星从头到脚都会穿戴这个品牌。装扮明星将会完全是商品植入行为，一切都公开透明。"

注释：

①周仰杰奥斯卡套房：Jimmy Choo，由马来西亚华裔、伦敦著名鞋履设计师 Jimmy Choo（周仰杰）与《时尚》英国版配饰编辑塔玛拉·梅隆（Tamara Mellon）在 1996 年联手成立的高级鞋履品牌 Jimmy Choo。

②威尼斯街：Corso Venezia，乃米兰一条优雅的高档商业街。

③司巴戈：Spago，好莱坞著名的餐厅。

Chapter Five

THE SWEET SMELL OF SUCCESS

成功的香味

包裹在奢华中的女人有种特别的光辉。 [161]

——可可·香奈儿（Coco Chanel）

　　法国南部小镇格拉斯（Grasse）郊外有片丘陵，里面藏着一座静静的溪谷。一条蜿蜒的乡间小路穿过溪谷，将它一分为二。一边的溪谷中潺潺流过一条叫"塞瓦涅"的小河，另一边是平坦的玫瑰和茉莉花田。这片花田人称"小坎帕迪乌"（Le Petit Campadieu），意思是"上帝的小营地"，经营者是约瑟夫·莫尔（Joseph Mul）。到约瑟夫这一代，莫尔家在格拉斯镇经营农业已经有五代了，他要照管100公顷的花田，田里一半种普罗旺斯玫瑰，一半种茉莉。自1986年起，莫尔家的花卉产品就专供香奈儿。每年5月，田里收获50吨普罗旺斯玫瑰，9月则能收获25吨茉莉。山谷周围的山丘上还种了数公顷的含羞草，莫尔将它们蒸馏加工后卖给别的香水公司。"小坎帕迪乌"是格拉斯镇仅剩的几片花田之一了。

　　莫尔是个快乐的法国农夫，就是摄影师多瓦诺（Doisneau）在

20 世纪 50 年代作品中的那种农夫形象。他圆圆的脸蛋，双颊红扑扑的，一双灰眼睛清澈闪亮，脸上带着又大又深的笑容。他常常穿着马球衫，劳动裤束在圆圆的肚皮下，脚上蹬一双深咖啡色的破旧运动鞋，微秃的头上戴一顶老式工作帽。他和你握手时手劲很大，厚实的手指皮肤像老旧开裂的皮革一样粗糙。他说话时带有特殊的南方口音，像法语中的"面包"（pain），一般发"胖"（pahn）的音，他会念成"胖恩"（payng）；葡萄酒（vin）也一样，"维"（vehn）的音他说成"维恩"（veyng）。

　　19 世纪，莫尔家族在这个地区以种植牧草起家。当时，格拉斯镇是皮手套生产基地。由于皮革散发出令人作呕的气味，鞣皮厂便使用浸渍了香花的动物油脂来加工处理皮革。因此这个地区对鲜花的需求大增，莫尔家族于是改为种植玫瑰和茉莉。格拉斯镇的香水产业也由那时起形成。一个闪着露珠的五月清晨，我搭上莫尔先生的切诺基大吉普车，前往他家的花田。车上，他告诉我，1920—1950 年是格拉斯镇花卉产业的好时光。"那时的光景可好啦，"他说，"处处繁花似锦。"但是进入 50 年代后，法国的人力成本上升，花卉产业是劳动密集型产业，于是首次开始转移，转移到意大利南部和摩洛哥，后来又移到埃及。现在，更远移到人工便宜的国家，比如土耳其、印度、中国。柏林墙倒塌后，也辐射到巴尔干半岛。

　　制造"可可"香水时，香奈儿用的是另一种气味甜美清香的玫瑰"大马士革玫瑰"，这种玫瑰种植于土耳其和保加利亚。保加利亚的大马士革玫瑰一公斤卖 1 美元，比格拉斯的普罗旺斯玫瑰便宜 6 倍。要了解海外花卉原料生产对法国花卉产业的影响，不妨参考以下数据：20 世纪 20 年代，格拉斯镇出产 30 吨茉莉纯香（Absolute）——纯香是从花朵中萃取出来的醇厚油脂，也叫香精油；今天的产量大约只有 65 磅。格拉斯镇变成了巴黎的高级时装店，只能靠有品位、懂鉴赏、出手大方的人来维持生计。

香奈儿是格拉斯镇最重要的客户，购买了约瑟夫·莫尔家出产的所有茉莉花和 40% 的玫瑰，莫尔家剩余的 60% 玫瑰卖给香水厂，主要卖给国际香料香精公司（International Flavors & Fragrances）。普罗旺斯玫瑰的年产量很小，每年只生产出 150 千克凝香体（Concrete），也就是含有花朵香精油的蜡状物质。格拉斯镇的普罗旺斯玫瑰凝香体比摩洛哥的玫瑰凝香体贵 3 倍。香奈儿的香水是"始终如一的老品牌"，莫尔说："只要香奈儿 5 号香水一天还在，我们就会继续经营下去。"

大约早上 10 点，我们抵达花田。这是玫瑰花绽放的时刻。天气暖洋洋的，凉爽的微风习习吹过。"那是海风。"我们走在一排排的花木丛间，莫尔说道。莫尔栽种的普罗旺斯玫瑰有个名字叫"五月玫瑰"，它一年只开一次，花期大约为 5 月到 6 月初的 5 周，因此而得名。普罗旺斯玫瑰是种香水玫瑰，但是跟你家花园里气味甜美的玫瑰品种不同，它有浓郁而特别的气味，更细腻、更富挑逗性，带点刺激性。花田里约莫有 40 个工人在劳作，大多数有深色皮肤，很多人说阿拉伯语。他们在花丛间移动，动作敏捷地捻下玫瑰花，轻轻放入挂在身前的小袋子里。小袋子装满，他们便把袋子里的玫瑰倒入大粗麻布口袋，再把麻布口袋摞到挂在拖拉机后的平板拖车里，拉到萃取工厂。萃取工厂就在花田旁边，大小为 100 英尺 × 50 英尺，有两层楼高，外观好似仓库。20 世纪的大多数年头里，莫尔家只管种花，鲜花采摘下来送到格拉斯镇别人家的工厂去萃取。1986 年，约瑟夫·莫尔争取到香奈儿的合同后，在自家的田里建起了萃取工厂，他坦率地说："因为格拉斯镇逐渐萧条了。"

玫瑰被送进工厂后，按每 50 千克分为一批，扔进被称作"萃取器"的大桶里。这样的"大桶"有 4 个。每个萃取器里，有 5 个可以各装 50 千克的隔层，每一层由巨大的圆盘状护栅分开，确保花朵不会受到挤压。大桶里装满挥发性化学溶剂己烷，以溶解花朵里的分子，萃取出最重要的成分——香精油。萃取步骤完成后，这五层用完的棕色花泥就被倒了出来，看起来像是没加糖霜的巨大的榛果蛋糕，再被倒进特制的堆肥容器里。糖浆般的液体被保留下来，留在蒸馏器中加热，直到溶剂挥发殆尽，剩下的液体再利用，最终留下大约 600 克的凝香体。凝香体是一种可燃的橘黄色蜡状物，闻起来就像刺鼻的玫瑰蜡烛。之后，凝香体被保留在锡罐里，大约可以保存 2 年。

香水业者制造香水时，他们把凝香体和酒精——香奈儿用的酒精是甜菜酿的——混合在一起，冷却到零下 15 摄氏度。如此一来，油脂便浮到顶层，香精留在了酒精中。然后混合液体重新加热到 40 摄氏度，酒精挥发后，留下的就是香精油。制作 1 千克的凝香体需要 400 千克玫瑰，1 千克凝香体中有 400 克蜡质，600 克的香精油。

另一个获取花朵香味的方法是用蒸馏法来萃取精油，花朵用 100 摄氏度的蒸汽加热，直到香精油逸出。蒸汽将香精油带进一根冷凝管，在管道里凝结成水。这时将精油从水里分离出来，装瓶。有时候，带有香味的水也会被装进瓶子里，比如玫瑰露，历来被认为具有医疗效果，被用来振奋精神、抗菌防腐。由于香奈儿只用普罗旺斯玫瑰香精油来制作香水，莫尔家很少用蒸馏法，因此每年五月得到的玫瑰水只够分给亲友或访客。两种方法萃取出来的香精特质不同，所以在制造香水时的用法也不尽相同。爱马仕的香水师——他们也被叫作"香水鼻子"——让 - 克劳德·艾林纳（Jean-Claude Ellena）告诉我，前者的气味"更加浓郁细致"，而"蒸馏法萃取出的香精气味比较刺激鲜明"。

香水工业每年的产值已达 150 亿美元，其中有历经岁月考验、众所周知的经典产品：香奈儿 5 号香水、伊夫·圣·洛朗鸦片（Opium）、迪奥之韵（Diorissimo）、尼娜·瑞姿的"光阴的味道"（L'Air du Temps）；但更多的是新品牌。每年大约有 200 款新香水问世，是 10 年前的一倍。原因嘛，很简单：香水是奢侈品牌旗下最容易得到、威力最强大的产品，非常好卖，超越了国界、文化，群众基础广泛。比如，所有成功的男式香水中 30%~35% 是女人买的。香水仿佛一个品牌的敲门砖、旗手，带来了巨大的利润。"迪奥香水和迪奥高级定制女装的关系异常重要，"迪奥香水部门的财务总监雅克·曼兹（Jacques Mantz）说，"所有跟女装有关的信息、事件都对我们香水部门有帮助；而世界各地的专门供应商销售了香水，就提升了迪奥女装品牌。"[162] 换而言之，就像企业大亨们所说的，你买了一瓶香水就买了一个梦想。

　　同时，香水拥有神秘、魔法般的特质。它抓住你的注意力，让你着迷，弥补并增强你的人格特质，挑动你内心或周围人的情绪。"香水是神祇与凡人间的纽带，它是接触上天的方式。"爱马仕的艾林纳告诉我，"现在它是一个世俗的连接，就在你我之间。"法国诗人保罗·瓦雷里（Paul Valery）说："一个不让自己散发香气的女人是没有未来的。"

　　几年前的一天，一位女士来到凡尔赛城里的奥斯蒙泰克（Osmothegue）香水实验室，对董事长让·克尔列欧（Jean Kerleo）说，她想寻找去世已久的母亲。克尔列欧听后万分错愕。这位女士解释道，她母亲生前总是擦同一款有东方花香的香水"阿琳奎娜"（Arlequinade），它是保罗·波烈（Paul Poiret）的玫瑰香水公司（Parfums de Rosine）在 1920 年生产的。她的衣服上散发着这种香水的味道，房间里也充满了这种香味；无论何时，只要她经过，周围就缭绕着这股芬芳。"阿琳奎娜"等于是她的母亲。但是玫瑰香水公司破产后，这款香水也在 1928 年消失了。它唯一可能存在的地方就是藏有 1 700 种香水档案的奥斯蒙泰克实验室。克尔列欧拿了一张试纸——也就是香水师用来测试香水味道的白纸条，放入一个棕色小玻璃瓶里浸了一下，递给那位女士。她深深吸了一口气，不由叹道："噢！妈妈！"

香水如奢侈品，自人类有文明那一天就有了它。史前时代的人类在身上涂抹香气，美索不达米亚人为神祇焚香。[163]埃及人发明了"花香吸取法"——在油里挤压玫瑰、番红花、紫罗兰等芳香植物，制出香油，然后把它们保存在精致的玻璃瓶中，在按摩、每日如厕时使用。举办宴会时，他们会在地板上撒满花瓣，当宾客踩过花瓣，花朵的香气就释放到空气中。埃及艳后克利欧佩特拉对香氛痴迷之极，以至于她雪杉木船上的船帆都要薰染上异香。莎士比亚在《安东尼和克利欧佩特拉》一剧中写道："从这画舫之上散出一股奇妙扑鼻的芳香，弥漫在附近的两岸。"

戴安·艾克曼（Diane Ackerman）在《感官之旅》（*A Natural History of the Senses*）中写道，克里特岛上的运动员在比赛前要涂抹特殊的香柚。[164]希腊作家也建议手臂上应该涂薄荷，膝盖上则抹百里香，下腭、胸口适合用肉桂、玫瑰和棕榈油，而头发和眉毛上则应抹上墨角兰。亚历山大大帝全身都弄得香喷喷的，还用番红花香精浸泡他的长衫。古罗马人用香水洗澡，把衣服浸泡在香水中，喂马匹和宠物喝香水。角斗士在角斗前也会用各种香氛乳液按摩身体。

13 世纪时，一位名叫阿诺·德·维尔诺夫的西班牙炼金术士改良了酒精（当时酒被称作"生命之水"）的提纯方法，不久，我们今天所熟知的香水便诞生了。2006 年 10 月，我去奥斯蒙泰克拜访了克尔列欧，他对我说："酒精曾被用作药物，为了让人们更能接受酒精，就在里面加了柠檬和香草来增加香味。"当今没人能比克尔列欧更懂香水，他曾在让·巴杜（Jean Patou）香水公司担任 35 年的首席香水师，又在 1990 年成立奥斯蒙泰克，经营至今。

克尔列欧拿出一张试纸，在标着"匈牙利皇后的香水"的有塞小瓶子里蘸了一下。他说，这是最早的香氛酒精，于 1370 年发明，为匈牙利的伊丽莎白皇后治疗风湿和痛风用的。这种酒精闻起来有迷迭香的味道，我吸气的时候鼻腔里还有点灼热的感觉。匈牙利皇后大半生都大量使用这种香水酒精，据说它让皇后保持了惊人的美貌。

法国皇帝路易十四身边有一群仆人，专门负责用玫瑰水、墨角兰为他洒扫庭除，还用香料和麝香来洗衣服。[165] 他命令宫中的香水师每天都要创造出一款新的香水。路易十五在"香水宫"（Perfume Court）里举办宴会时，仆人会把鸽子浸在香氛中，让它们在宾客间飞舞，翅膀每拍一下就扇出浓郁的香气。18 世纪期间，女人们在身上、衣服上喷香水，在头发里撒上气味甜美的香粉，并把干花瓣和香料混合后放在壶内薰房间。拿破仑在每天早晨如厕后都要用两瓶德国科隆产的古龙水（eau de cologne）来盥洗。

19 世纪中叶，法国香水制造者们，比如霍比格恩特（Houbigant）、娇兰（Guerlain），开始为世袭贵族和工商业巨子制造香水，现代意义上的香水诞生了。克尔列欧说，在 1910 年服装设计师保罗·波烈推出他的第一款香水黄金杯（Coupe d'Or）之前，香水还和高级女装、皮具一样，是独立的行业，有自己专属的领域。他把试纸放到装有"黄金杯"的小烧杯里蘸了一下，拿给我闻。我吸进一股辛辣、带有花香的麝香味道。"难道你不觉得它很时髦吗？"克尔列欧说，"今天你搽它也很适合。"他说得没错，当时我就想在身上搽一点。

波烈在 15 年里制造了 36 种香水，即便在第一次世界大战中也没有中断香水事业。他在大战期间推出一款名为"禁果"（Fruit Defendu）的香水，气味浓郁甜美，引起了极大的公愤。民众们怒吼："我们的儿子在战壕中死去，你却在卖这么奢侈糜烂的东西？！"但是，买这香水的人络绎不绝。波烈的产品销路不错，可是他却在 1929 年股市狂跌中失去了所有。不久，他便宣告破产，15 年后去世时身无分文。他设计的香水和时装大部分被世人遗忘了，但他的"女装赋予香水品牌"的思路却延续下来。香奈儿、浪凡、夏帕瑞丽（Schiaparelli）、巴杜都在第二次世界大战前就推出了香水。这些香水非常浓郁，充满香料与花朵的香气。当时的香水瓶是艺术作品，由巴卡拉（Baccarat）、莱俪（Lalique）等高级的水晶制造商生产，顾客群非常有限。这类香水因其高贵，在业界被称之为"精粹"，成为上流社会人士穿着打扮不可或缺的一部分，等同于量身定做的时装、精品鞋、上等皮手套和高雅的帽子。普通大众用古龙水，那是一种便宜的香水，由橙花水或柠檬水稀释少量香精而制成。"第二次世界大战前的二三十年代，古龙水非常流行，"香奈儿的"好鼻子"雅克·波巨（Jacques Polge）告诉我，"它针对大众市场销售，许多人都用这种香水。现在已经没有这类产品了。"

20 世纪 30 年代，名牌香水推出"淡香水"（eau de toilette），它是用酒精、水等溶剂稀释后得到的香水，香精含量 6% ~ 12%，在 20 世纪 50 年代成为主流的产品。淡香水和古龙水不同，闻起来很像淡淡的香精，当然价格也是"稀释"了的。"淡香水的出现将香水推向了大街小巷"，意思是说香水从此进入中间市场，波巨解释道："这是奢侈品牌香水民主化的开端。"

阿诺特在 1985 年买下迪奥后不久，奢侈品牌香水在研发、生产、行销、消费上开始了大跃进。以迪奥为例，它头 40 年里才推出了 12 种香水——每 3~4 年推出一款新香水——包括"迪奥小姐""迪奥之韵""迪奥之乐"（Diorella）以及"清新之水"（Eau Fraîche）。阿诺特收购迪奥 20 年来，推出了超过 30 款香水，仅 2005 年就推出 4 种。迪奥的许多新香水是后续性的产品，比如从 1985 年的热门产品"毒药"延伸出 1994 年的"温柔奇葩"（Tendre Poison）、1998 年的"蛊媚奇葩"（Hypnotic Poison），以及 2004 年的"冰火奇葩"（Pure Poison）。

20 世纪 80 年代，奢侈品开始把焦点转向中间市场，开始销售"淡香精"（eau de parfum）。这是一种更有竞争力的产品。它是用酒精稀释香精得来的，香精浓度为 8% ~ 20%，价格只比"淡香水"稍贵一点。若是一瓶 1.7 盎司的迪奥"真我"（J'adore）淡香精喷雾，零售价为 62 美元；同样容量的"淡香水"价格为 50 美元。这是非常精明的营销手段，奢侈品牌借着把"香水"一词嵌进产品的名称中，提供给中间市场一种看起来和真正奢侈品别无二致的产品，营造了一个奢华梦。被业界称为"精粹"的香水，其实是混合了酒精、香精浓度为 15% ~ 30% 的产品，但它仍然是最贵的香氛产品：1 盎司的"真我香水"要卖到 215 美元，不过这类产品只占公司销售额的一小部分。事实上，"香水"就像高级女装，是卖给有钱人的，在企业中微不足道。为了更接近中间市场，获取更大的利润，奢侈品公司将香氛产品扩展到其他产品线，推出身体乳液和沐浴油。

今天，花样繁多的香水是奢侈品牌不可或缺的一部分。那些没有时装线的历史老品牌，比如珠宝品牌卡地亚、梵克雅宝都有了自己的香水。纳西索·罗德里格斯（Narciso Rodriguez）和斯泰拉·麦卡特尼等新晋品牌，一旦新公司财务能够负担，便立刻推出香水。只有一个大品牌没有香水，那就是路易威登。这是因为这个品牌制订了严格的市场销售管控政策：它只在自己的专卖店以及百货公司的路易威登专柜销售产品，而公司认为现在的零售网络还不足以支持香水事业。原来的香水品牌比如科蒂（Coty）变成了企业航母，大量生产香氛产品，就像卡夫公司生产奶酪一样。奢侈品牌统治了香水市场：百货公司里摆满了它们亮晶晶的柜台，精致的香水瓶霸占了免税商店和化妆品连锁店——比如 LVMH 旗下的丝芙兰（Sephore）——的货架，将规模较小的香水品牌，如巴杜，挤出了香水业版图。

今天名牌香水最大的对手是新近崛起的名人香水，比如莎拉·杰西卡·帕克的"俏佳人"香水（Lovely），还有詹妮弗·洛佩兹的"闪亮之星"香水（Glow），它们都是科蒂生产的。名人香水是昙花一现，却爆发力十足：它们在市场上掀起海啸般的宣传攻势，在中间市场大肆售卖，然后潮水退去无影无踪。它们还迫使香奈儿、迪奥、纪梵希等名牌也不得不照此行事。"企业将顾客惯得喜新厌旧，"伦敦摩根斯坦利投资银行的消费品分析师迈克尔·斯泰博（Michael Steib）说，"大品牌面临的挑战是把自己和那些经常打折、生命力短暂、完全依赖名人名气的品牌择开。"[166]

现代香水的鼻祖是香奈儿"5号香水"。第二次世界大战时期在欧洲打仗的美国士兵会买这款香水回去送给心上人。玛丽莲·梦露宣称，她只穿"5号香水"睡觉。1959年，纽约当代美术馆将"5号香水"的瓶子列为永久收藏。安迪·沃霍尔还用彩虹般的颜色为"5号香水"创作出一幅丝网印刷作品。"5号香水"辛辣的东方气味是年轻香水师努力要模仿调配出的样板，因为它已成为嗅觉测试的标准。据说，全世界每天每30秒就会卖掉一瓶"5号香水"。

2003年，香奈儿美容产品的营业额据说达到16亿美元，其中大部分来自"5号香水"。[167]据《女装日报》的说法，"5号香水"

的利润为 40%——比竞争对手高出 4 倍。这份稳定又丰厚的利润让香奈儿的持有人维特海姆家族（Wertheimers）在企业扩张问题上很是小心谨慎，投资的也是长线项目，比如莫尔家的花田。我参观完花田后，和波巨在昂提布镇用晚餐，他告诉我："'5 号香水'不会过时。它来自另一个时代，每过一年，它就多一分新奇和异域情调。"

香奈儿的创始人是加布里埃·"可可"·香奈儿（Gabrielle "Coco" Chanel），她的出身比路易·威登更加卑微。香奈儿 1883 年出生于索米尔（Saumur），是病恹恹的母亲和做旅游推销员的花花公子父亲所生的 3 个女儿中的一个。[168] 她 11 岁时母亲因肺结核去世，父亲将三个女儿丢在奥弗涅农村的孤儿院，从此一去不返。18 岁时香奈儿被送到天主教寄宿学校，在那儿她跟着修女们学会了缝纫。她白天在当地一家女式内衣公司当售货员，晚上则到一家裁缝店工作。傍晚时她在城里一家夜总会唱歌给当地的驻军大兵们听。她有两首招牌歌曲，《公鸡喔喔叫》（Ko Ko Ri Ko）和《谁看见了可可？》（Qui Qu'a Vu Coco），后者唱的是一只走失的小狗。她一唱这两首歌，大兵们就喊"可可！"于是，这成了她的昵称。

后来，她向北开始往巴黎发展，成了女裁缝师和女帽制造商。[169] 在她的追求者中，有一个是时髦的马球选手阿瑟·鲍伊·卡佩尔（Arthur "Boy" Capel），1910 年赞助她在旺多姆广场西边的街区，丽兹饭店背后的康朋街21号开了家女帽店。1912年，她在诺曼底海滨的度假胜地兼法国赛马中心多维尔（Deauville）开了一家店；1915 年在大西洋边的海滨小城比亚里兹（Biarritz）的西南方也开了一家店。1918 年，香奈儿将巴黎的店面搬到了康朋街 31 号，直到现在还是香奈儿的店面。她的店里卖帽子和部分成衣。她用曾给卡佩尔做过马球衫的柔软顺滑的泽西针织面料做成衣，立刻成了潮流。这些面料和当时流行的僵硬的塔夫绸、羊毛完全不一样。

1919 年，香奈儿的新情人，德米特利·帕瓦洛维奇·罗曼诺夫大公爵（Dmitri Pavlovich Romanov）介绍她认识了备受尊崇的香水师厄内斯特·鲍（Ernest Beaux）。鲍于 19 世纪 80 年代出生于俄罗斯，天生就是当法国香水师的料。他在莫斯科长大，后来做了沙皇的御用香水师。罗曼诺夫王朝覆灭后，他逃离俄罗斯，搬到蔚蓝海岸戛纳附近的内陆小镇拉博卡（La Bocca）。香奈儿在鲍的香水实验室见到了他，与他讨论自己开发新香水的想法。过去，香水主要是花香，比如紫罗兰、玫瑰、橙花，而且装在奢侈的瓶子里。香奈儿认为这样未免太单调。"我希望香水里包含了一切香味，"她告诉鲍，"瓶子什么样无所谓。"她的香水制作理念也很简单，选用能激发女人香的花朵萃取物。鲍调制出一系列有异国情调的香氛样本，气味浓郁到必须要用某种东西来平衡它们。他选择了乙醛，这是一种有机化合物，有类似酒精的化学作用。对此，波巨对我解释说："这就像把柠檬放到草莓上。"鲍将他调配出来的混合物拿给香奈儿小姐，她选了第五种，取名"5号香水"。

香奈儿香水的成分大约有80种，过去是这个配方，现在还是。其中最重要的成分是茉莉，从1986年起主要由约瑟夫·莫尔家的花田提供。还有依兰，它是一种长在非洲西海岸外科摩罗群岛上的异国花卉；有广藿香，一种产于印尼的干燥叶子，在运输丝绸时用作驱虫剂。香水里还有橙花水和各种香料，特别少不了丁香，20世纪20年代丁香是制作香水时最常用的一种香料。此外，还有大剂量的莫尔家种植的普罗旺斯玫瑰。对于香水瓶，香奈儿在她所找到的瓶子中选了外观最平庸的那个，就是一个化学实验室里的瓶子。"现在它被称为香水瓶设计中的劳斯莱斯，"波巨笑着说，"但在当时，它只是非常简单的瓶子。"长方形的切割玻璃瓶塞是根据巴黎高雅的旺多姆广场设计的。

香奈儿决定采用润物细无声的方式推出"5号香水"。她先是在戛纳作了一个实验：她邀请鲍和几位朋友到一家顶级餐厅吃晚餐，在餐桌上放了一个瓶子，每当有时髦女郎走过，香奈儿便捏一下喷雾器的球囊，让空气中弥漫开看不见的"5号香水"。[170] 每一位女郎都会停下来，闻一闻，露出沉迷的表情。香奈儿对实验结果很欣慰，回到巴黎后，她低调地推出"5号香水"。她没有在媒体上做宣传，也不在自己店里陈列香水。她自己用"5号香水"，给更衣室里也喷上香水，还给她的几位上流社会朋友赠送了几瓶。不久，就有了叽叽喳喳的议论："你听说过香奈儿小姐的那款香水吗？"当叽叽喳喳变得人声鼎沸，香奈儿就指示鲍开始生产"5号香水"。"这一成功超乎我们的想象,"香奈儿的朋友米西亚·塞特回忆说,"就像中了乐透奖。"

法国老佛爷百货的创始人西奥菲尔·巴德(Théophile Bader)想销售"5 号香水"。但是要供得上订单,香奈儿就必须扩大生产。[171] 巴德将香奈儿介绍给他的朋友皮尔·维特海姆,"妙巴黎"(Bourjois)化妆品公司的老板之一。1924 年,这三人一起商谈出一个合伙经营"香奈儿香水公司"的方案:维特海姆在他的"妙巴黎"工厂制造香水,拿 70% 的利润,巴德作为品牌发掘者可以拿 20%,香奈儿只拿到了 10%。不久,香奈儿就意识到自己被要了。她几次三番提出诉讼,以求获得更多的控制权和利润,但多数起诉都无济于事。1928 年,维特海姆家族雇佣了一位律师,专门对付他们所称的"那个嗜血的女人"。

20 世纪 20 年代的十年间,香奈儿不断推出香水:1922 年的"22 号香水",1925 年的"栀子花"(Gardenia),1926 年的"岛屿森林"(Bois des Isles),1927 年的"俄罗斯皮革"(Cuir de Russie)。[172] 它们都很畅销,但花魁仍当属"5 号香水":1929 年,它被誉为全世界销量第一的香水。到了 30 年代,香奈儿本人一年就赚 400 万美元,据说已拥有 1 000 万美元的财富。"在她光彩照人的表面下,"一位法国银行家认为,"她实质上是一个狡诈、精于算计的乡巴佬。"

1940 年,纳粹占领巴黎,维特海姆家族是阿尔萨斯犹太人,家族里的皮尔、保罗两兄弟害怕受到纳粹迫害,逃到了美国。在纽约一安顿好，他们就派了一位名叫格里高利·托马斯（H.Gregory Thomas）的美国人去格拉斯镇抢救香水配方和主要原料，以期在战争期间也能在美国生产"5号香水"。在格拉斯，托马斯又帮助皮尔的儿子雅克经由摩纳哥、葡萄牙逃到了纽约。后来，托马斯被任命为香奈儿美国分公司的董事长，在那个位子上他坐了32年。

香奈儿则关掉了她的时装店，但仍住在丽兹酒店对面的街上。战时丽兹酒店是纳粹的总部，她在酒店里和一位名叫汉斯·君特·冯·丁克列（Hans Gunther von Dincklage）的年轻纳粹军官有了亲密关系。在这段堪称邪恶的权力游戏中，香奈儿趁机对纳粹进维特海姆家族的谗言，想陷害他们。不过维特海姆家族抢先和纳粹有了一腿。1943年，这个家族买下了菲利克斯·阿缪（Felix Amiot）经营的飞机螺旋桨公司50%的股份。阿缪是个法国雅利安人，向德国军队出售武器，是个卖国贼。香奈儿变节后，维特海姆家族将"香奈儿香水公司"转给了阿缪，因此纳粹放过了这家公司。停战后，阿缪又把"香奈儿香水公司"还给了维特海姆家族。后来，雅克的儿子阿兰·维特海姆对《福布斯》杂志透露，阿缪帮助、保护维特海姆家族公司的举动，让他逃脱了同盟国的报复性搜捕，"保住了项上人头"。

然而，香奈儿却被法国的抵抗武装逮捕了。据说，在她的另一位前任情人英国威斯敏斯特公爵的朋友温斯顿·丘吉尔的帮助下，3小时后她便被释放。她旋即逃往瑞士，并继续恐吓维特海姆家族。她威胁说，要生产她自己的"5号香水"——她会给香水取名"香奈儿小姐5号香水"，此外还要生产2款新香水。她在法国提起诉讼，指控"香奈儿香水公司"生产劣质产品，要求它终止生产和销售，将所有权和各项权利归还给她。维特海姆家族提出一条新协议与她协商：香奈儿不再拿"5号香水"全法国营业额的10%，作为交换她可以分得全球营业额的2%，有权生产自己的香水（"5号香水"除外）。但她从不接受这一协定。

20世纪50年代早期，"5号香水"的销量开始停滞不前，于是皮尔·维特海姆去洛桑拜访了住在雅岸饭店，已年逾70的香奈儿小姐。几天后，香奈儿回到了巴黎的康朋街，着手重新发布香奈儿女装。那个年代流行的是克里斯汀·迪奥的大裙幅"新风貌"时装，香奈儿推出的第一批20世纪20年代风格，纤细柔媚的女装自然没得到青睐。[173]一家英国报纸写道："一败涂地！"另一家媒体称这场时装秀为"一场忧伤的回顾展"。众人窃窃偷笑，对她嗤之以鼻。电影导演弗朗哥·泽菲雷利（Franco Zeffirelli）回忆说："这是我所见过的最残酷的体验。"

香奈儿冷静镇定。

"我要接着做，接着做，赢回来。"她告诉皮尔·维特海姆。

"你是对的，"他回应，"你接着做是对的。"

她赢了。她后来推出的每一系列新装都更有感染力，更出色。几个时装季之内，香奈儿的无领粗花呢套装、活泼娇美的裙装都是当季最流行的衣服。甚至连克里斯汀·迪奥也说："回头从香奈儿深受欢迎的 20 世纪 20 年代服装中去寻找灵感。"《新闻周刊》报道说："迪奥的时装模特儿都是平胸，没有腰身，身上没有任何曲线。"[174] 时装上的成功大大提升了香奈儿香水的销量，也提高了香奈儿在公司中的地位。终于，维特海姆和香奈儿达成了最后的协议：维特海姆家族会支付康朋街总部和香奈儿个人的开销，以及她余生的税金，以获得在香水和服装上使用她名字的权利。由于她没有继承人，在她去世后，维特海姆家族还将接收她香水配方的专利权。几年后，维特海姆家族从巴德家族手中购买了公司那 20% 的股份。1971 年，香奈儿在丽兹饭店去世，维特海姆家族成为公司唯一的拥有者，直至今日。

香奈儿用"5 号香水"让"香水有个时装的品牌"这一概念转变成可行且相当有利可图的行业。于是，法国罗尔香料公司（Roure Bertrand Dupont）的主要香水实验室负责人，享有盛誉的法国好香水鼻子路易·埃米克（Louis Amic）决定将此项事业发扬光大。在 20 世纪三四十年代，他游说艾尔莎·夏帕瑞丽、罗伯特·皮埃特（Rober Piguet）和巴伦西亚加等高级女装店的经营者："你们有绝佳的品位，也该有一款好香水。我来为你们设计吧。"在当时，为名牌时装设计香水是一项轻松愉快的任务，通常是服装设计师和香水师共进午餐，吃了 4 道菜，喝了一两瓶上等葡萄酒后，就定下了香水的名字、基本配方、包装和市场推广计划。

埃米克的儿子让·埃米克（Jean Amic）继承父亲的事业，在 20 世纪 60 年代为帕高·拉巴纳（Paco Rabanne）、纪梵希、皮尔·卡丹设计了香水。只有香奈儿、巴杜等少数几个时装品牌，才自己设计、生产、销售香水。

1969 年，罗尔香料公司聘用了一位来自法国南部普罗旺斯地区圣雷米德的年轻好鼻子雅克·波巨，派他到纽约分部工作。波巨成为香水师纯属机缘巧合。他本来在普罗旺斯埃克斯的一所大学学英国和法国文学专业，被当地一家香料公司雇用后，年轻的他很快成为一名天才。在罗尔香料公司，波巨为伊夫·圣·洛朗、纪梵希香水的诞生贡献了一己之力。1974 年，皮尔·维特海姆的孙子，25 岁的阿兰·维特海姆成为香奈儿的首席执行官。那时，香奈儿日渐萎缩得只剩下香水部门和康朋街上的老店了。"香奈儿死了，"阿兰在几年后说，"它再也掀不起新的潮流。"阿兰只有少许生意场上的经验，接手香奈儿之前不久，他曾在艾佩尔奈（Epernay）的酩悦香槟酒厂实习。但是他很快就看到了重振品牌士气的机会。他调整销售方式，把"5 号香水"从药店的货架上取下来，发布香奈儿美容产品线，而且这些美容产品只在高级的商店里出售。接下来的 1977 年，他给波巨打了一个电话。

60 年来，香奈儿只用过两位好"鼻子"：1921 年配制出"5 号香水"的香水师厄内斯特·鲍，还有调配出"19 号香水"、"水晶"（Cristalle）、"绅士香水"（Chanel for Gentleman）的亨利·罗伯特（Henri Robert）。罗特伯当时已经年过八旬，准备退休，因此香奈儿的香水部门很长一段时间没有推出新香水。"过去每 20 年会推出一款新香水,"波巨笑着回忆,"业内的人都说:'你疯了,要接下这份工作。你会一事无成!'"但这是创作出"5 号香水"的奢侈品牌,波巨解释,"它可是神话般的香水"。

他的同行们说对了。波巨来到香奈儿时,香奈儿只有几款香水:"5 号香水""19 号香水"和"水晶"。其中 80% 的营业额来自"5 号香水"。对此,波巨解释道:"很长一段时间,香奈儿的香水部门主管不想推出新香水,因为他们害怕新香水影响'5 号香水'的销售。"但是阿兰·维特海姆另有想法,他告诉波巨保持香奈儿现有香水的品质,再沿袭同样的嗅觉路径开发新的香水。波巨在 1984 年设计出第一款香水"可可"(Coco)。为了推出这款香水,波巨曾参观了位于康朋街香奈儿总部里的香奈儿公寓。"当时是 1979 年,香奈儿小姐是 1971 年去世的,她去世后没有人碰过公寓里的任何东西。"波巨还记得当时的情景,"房间内威尼斯和巴洛克风格的混搭装饰让我深深着迷,心想,这样的装饰会产生什么样的香味?"他设计出一种混合了"岛屿森林""俄罗斯皮革"和西克莫无花果的香水,香味非常具有东方情调。而在 2001 年推出的"可可小姐"香水(Coco Mademoiselle),则是波巨对"可可"香水的再创造,"想看看同样的灵感在 10 年后会产生怎样的香水"。香氛如同时尚,也要有发展变化。比如波巨在 1996 年推出的魅力香水(Allure),相当于香奈儿推出的运动服——舒适,好穿(搭)。

　　波巨的主要任务是保护和培育"5号香水"。"我们时时刻刻都在关心'5号香水'。"某个冬日的下午，巴黎郊区，塞纳河畔纳伊市波巨的办公室里，他对我如是说。"看，我书桌上就有两小瓶。"果不其然，他的书桌上摆满了瓶瓶罐罐，里面装的都是香精，其中两瓶上标着"5号香水"。如他所言，他总是随时随地做测试，以确定"它维持着原样，而且处于最佳状态"。

　　波巨带我到办公室隔壁的实验室。实验室沐浴在阳光中，整个房间全是白色。工作台上的金属架上摆着装有香精、精粹、合成物的老式深蓝色瓶子，还有些瓶子放在原本用来保存葡萄酒，外观像冰箱的冷藏柜里。他拿了一张试纸，在一个瓶子里蘸了一下，放到我鼻子边。"这是'5号香水'用的茉莉"，我吸气的时候他告诉我。它确实是用莫尔家的茉莉花提炼成的香精，波巨说，如果用其他地方生长的茉莉花，"5号香水"的气味就会改变。这瓶液体浓稠得像糖浆，呈琥珀色，香味带有刺激性。

　　"你闻到什么味？"

　　"花朵的味道，"我回答，"还有肥沃的土壤，好像厨房后面花园里的泥土味。"

　　"还有茶，"他补充道，"你没有闻到茶的味道吗？"

　　是的，他说得没错，有一股浓烈的锡兰茶叶的芳香。

　　追溯到20世纪初，"每一个奢侈品牌都雇着一位好鼻子，就像餐厅要雇主厨一样，"雅克·波巨说，"保罗·波烈有个好鼻子，后来他为巴杜工作；柯蒂有个好鼻子；浪凡也有位好香水师，后来创造了'光韵'香水（Arpege）。"今天，只有几家香水公司的员工花名册上才有香水师的职位。香奈儿有雅克·波巨，爱马仕在2004年聘请了让-克劳迪·艾林纳，宝洁公司旗下的巴杜有让-米歇尔·杜里埃（Jean-Michel Duriez），他接替了1999年退休的克尔列欧。1994年，LVMH从娇兰家族的继承人手中买下该品牌后，品牌创始人的曾孙让-保罗·娇兰（Jean-Paul Guerlain）虽然在2002年退休，但仍担任品牌的香水顾问。

今天，大多数奢侈品牌并不设计、制造或销售自家品牌的香水。阿玛尼、卡尔文·克莱恩、吉尔·桑达（Jil Sander）、马克·雅可布等名牌把自己的名字授权给集团化企业，比如宝洁公司——"做肥皂的公司"，波巨嗤之以鼻——或者化妆品集团，有柯蒂、雅诗兰黛、欧莱雅。2005年，柯蒂公司花8亿美元买下了联合利华的香水部门，旗下的香水品牌包括卡尔文·克莱恩、王薇薇、克洛伊。作为回报，企业集团负责生产、包装、配销和销售香水。一些设计师自始至终参与香水的创造，一些设计师只在设计过程的最后阶段才加入进来，只选出调配好的样板而已。

大部分的香水都产自几家大香料香精公司，有瑞士的奇华顿公司（Givaudan Roure）、纽约的国际香料香精公司、德国的德之馨公司（Symrise）、瑞士的芬美意公司（Firmenich）、英国的奎斯特公司（Quest International）、德国的哈门和雷默公司

(Haarmann & Reimer)，还有日本的高砂香料企业（Takasago）。这些公司每年要做 200 亿美元的生意，为每样东西——从名牌香水到炸薯条——提供香气和好味道。[175] 奇华顿公司的规模最大，仅 2005 年它的营业额就达到惊人的 21 亿美元，在业内占有 13.2% 的份额。它的经典作品有"比弗利山"香水（Giorgio Beverly Hills），卡尔文·克莱恩的"诱惑香水"（Obsession），辛迪·克劳馥的签名香水，还有娇兰的新款女士香水"熠动"（Insolence）。2006 年底，奇华顿公司以 23 亿美元（当时约合 12 亿英镑）的价格买下奎斯特公司，震惊了香水业，该公司由此成为全球最大的香氛与香料公司，年收入估计约 32.6 亿美元，其营业额中大约 44%（相当于 14.3 亿美元）来自香氛产品。[176]

奇华顿公司最大的对手是纽约国际香料香精公司，那是一家有 170 年历史的全球型大企业。它从一家生产药品和精油的家族小公司起家，发展到 2005 年营业额已达 20 亿美元，雇用了 96 个香水师、67 个香料师。在它的"香水名品大厅"里展示了纪梵希的"黄金色年华"香水（Organza）、兰蔻的"璀璨"香水（Trecor，归雅诗兰黛公司所有）、卡尔文·克莱恩的"永恒"香水（Eternity，联合利华所有）、拉尔夫·劳伦的"马球"男士香水（Polo，欧莱雅在美国的分公司考斯麦尔 Cosmair 所有）、雅诗兰黛的"纯净如风"香水（White Linen）。这些企业巨头的香氛部门不止设计名牌香水，还为清洁剂、肥皂和乳液设计香味，是公司创收最高的部门。

如果是香奈儿、巴杜以及爱马仕以外的品牌想推出一款新香水，首先要汇总出一个"概要"（brief），用来说明它希望设计出什么样的香水，再邀各个香料香精公司竞标。相比香水的黄金时代，实乃今非昔比，不再是香水师和设计师一边共进午餐一边畅想新香水；今天的"概要"是由销售主管根据投票、数据调查和销售指数写出来的，通常只是想当然的观点和市场状况。以迪奥在20世纪90年代末推出的"真我"香水为例，它在给奎斯特公司的"概要"中写道，这款香水应该"像高跟鞋一样性感，和Tod's鞋一样舒适"。[177] 其实名牌香水的概要全都千篇一律，如出一辙。"基本上，它就是'我们希望呈现给女人的东西'。"一位香水主管对《纽约客》说，"好吧！是哪一种女人呢？'女人！所有的女人！这款香水应该让她们觉得自己更有女人味，还更能干，更称职，不过这两部分不能太多。它应该适合欧洲、美国市场，特别是亚洲市场；它应该是新的，但又要经典；年轻女人爱它，但年龄大一点的女人也钟情于它。'假如是一个法国的奢侈品牌，概要还会说，'还有，它应该是一件伟大而不妥协的艺术品。'假如是美国香水的概要，又会说'还有，它应该闻起来像两年前在欧洲头两个月就卖了400万美元的阿玛尼，但也要像在中国热卖的纪梵希。'"一派乱象，波巨只得妥协。"我听说，某品牌的概要说他们要创造一款'经典的香水'，像5号香水一样经典。"波巨叹了口气，"这真是伪命题，我们应该努力创造富有时代精神的香水，或许这样它才能成为经典。"

假如香料香精公司有兴趣，它就会接下这个单，让他们的香水师投入工作。平均每一家大公司都同时在做 10 ～ 15 个项目。3周后，香水实验室给名牌的香水主管们交出"测试样本"。假如主管选中了其中一个样本，一开始会先订 2 ～ 3 吨的香水，如果卖得好再追加订单。波巨告诉我，这个流程中香料香精公司最关键的环节是"打败竞争对手，让自家的概要脱颖而出"。不管香水的气味有多棒，只有被选中后这款香水才会生产出来。众所周知，香水实验室会回收他们觉得真正好的香水，修改它们概要的论述，让它们符合自己的概要和市场定位，使它们再创新高。香水公司也会买下他们认为有市场价值的香水，保存下来，直到找到合适的品牌。欧莱雅就曾将一份样本保存了 3 年，直到维克托 & 罗夫（Viktor & Rolf）选中它，将它命名为自己品牌的"鲜花炸弹"香水（Flowerbomb）。

2006 年 5 月一个明媚的早晨，我造访了爱马仕公司的香水师让 - 克劳迪·艾林纳的实验室。实验室在他 20 世纪 60 年代装饰风格的家里。他家位于格拉斯镇后面陡峭的山坡上，隐藏在气味芬芳的松树林间。艾林纳是位风度翩翩的法国男子，年近六旬，棕色的皮肤，黄棕色的头发向后梳着，有坚毅的下巴、明亮的眼睛，以及看上去坏坏的幽默感。他穿着熨得平整的卡其裤和清爽的白衬衣，请我坐进他可以俯瞰山谷、眺望海洋的时髦起居室，向我说明了他制作香水的过程。

　　普遍而言，今天的香水中只有 10% 的成分是天然的，剩下的 90% 都是化学合成物。让我吃惊的是，艾林纳说，这并不算什么坏事。我问他，合成物和天然物质之间有什么差异？他回答说："我对天然物质和合成物一视同仁，它们都是结构性物质。"

　　艾林纳把我带到他的实验室，以说明他的观点。实验室在起居室隔壁，面积不大，阳光充沛。他把手伸到两个一尘不染的不锈钢架子，从其中一个上拿下装有他爱用的第 115 号气味的干净玻璃瓶。瓶子里大约有 40% 是天然物质，剩下的 60% 是化合物。他打开一个装着 β-苯（基）乙醇的瓶子，拿一张白试纸蘸了一下，拿给我闻。闻起来就像化学品，苦苦的。他另拿张试纸蘸了香叶醇，和第一张试纸放在一起，我一吸气——竟然是茶玫瑰的味道。他拿起第三张试纸蘸一下 β-紫罗兰酮，试纸单独闻起来有椰子油的味道，像夏威夷热带牌（Hawaiian Tropic）的防晒油。但是，当艾林纳把它和前两张试纸放在一起后，整个就是香水月季的味道了。"再给你点提示，"他补充说，将第四张浸到乙酸苄酯里，和前三张放在一起，于是我们就闻到一大捧盛开的玫瑰花的香味，好像在花店里买的玫瑰花束。"我是一个魔术师，"他笑道，"我让你相信你鼻子所闻到的东西。"

　　他拿一张试纸探进大马士革玫瑰的精油里，然后递给我。味道强烈浓郁极了——远比化合物浓烈。我闻到了蜂蜜的味道。"这里面还有雅马邑白兰地（Armagnac）的味道，"艾林纳指点给我，

"如果我想要陈年老酒的味道，我会说：'喔，用大马士革玫瑰！'如果我想要日本清酒的味道，就用 β-苯（基）乙醇。香叶醇的气味更鲜明。如果我想让香水里有气泡——小小的、完整的气泡在液体里移动——我会用香叶醇。我用哪种原料，看的是它们能产生什么效果，而不是它们的气味。"

艾林纳告诉我，世界上第一种化合物发明于 1853 年，是苯甲醛，闻起来有苦杏仁味。到 19 世纪末期，香水里也有了很多化合物。娇兰在 1879 年推出著名的"姬琪"香水（Jicky），里面就有化合物。"工业革命时期，我们相信进步，进步会解决全世界所有的问题，"艾林纳说，"而香水利润丰厚。"到 1920 年，化学家们发明出的化合物有 80% 今天还在使用。

艾林纳一生致力于香水事业。他生长在格拉斯附近的小镇，17 岁从中学退学，原因是他不喜欢常规的学习方式。他的父亲是位调香师，帮他找了份制作精油的工作，制作茉莉、丁香、檀香、熏衣草的精油。很快，他被提拔为香水鼻子。20 世纪 60 年代末，艾林纳到美国学了一年的有关美国市场的营销学，后来在 70 年代初搬到了巴黎，进入奇华顿公司工作。1976 年他为梵克雅宝设计出一款香水"初遇"（First），这也是他制作的第一个奢侈品牌香水，那年他 28 岁。此后，他制作的香水超过 100 种，有卡地亚的"宣言"（Declaration）、伊夫·圣·洛朗的"恋恋深情"（In Love Again）、宝格丽的"红茶"（Eau perfumee au the Rouge）、安普里奥·阿玛尼（Emporio Armani）的"她的夜"

（Night for Her）、克里斯汀·拉夸的"伊甸园"女士香水（Bazar Femme）。"我从不关心香水是不是热卖，"他说，"但我知道怎么做才不会做出坏香水。"

如今，艾林纳已跻身法国80位香水师之列，而且是最高产的一位。他偏好在配方中加入10～20种不同的气味，而业内通用的标准是使用150～300种气味。他以工作的高效闻名，曾在2周内就设计出爱马仕"地中海花园"香水（Un Jardin en Mediterranee）的基本配方，用3个月彻底完成一款香水。他设计这款香水的最初灵感来自鸡尾酒会上托香槟的盘子边缘摆放着的无花果叶子的气味。艾林纳证实了一些有关香水鼻子的传闻——比如他不吃大蒜，而且他家里没有任何味道。不过他揭穿了其他荒诞说法，比如所谓的香水前调、基调。"那是胡扯，"他讲，"你闻香水的时候，闻到的是所有的气味。"我问他制作男士香水和女士香水的不同，他皱皱鼻子，轻蔑地挥挥手："那不过是市场销售伎俩罢了。"

1998年，艾林纳遇到了卡地亚当时的首席香水师薇罗尼克·高缇耶（Veronique Gautier），后者请他设计了"宣言"香水。不久，高缇耶加入爱马仕集团，又请艾林纳为爱马仕制作新的香水"地中海花园"，香水于2003年推出。爱马仕对这款成功香水甚为满意，于是第二年高缇耶便将艾林纳网罗至门下。在爱马仕，艾林纳创作出"尼罗河花园"香水（Un Jardin sur le Nil），这将是爱马仕下一年的中心主题。"就像一条河流经过"，高缇耶给出的概要相当简洁：名字是"尼罗河花园"。艾林纳告诉我："当时，我在脑海中勾勒出香水的轮廓——茉莉、橙花、莲花、香料和番红花——它们都是我想象中的埃及味道。"接着他到埃及的阿斯旺旅行，以证实自己的设想，结果发现那里没有茉莉，没有橙花，也没有莲花。"我紧张坏了，"他说，"第一晚我根本没睡着，因为我必须彻底清空脑子中的固有概念。"

第二天早上，艾林纳开始创想新配方。他到阿斯旺的露天市场，看到莲花的根部浸泡在装满水的玻璃缸里。他凑上前深吸一口气，发现那缸水闻起来就像莲花。他从老瀑布饭店穿过尼罗河，到象岛徒步旅行，从大树、灌木上采下叶子，揉碎让它们释放出香气。他最沉迷无花果的气味。"我保留下了那种气味。"他说。他沿着尼罗河走到了努比亚村庄，村子里的芒果树上硕果累累。他发现芒果的味道令人迷醉销魂，当下决定以此作为香水的主题。回到巴黎后，他写下脑海里的配方，交给助手，最终有70%成为成品香水里的配方。"20世纪初期，香水更具有象征意味。它是一束花。"艾林纳告诉我，"现在我们以叙事体看香水，用它讲述一个故事。"接下来，他说，香水如同一场嗅觉之旅：你能从中闻到某地的味道。比如从"尼罗河花园"中能闻到露天市场、芒果园、热烘烘的空气，还有干燥的沙漠。他说："你在跟着香水旅行。"

艾林纳在"尼罗河花园"里用了化合物和天然成分。他从莫妮卡·雷米实验室（Laboratoire Monique Remy）购得天然成分。这是家位于格拉斯镇的小型香精香料公司，为香水工业提供百分之百的纯原料，在业内首屈一指。和艾林纳会面几天后，我参观了莫妮卡·雷米实验室。我是开车前往公司总部的，当车开进城郊一座乏善可陈的工业园区中央，我看到的是——两间庞大的藏蓝色仓库，铺着瓦楞金属的屋顶、水泥的地面——很难想象这副模样的莫妮卡·雷米实验室在香水业中的地位居然相当于时装业的高级定制女装设计室。但是，当我踏出车门，一切疑惑烟消云散：就算身处停车场，我也闻到了浓郁的花朵、青草和香料的味道。

我进入行政部的小接待室，看见墙上挂着一张 1997 年雅诗兰黛公司颁发的"优秀供货商"证书："莫妮卡·雷米实验室提供了品质卓越的精油和服务，以兹奖励。"玻璃柜中，展示着实验室最近的杰作：缪西娅·普拉达的签名女士香水，纪梵希的"倾城之魅"香水（Very Irresistible）和"金色风华"香水（Organza），维克托 & 罗夫的"鲜花炸弹"香水，迪奥男士香水（Dior Homme）。实验室的总经理伯纳德·杜勒蒙（Bernard Toulemonde），一位和蔼可亲的男子，走过来，做了自我介绍，又向我介绍了实验室的信念。"我们只做最高级的精油萃取液：白花、玫瑰、晚香玉、黄水仙、水仙、茉莉、含羞草，还有香水中的劳斯莱斯——鸢尾花的精油。"他说，"我们的做法和制作高级菜肴有异曲同工之妙，只有用最好的食材才能做出最好的食物。"香水也一样，他解释道："今天每一款伟大的香水中都含有莫妮卡·雷米实验室的精油。"

　　莫妮卡·雷米实验室诞生于四面楚歌之中。实验室创始人莫妮卡·雷米在 20 世纪 60 年代到 80 年代早期在联合利华、辉瑞等生产香水的大集团工作，担任化学工程师，专业是天然物质。彼时企业大亨们开始收购奢侈品牌，他们追求各种产品的利润最大化，包括香水，用杜勒蒙的话说就是："身为工厂的经理，她得交出企业想要的东西：相同的产品，更低的成本。为降低价格，工厂开始用溶剂稀释成分，稀释到无人知晓天然成分是什么的程度。"艾林纳也对那时的情形记忆犹新，他对我说："格拉斯镇失去了它的灵魂。大多数香精香料公司制作香水就像服装公司生产成衣，如果奇华顿想生产某个价位的玫瑰香水，香水实验室会说：'交给我们吧！绝对便宜。'他们会把原本优质的产品稀释成比较便宜的版本，品质改变了，而且参差不齐。"

　　80 年代早期，雷米终于从现实中醒悟，决定自己开创一番事业。艾林纳回忆雷米的初衷"单纯得像傻瓜"，那就是制作百分之百的纯精油。她的产品比经过稀释的产品贵得多，为了销售自己的产品，她绕过大实验室的市场销售部门，直接与香水师接洽。香水师们闻到她的产品，就知道这正是他们想要的。杜勒蒙说："香水师告诉采购人员，购买莫妮卡·雷米实验室的产品。"实验室的事业就此开始起飞。"她勇气十足，"艾林纳告诉我，"她扭转了当时的市场。"

　　雷米有了退休的打算后，便效仿 10 年前的高级女装品牌，在 2000 年将自己的公司卖给了大集团——国际香料香精公司。但她很不满意集团高层们运营公司的方式，便奋力抗争，为实验室争取自治权。结果她赢了。2002 年，她雇用曾在雀巢公司和赛诺菲公司做过食品工程师的杜勒蒙担任公司的新一任总经理。2003 年，她退休了，把公司交给杜勒蒙管理；她的女儿弗雷德丽卡曾担任公司的商务总监，于 2005 年离职。莫妮卡·雷米实验室规模不大：只有 34 名员工，年营业额约 1 300 万欧元（合 1 630 万美元），其中 40% 的业务量来自与国际香料香精公司的合作，剩余的来自其他大集团，比如香奈儿、爱马仕。杜勒蒙告诉我，这是因为"这两家奢侈品牌比别的香水品牌更倾向用天然物质"。

他给我一副塑料护目镜，带我到隔壁的车间。车间约莫有一座飞机棚大小，里面高耸的铝质管道好像疯狂科学家们玩的玩意儿。工厂里有派热克斯牌（Pyrex）的大玻璃球，用来过滤、蒸煮、凝结各种芳香液体。油桶似的大桶里装满橘色、棕色、绿色的黏稠物。我走过去，闻了一下其中一个大桶，气味冲得我差点打喷嚏。我看了下标签：干草。架子上摆着各式的罐子，小到 250 克，大的重 10 千克。车间后部有大得能走进去的冰箱，里面储存着公司半年的产品，是两年前生产的，它们都是存货，以备不时之需。我们站在冷飕飕的冰箱里，杜勒蒙说出了原因："我们和大自然打交道，而大自然每年只产出一次，有时候只产出一部分。"

莫妮卡·雷米实验室专门生产定做的原料，这个工艺复杂而且昂贵，只有少数几家顶尖品牌，比如爱马仕才负担得起。艾林纳解释说："比如说，我买了市场上品质最好的薰衣草，薰衣草里有

300 种成分，我告诉实验室帮我把熏衣草里的成分分开，就像把香肠切成一片一片，这得靠高科技。我去闻这些被切开的成分，选出想要的最好的成分，让他们再把这些成分重新聚合在一起。这样我就有了独一无二的原料，它是所有创作的起点。用这样的方法我和莫妮卡·雷米实验室合作出'尼罗河花园'里的橘子精油。当然，价格更加昂贵。但对爱马仕来说，这不是问题。工业化的生产做不到这么细微。"

莫妮卡·雷米实验室让格拉斯镇重新恢复了一些生机。杜勒蒙告诉我，一群年轻的企业家搬到了这里，重振花卉事业。这是一项精品事业：它们都是小公司，许多公司有志于走可持续发展的农业之路，就像莫妮卡·雷米实验室。杜勒蒙笑言："这就像有机蔬菜，如今非常流行。"然而，没有人栽种普罗旺斯玫瑰，它们留给了莫尔家族。杜勒蒙解释："普罗旺斯玫瑰是成本很高的花卉，而且产量很低。"

今天的香水工业已经变得和奢侈品业别无二致。一小部分是高端公司圈子，比如莫妮卡·雷米实验室等专门实验室，由少数位于格拉斯镇、科罗摩（Comores）、土耳其、埃及的小制造商负责提供香料。在印度、中国等第三世界国家，也有制造商像做成衣一样批量生产化合物卖给大集团。促成这些转变的原因，也和时装业一样，是基于成本考量，艾林纳一语中的："用天然原料不可能赚太多。"

20 世纪 90 年代中期，奢侈品业开始为它们的香水进行市场测试。一位香水实验室的主管解释："奢侈品牌香水成了一项庞大的产业，因此品牌想确认他们的投资是否值得。"香奈儿直到 1996 年创作"魅力"香水（Allure）时才进行市场调查，而且只测试香水的颜色和包装，从不测试气味。"魅力"在美国颜色调查的结果不佳，因此改变了颜色。艾林纳坚持爱马仕的香水在推出之前不做任何测试，他认为："如果重复或复制顾客们已经熟悉的香水，市场测试不失为最佳方法，但这不是创造。"

一旦要准备推出一款香水，公司市场部会策划个"发布会"，以便媒体炒作。有些发布会很严谨。我曾参加过三宅一生（Issey Miyake）在 1998 年召开的"一生之火"香水（Le Feu d'Issey）发布会。那是场作风低调的午餐会，50 位记者、编辑聚在巴黎装饰艺术博物馆听主管们的讲解，再带些香水样品回办公室试用。有的开幕式则不那么严肃。伊夫·圣·洛朗还属古驰集团旗下之时，于 2001 年推出"赤裸"香水（Nu）。他们在法国证券交易所旧址举办了一场深夜狂欢派对，有上半身赤裸、下半身穿着肉色丁字内裤的舞者在巨大的亚克力畜栏里打滚。"我目光所及全是狂欢纵欲，"在场的美国时装设计师杰里米·司各特（Jeremy Scott）略略笑着说，"全都是钱。派对在交易所里举办，这就是一场金钱的盛会。"[178]

2005 年 2 月，为了庆祝"尼罗河花园"的诞生，爱马仕组织了

24位时尚作家、编辑，还有爱马仕全球的公关、媒介主管到阿斯旺旅行。爱马仕租了埃及航空公司的一架飞机从巴黎出发，机上准备了香槟和上等的波尔多葡萄酒（飞行途中爱马仕只招待葡萄酒，因为埃及航空是穆斯林经营的公司），并且为每个人安排了阿斯旺最好的饭店。接下来三天是马不停蹄的活动：在尼罗河上的游船旅行，把香槟当水喝的野餐，导游带着游览伊西斯神庙，在老瀑布饭店挑高的餐厅里举行的努比亚宴会，一旁有来自开罗的乐团与合唱团在表演喜庆音乐。当然，半夜还有肚皮舞表演。这一切活动都是为了让参加旅行的爱马仕员工激发出无穷的市场推广和广告创意，构思出橱窗和店面展示的新点子；为记者们提供撰写"尼罗河花园"的报道所需的亮点。每个人回家时，都带了一瓶香水。

阿斯旺之旅结束几周后，到处所见"尼罗河花园"香水。我走过巴黎的百货公司，有挥舞着香水瓶的女士朝我身上喷洒香水。到处都是广告、海报和杂志报道。"你希望第一年的营业额达到多少，就要在广告上花多少。"汤姆·福德告诉我，"如果你期望营业额有2 500万美元，就要在广告上投2 500万美元。"而且这就像抵押借款，你得不断往里面投钱。"年年你都不能吝惜在香水广告上的投入，"波巨说，"一旦你停止宣传，销量就会下滑。"投资宣传"尼罗河花园"颇为奏效。香水推出的第一年销售额即高约1 800万，成为爱马仕亿元香水家族的状元；榜眼是早一年推出的橘彩星光香水（Eau de Merveille），销量比"尼罗河花园"略低。"今天，要取得成功很难，"波巨告诉我，"你看，香水不断在推出，只有少数才流传了下来……困难不只在于如何成功，也在于如何持续发展。"

某款香水一旦在市场上取得成功，就能收获可观的利润。实验室以高出成本 2.5 倍的价格把香水卖给授权商，授权商再以进价的 2 ～ 4 倍零售，赚取 30% ～ 40% 的利润，然后授权商付给品牌使用名字的使用费。大量卖才能赚大钱，这就是香水被推向大众市场的原因，所以从百货公司到机场免税店都在卖香水。在美国，主要的奢侈品牌如香奈儿、迪奥有 2 000 个香水营业点是很稀松平常的。相反，爱马仕的香水销售点不到 300 家。

到 20 世纪 90 年代后期，尽管香水的广告投入大幅增加，营业额却开始下滑。波巨等业内人士将危机归罪于他所谓的"香水界的陈腐"：香水创作工业化，扼杀了奇思妙想；香水连锁店大规模销售，波巨说，导致"只看重眼前利益，我们为香水投入的心血都被忽视了"。而"瞬间热卖的商品"，比如名人香水，可赚取丰厚的利润。詹妮弗·洛佩兹的"闪亮之星"香水在 2002 年推出后的三年里就卖了 8 000 万美元——但它们往往昙花一现，而且很快就让市场饱和了。[179]

为了应对积弱不振的营业额和下滑的利润，奢侈品牌开始悄悄压缩生产成本。最容易压缩成本——因此也影响了香水的整体品质——的地方是香水包装。阿兰·洛伦佐（Alain Lorenzo）在

1996 年接任纪梵希香水的首席执行官后，取消了香水盒内的玻璃纸。[180] 卡顿德拉克（Cartondruck）是包装业的龙头企业，该公司的美国分公司位于新泽西州的费尔维（Fairview），其总经理布鲁斯·贝坦库特说，品牌们告诉他们"想想如何能以最低的价格制造出所设计的包装"。"我们采用四色印刷，而不是十二色印刷。我们会印刷出金属的质感，而不是贴上真正的金属。有时候我们缩小盒子的尺寸，这样一个印张就可以多印几个盒子。"大部分的名牌香水也取消了贝坦库特所说的"凹槽衬里"，也就是盒子里围在香水瓶周围皱褶状的保护纸。他说："现在很少使用那种东西了。"瓶子制作也面临同样的问题。名牌香水的瓶子成本平均占到总成本的 10%，奢侈品公司不断在压缩这个数字。巴黎的香水瓶制造老大圣·戈贝恩·德雅尔奎热（Saint Gobain Desjonqueres）公司市场总监凯瑟琳·黛斯库提乌克斯说："每家公司都截掉瓶子的边角，他们在生产过程中就这么做。"贝坦库特也说："你可以稍微改变瓶子的形状，或者从颜色等顾客不会注意到的小细节来降低成本。所有品牌推出香水的时候，一开始理念以设计为主导，后来变成以价值为主导，但是外观保持一样，以降低美感来降低成本。这可真是前后一致啊。"

越来越多的奢侈品牌开始寻找生产便宜香水的方法。对于新香水，名牌提出的概要说，最终的成本价格是十年前的一半——这个价格，波巨说："不可能达到任何品质。他们要求不用花朵就制作出茉莉的味道，当然，化工业中有这种加工工艺：我们可以制造出比 30 年前好得多的人工茉莉花香，但是那比最差的真花品质还低劣。没有一种气味可以替代另一种，用便宜的东西做替代物是你所能犯的最大错误。"有一家公司考虑把整个生产过程转移到中国。"他们准备把生产和包装放在同一地。"贝坦库特回忆。为了降低现有香水的生产成本，奢侈品牌做了一些以前让人难以置信的事：他们指示实验室用比较便宜的花或化合物改变传奇的配方，或者直接稀释香水。让-克劳德·艾林纳告诉我："他们说：'我们得降低成本。你们要尽你所能降低成本。'"

当然，名牌和香水师都否认这些事。他们多数人宣称改变经典香水的配方是因为政府对原料出台了新的规定，但是出于经济目的而稀释经典香水的事件确实发生过。奥斯蒙泰克香水实验室的董事长让·克尔列欧算是这个行业的监督者，我问他是不是有名牌通过稀释或采用便宜原料来制作经典香水？他垂下头，轻声说："没错。"我问是哪些品牌，他回应："我想我可以不回答这个问题。"

也许，名牌香水销售的最大危机不在于降低成本或品质，而是品牌本身市场定位发生了转移。波巨对我说："如今香水是很重要，但高级时装品牌仰赖的却是手袋。"

†

LONGCHAMP
PARIS

Chapter Six

IT'S IN THE BAG

手袋里的秘密

知足是天然的财富，奢侈是肤浅的贫穷。

——苏格拉底（Socrates）

看看今天的女性，不论哪一个，在她们身上你看到了什么？是那些或多或少没名没姓的衣服，也是那些或多或少没名没姓的鞋。

当然，还有一只手袋。

它用皮革、帆布，或是尼龙做成。它可以被轻巧地握在手中，或作为一个悬于后背的双肩背。里面装什么不要紧。如今比什么都重要的是，那手袋讲着一个女人的故事：她的现状，她的梦想。同时，由于奢侈品品牌的市场行销策略，那些手袋每几个月就会发生变化，就像季节的更迭，就像女人们变化多端的情绪。

自20世纪90年代后期以来，手袋和其他小型皮具也如香水一样成为奢侈品的"敲门砖"。过去，手袋的价格与成衣相仿，不会高过成衣，现在奢侈品牌的手袋采用了各种材质，有尼龙也有鳄皮鱼，设计上花样繁多，最低只需200美元。与香水不同的是，背在身上的手袋是有形的、可以一眼望到的，同时，就像空中飞人（Air Jordans）是专为青少年定制的运动鞋一样，手袋也给使用者们提供了炫耀商标和公开宣称她们身份和强烈愿望的机会。"（手袋）让你的生活更愉悦，让你有梦想，带给你自信，向你的左邻右舍秀你良好的境况，"卡尔·拉格斐告诉我，"每个人都买得起一只豪华手袋。"

今天，当你走进世界任何地方的奢侈品商店，你都会发现自己被手袋包围着。它们是最好销售的豪华时尚品，原因是它们尺寸一致，不需要试穿：你只需要看看，倘若喜欢，买下就好。这就成交了。它们比香水更容易创建和生产，而利润空间却让人震惊：大部分奢侈品手袋的利润是其制造成本的 10 ～ 12 倍。在路易威登，利润达到了制造成本的 13 倍。手袋是当下推动奢侈品业的引擎。根据蔻驰（Coach）的消费者年度调查，2000 年美国妇女平均每人购买 2 只新手袋；截至 2004 年，数字变成了超过 4 只手袋。在东京路易威登超大的四层环球店中，全部销售额的 40% 来自首层店面，那个区域只销售花押字包、钱包以及其他小皮具。

"手袋啊……常常全部卖光，因为它不像鞋子和服装，没有尺寸大小一说，"缪西娅·普拉达告诉我，"买一只手袋比买一条裙子容易得多，因为你无须面对年龄、体重等问题。手袋有一种魔力，用它们容易赚钱。手袋是公司的奇迹。"

2004 年，奢侈品牌手袋及其他皮革配件总共销售了 117 亿美元，而且这个份额还在增长。2001 年到 2004 年，当奢侈品市场以每年 1.2 个百分点增长时，皮革制品却达到了每年 7.5% 的增长率。销售中很大的份额是"It 手袋"创下的：得益于奢侈品牌的广告大战以及时尚杂志的文章，最新的热门手袋变成了这一季"必须拥有的手袋"（It Bag，即 Inevitable Bag）。新近的 It 手袋包括路易威登的村上隆樱花包，白色皮革的彩虹色调中印制着花押字组合；还有古驰的 Flora 手袋，上面漂亮的花卉图案取自 20 世纪 60 年代为格蕾丝王妃设计的一款围巾。在当下的时尚界，手袋变得如此重要，一位英国记者在 2006 年伦敦时装周期间撰文写道："每个人，每一个人都在谈论手袋，那热切程度堪比红衣主教任命新教皇。"[181]

It 手袋现象还只有二十几年，可以说年轻而有活力，是被那些奢侈品企业的市场行销术一手创造的。我记得在 20 世纪 90 年代初读过的时尚杂志里的那些文章宣称，如果做不到每一季更新你衣柜里的衣服，你可以通过一只新手袋来让你看起来焕然一新，甚至我所在的《新闻周刊》巴黎分社的主管也与时俱进。1996 年，当我们坐在他的办公室讨论春季新一期的时尚话题时，他说道："瞅瞅，时尚已经死翘翘了，现在改讲配饰了。"他是怎么知晓的？因为奢侈品牌已经不懈地推出了信息，还有产品。"这么说吧，你要么拥有它，要么去死。"汤姆·福德解释道。[182]

皮革公司推出成衣产品线，这令他们的品牌，尤其令他们的手袋越发性感迷人。时装公司把手袋推成前沿产品，让它们成为越来越具有煽动性的商业广告的中心。手袋成了一种令人迷醉的诱惑。

女人们就愿者上钩了，这有些令人不安。就像我在序言中所说的，有些日本女孩做援助交际只为嫌钱购得路易威登、香奈儿、爱马仕手袋。我读到过一个女人为买爱马仕手袋而下西洋棋的故事。[183]2005 年 9 月，卡特里娜飓风的受害者在亚特兰大的路易威登精品店用他们的红十字卡购买价值 800 美元的手袋。（这个故事一经见报，路易威登的高管们指示销售人员停止接受红十字卡付账，并把已经交易的钱款退还给了红十字会。）[184] 一些网站也出现了，如 BagBorrowSteal.com，它们把奢侈品牌手袋或设计师标牌手袋短期租借给需要时尚的女人，这样她们就不必买手袋却可以经常更换手袋了。

女人对标志明显的手袋如着了魔般痴迷，这已成为西方社会的常态，以至于成为当代艺术家模拟的段子，此举往往让奢侈品牌大为恼火。1999 年，在威尼斯双年展上，法国表演艺术家阿尔贝托·索贝里（Alberto Sorbelli）做了一个名为"攻击的受害者"（L' Agresse）的即兴表演。[185] 表演中，他让一位身穿黑色迷你裙、高跟靴的女子和一位穿着蓝色皮装的男子用路易威登的手袋把他打得晕头转向。纽约艺术家汤姆·萨克斯（Tom Sachs）在 1999 年创作了一系列作品，有用印有各奢侈品牌标志的包装盒盛着的麦当劳套餐，一个有白色香奈儿标志的黑色断头台，还有一个用普拉达盒子做成的小型集中营。令人惊奇的是，萨克斯没有接到太多反击，他说，只有爱马仕抱怨了几声。事实上，这系列作品在巴黎侯巴克画廊（Galerie Thaddaeus Ropac）举办的开幕酒会本身就是个时尚事件，旧金山社交界的头面人物和高级女装客户多迪·罗斯克兰斯（Dodie Rosekrans）买了那个断头台，并把它捐给了巴黎蓬皮杜中心。

旧金山艺术家莉比·布莱克（Libby Black）就没有这么好运了。2003年她在马诺洛·加西亚画廊（Manolo Garcia Gallery）再现了一间路易威登的店面，用纸张、油彩和浆糊复制了路易威登全部的产品线。她和画廊主被唤至路易威登旧金山的办公室，在那里，公司法务律师告知她，她侵犯了著作权，必须停止展览。布莱克坚持不关闭展览，路易威登方面也没有再采取任何行动。

在奢侈品牌手袋的世界里，如汽车和服装一样，有一个品质的金字塔：从量身定制开始一路下至批量生产。最好的是爱马仕手袋，一如汽车行业的劳斯莱斯或者服装界的香奈儿高级定制服装。用最精良的皮革和纺织品手工缝制而成，起售价超过6 000美元，还要借以年复一年的等待，爱马仕手袋被很多人看作是奢侈时尚产业中最后的、真正的奢侈品。长久以来，这些手袋一直是那些富裕消费者的首选。杰奎琳·奥纳西斯·肯尼迪经常被拍到肩背康斯坦丝包（Constance）的照片，以至于客人问爱马仕的售货员时会说那只"Jackie O's Bag"。[186]古驰集团的老板娘玛莉莫妮·皮诺特（Maryvonne Pinault）2001年秋季出席巴黎女装秀时引起了时尚圈的惊讶，因为她胳膊上挎的不是古驰或伊夫·圣·洛朗的手袋，而是一款巨大的鳄鱼皮爱马仕柏金包（Hermès Birkin）。[187] 玛莎·斯图尔特（Martha Stewart）在 2004 年因涉嫌内幕交易而出庭时，因拎了一只奶油棕色的柏金包而被媒体指责为不够谨慎。"拎着一只充满浓浓富贵气和特权气的手袋上法庭真是太没有脑子了。"罗宾·吉夫汉①在《华盛顿邮报》上这样评论。[188]

现在，购买奢侈品牌手袋是一件太稀松平常的事：你走进布置得井井有条的商店，经过制服漂亮得体的安保，浏览展示的商品、挑选、付款，带着你的战利品走出商店。这种购物体验或许是愉悦的，但说到底也无异于去了趟盖普，差别只是价格。这件商品没有什么特别的，该品牌已经生产出上千个一模一样的包包。除非你要求特别定做，有为客人专门提供的定制服务——但那只有非常有限的几个品牌提供这种服务——通常你买到的都是成品包了。

但另一方面，购买一只爱马仕的手袋，或者马鞍、行李箱，却依旧能体验到真正的奢侈。爱马仕的精品店每一季确实会放少量的手袋，卖给临时走进店铺的顾客，有点像一间好馆子总会给没有预约、临时进门的顾客留一张桌子。但是一般而言，你如果要买一只爱马仕的手袋，必须定做。店里展示的那些手袋只是样品供你参考。你先选择材料：牛皮、爬行动物皮革、驼鸟皮，或者是帆布。再选择颜色和金属件：银的、金的，还是镶钻的。如果是凯莉包（Kelly）的话，你得选择缝合线折在里面，还是露在外面。接下来你得为这款按你的要求定制的手袋等上几个月。等手袋送到店里，店员会邀请你来取货，这就是专属于你的包包了。另一位女士可能得到一款海军蓝牛皮的凯莉包，有纯金配件，缝合线折在里面，但这是她的想法啊，就像你有你的想法一样。

爱马仕是 It 包的对照物：大多数的设计已经有一个世纪的历史，依旧让人欲罢不能，不是因为这些设计在流行当中，而是它们从未退出流行。它们没有炫耀式的标志，因为手袋自身的辨识度就能让人一眼认出。爱马仕手袋传达了世家血统和优雅，纵使后来的使用者皆不具备这些品质。它们是财富和成功低调的象征。

亲眼目睹一只爱马仕手袋的制作过程后，也就理解了什么是曾经的奢侈，更明白了奢侈不再。2005 年 3 月一个清冷的春天早晨，我去邦德（Pantin）参观爱马仕的特别定制坊，邦德是巴黎北部有点脏乱的郊区。从圣多诺黑区街到邦德开车或坐地铁只用 30 分钟，但那完全是另一个世界。在这里，如同许多其他巴黎郊区一样，是贫困移民的居住地，他们大多是来自非洲的穆斯林，很多住在公屋里，他们中一些人有自己的小买卖，比如开小市场和三明治店，或者做些粗活。很多人靠救济生活。2005 年 10 月在邦德附近发生的那场种族骚乱最终波及了此地。

这个地方的中央是爱马仕的第一个子公司，爱马仕·萨利耶特（Hermès Sellier），公司位于一处宽大的、玻璃和绿金属结构的现代建筑里，1991 年由著名的室内设计师里娜·仲马（Rena Dumas）设计，仲马是 2006 年退休的、在爱马仕公司长期任职的主管让-路易·仲马（Jean-Louis Dumas）的希腊裔太太。这座建筑一反战前爱马仕著名的传统审美观，中庭铺的浅色石头地板，玻璃幕墙以及玻璃电梯看起来就像君悦饭店，只是不带喷泉和热带绿植。有整整一面墙案装饰着爱马仕丝巾上的西洋棋盘图案。每层的电梯旁边都有一台平板闭路电视，播放圣多诺黑区街店里的影像。一位公关部的女士解释说，这样可以让邦德的员工"与那儿保持联系"。

邦德有爱马仕最大的皮具生产线——300 名工人分散在 15 间工作室，也管理和生产一些成衣，还有皮具制作学校。爱马仕要求所有新近聘用的、大部分毕业于法国著名的皮革学院皮革技工到设在邦德或者法国东部的孚日皮革学校进行为期两年的学徒式学习，从爱马仕的高级技工那里学到如何裁切皮革，如何完美地缝制出这个品牌招牌式的马鞍针脚。

第四层是特别定制车间，在这里爱马仕制作出光芒四射的鳄鱼皮和短吻鳄皮的凯莉包、柏金包和康斯坦丝手袋，尺寸大小各异，有些配有钻石搭扣。特殊定制一直是爱马仕的中心事业，不乏众多稀奇古怪的定制要求：一位小提琴家要求一只提琴盒内部要衬有爱马仕丝绸；一名专狩猎大型猎物的猎人要求用他猎到的动物皮制作一件行李箱；还有一位日本客户要求将皮卡丘的形象印在她的凯莉包上。[189]1957 年，演奏家小山米·戴维斯（Sammy Davis Jr.）定制了一款黑色鳄鱼皮手提箱，用于旅行和巡回演唱会。2003 年，一位年轻富有的希腊人拿来了他游艇上的一个破烂的主桅杆索，要求爱马仕用它做出三只凯莉包。[190] 仲马对制作好的成品喜爱备至，干脆把它收在了下一季的设计系列中。

特别定制坊大约有 40 名工人，个个年纪轻轻，在爱马仕工匠的平均年龄是 33 岁，让人惊讶的是，很多都是女性。事实上，爱马仕是一个年轻的，以女性为主力军的公司，在它 5 871 名员工中，从商店销售员到皮革手工艺者，61% 年纪在 40 岁或是更年轻，65% 是女性。公司也在发展中。从 2000 — 2004 年，爱马仕创造了 1 230 个新的工作机会，其中三家新增的皮件工厂就提供了 600 多个技工工种。到 2006 年初，爱马仕共有 1 500 个皮革技工。"我们害怕发展，也害怕不发展。或者说，发展得太快，我们都快气死了。"让-路易·仲马曾经这样说。[191]

的确，这正是爱马仕与对手不同之处。正当古驰集团总裁罗伯特·波列特（Robert Polet）在 2004 年接手成为集团掌门人之后的几个月他宣布，计划七年内将古驰的年销售额翻番达到 20 亿美元，而 2005 年 3 月，伯纳德·阿诺特也高调声称他的集团 2004 年度的利润达到了 12.6 亿美元时，爱马仕却并不以为意。[192]2005 年，爱马仕实现了 18.5 亿美元（14.27 亿欧元）的销售业绩——比起它的对手来，想想它那极高的零售价格，这是一个合情合理的营业额，其中，有 40% 来自皮具。在仲马长达三十年的执掌中，爱马仕完全可以通过发展生产减少客户的等待时间，或是在商店中销售成品，就完全可以轻而易举地成为一个几十万亿级别的企业。但是，仲马拒绝这样做。他更喜欢把爱马仕做成一间小型的、具有私密感奢侈品公司。今天这种理念仍推动着爱马仕。在里昂，手工艺人纺织丝巾和领带所需的丝绸，在利摩日另有手工艺人制作陶瓷餐具。在非洲马里，有金匠制作珠宝；在尼日，有图阿雷格部落（Tuareg）的人制作银质的皮带扣。而在亚马孙雨林，有印地安人收获橡胶树乳汁用于制作橡胶合成手袋。1995年，仲马率领爱马仕旗下品牌的10名工匠到巴基斯坦边境附近的塔尔沙漠做为期一周有关创意起源的探索之旅。[193] 银匠研究当地人使用的凿子和锤子，香水师傅嗅吸沙漠的气息。当部落人敲起大鼓，客人们将一只圣路易（Saint-Louis）水晶枝形灯在闪闪的篝火上高高吊起。在仲马看来，一切信息都有如沙漠之夜的灯火一样清晰："这个世界被分作了两部分，"他称，"知道如何使用工具的人和不知道的人。"

在邦德工作室工作的技工都穿着白色上衣，系着围裙。一些人工作头戴耳机，听着 iPods 里的音乐。工作室极其安静，只偶尔有锤子的敲打声和缝纫机发出的短促声音。没有人说话。人们就是在做手袋。即使技艺相当成熟，一只爱马仕手袋的制作过程也很缓慢。制作一只中等大小的柏金手袋或凯莉手袋要花十五六个小时。大一些的手袋则要 25 ~ 30 个小时。2005年，爱马仕在法国的12间工作室制作了130 000只手袋。由于那些预订客户，爱马仕并未因2001年的"9·11"恐怖袭击事件而蒙受损失，而那一年是零售业近来最惨烈的一年。事实上，销售还上升了。"'9·11'以后，人们纷纷跑进店里购买一款特别的丝巾或是领带或手袋，"爱马仕美国分公司的总裁罗伯特·查维斯（Robert Chavez）告诉我，"顾客说，'我只想买一件特别的东西'"。

工作间的第一站是爬行动物皮革加工台。三四个人检查皮上有无瑕疵，并切成手袋需要的形状。除了特别易碎又极昂贵的鳄鱼皮、短吻鳄皮和其他爬行动物皮革外，所有爱马仕的手袋用料都是由冲压机切割出来的。在定制品工作间的技工们通常处理三种爬行动物皮：两种鳄鱼的和一种短吻鳄的。最精巧最贵重的是澳大利亚的海湾鳄（Crocodylus porosus）。它的腹部中央有正方形的鳞片，在身体侧面也有四五行小的圆形鳞片。在津巴布韦养殖的尼罗鳄（Crocodylus niloticus），腹部中央有更大的正方形鳞片，侧面也有两行更大的圆形鳞片。第三种是密西西比短吻鳄（Alligaor mississippiensis），它们来自爱马仕在佛罗里达的一间养殖场。短吻鳄腹部中间有长方形的鳞片，侧面有比较小的、椭圆形的鳞片。业余人士很难看出密西西比短吻鳄和海湾鳄的差别，但的确是有差别的：2006 年，一只海湾鳄皮 32 公分的凯莉包零售价为 1.96 万美元，一只相同尺寸的短吻鳄包的价格是 1.67 万美元。

一个平常尺寸的手袋需要三块皮。就像人的手指，每一只鳄鱼或短吻鳄都有它们自己的纹路，因此要找到匹配度很好的皮需要时间。人们只使用从爬行动物柔软的下腹部取得的皮，而从不使用背部的皮，那儿伤迹斑斑、太粗糙。腹部的皮用来制作手袋的侧面和封盖，尾巴下侧的皮有较大的鳞片用于制作手袋的底部或侧部，或者是三角形衬料。皮要经过抛光，才能得到光彩照人的效果，技工用一种玛瑙石飞快地打磨来抛光。如此一来就使得鳄鱼皮——也就是手袋——不能防水了。像55公分大的柏金包，也就是手提箱的大小，很少用鳄鱼皮制作。"鳄鱼不是什么温驯的动物，"一位技工解释说，"很难碰到一只个头这么大身上又没有什么咬伤的鳄鱼。为了这样一张皮，你得等上十年。"

我来的时候，一位手工艺师正在加工一张红宝石色的鳄鱼皮，另一位正在处理一张松绿色的。他们站在富有弹性的橡胶垫子上——全天都这样站着工作——在台子上将还留有动物体形的皮子铺展开来。在自然光线下，他们检查皮子，用白色的标记圈出瑕疵。所有的皮子上都有瑕疵而且必须去除。牛皮上的伤痕或是被蚊子叮咬的地方，只有在皮子经鞣制后才能发现。"鳄鱼皮在光线下色彩明亮，你能看到一切。"一位技工解释说，他正在处理的一块皮子上多处被圈出瑕疵，不能用于手袋的包身或扣盖。他说，或许会用来做三角形衬料。

处理皮子的工人将皮子裁出一只手袋需要的各种形状的片子，把它们放在一只塑料盘上，旁边还有拉锁、锁扣、五金件、内衬和用于滚边的皮线——所有这些都是制作一只手袋所需要的。盘子传送到手工艺师那里，他将从头到尾地把一只手袋制作完成。每名技工一次制作三到四只手袋，相同的型号，相同的尺寸，相同的材料。有一位正在制作一只小型黑鳄皮凯莉包，包上带有镶钻的扣环。钻石通常被镶嵌在白金里，同时还有证书写明钻石和白金的重量。2004年，定制工作室制作了一只配以钻的红宝石色的柏金手袋，在爱马仕的火努鲁鲁店售价 90 000 美元。

　　大多数爱马仕手袋是从里到外制作完成的。技工使用的第一件工具是一把"格利菲"（griffe），它是尖头的、看似非洲发梳的手工金属工具。不同尺寸的"格利菲"被轻轻地沿着皮子的边缘平推，完美平滑地标出技工将要手工缝制的接缝处。只有拉链和内部的口袋是用机器缝制的。技工在外部皮子和内衬之间嵌入一块硬牛皮，用来加强包的强度和硬度。除了拉链，包上的所有东西都使用皮子制成（当然藤编包和帆布包除外）。不存在看不到的塑料加固件，也没有隐藏起来的帆布或塑料内衬。

　　凯莉包有两种款式：外缝式（sellier）是缝线在外面的，内缝式（retourner）是缝线在里面的。柏金包只有内缝式。内缝式手袋边缘处的滚边通常跟包的其他部分颜色相同。滚边是在皮革内垫一条皮索，蘸上胶水粘在一起。当滚边完全缝合后就有八层皮子了：外皮、牛皮、每边的内衬，再加上两边上的滚边。在凯莉包上，手袋封盖跟包体的后部连成一体。而柏金包却是另外缝上去的。

　　所有的皮子缝合处都由技工以经典的马鞍针手工缝制。技工用两根针和一根长长的线进行缝制，线长到足以一气缝完整个皮包，以免包上有打结点。缝合线是产自法国的亚麻线，极为强韧，穿过皮间时也不会摩擦着火。线上还要打蜜蜡，使之更加结实、防水和平滑。亚麻线总能与皮革搭配得很好，只有皮子是金色或天然色时才会使用白线。技工用一个长长的木夹把皮革夹住，腾出两只手。他用锥子刺穿每一个有"格利菲"标记的地方，在几片皮子中穿出洞来，从一个方向上缝一针，再从另一方向上缝另一针，拉紧直到针角，再往下缝。每一缝合点的开始和结尾都有三个双线以确保不会脱散。缝制结束时，缝合处用塑料锤子轻轻敲平，边缘处用蜡削平、打磨和抛光直到变得平滑，而且要像是一整块皮革。皮包的手柄由六块皮革组成，全部在工匠的大腿上完成，制作一只手柄需要三个半小时。"如果手柄不完美，那么包就不会完美。"一位技工这样说。

皮包的里外都完成后，技工把它合到一处，装上五金配件。今天，大多数手袋的五金配件都是用螺丝钉固定上去的，但一位技工告诉我，螺丝钉会松扣。爱马仕有一种特别的方法来加固五金配件，叫作"结珠法"。技工把搭扣放置在前面的皮子上，用一片金属衬在皮子后面，将一枚钉子穿过每一个角孔，从后穿到前，把钉子切短，只留下一小段。他拿起一把特别的看似锥子但尖端有着很浅的凹的工具，轻轻转着圈地敲打那一小段钉子直到圆润得像一颗珍珠。每一个五金件使用四粒"珍珠"——分别在四个角上，每一粒形状都相同。珍珠将两片金属牢牢固定。然后，五金件被蒙上透明塑料薄膜以免被划伤。技工把包的内面翻出熨平出型。易碎娇气的鳄鱼皮会被一个鳞片一个鳞片地熨平。技工用一只很细小的热熨斗在缝合处熨烫，加强轮廓，熨直边缘。

一只包制作完毕后，质检员会作检查，看看缝线的针脚是不是均匀，结珠是不是钉得很好，锁具可不可以用，包的形状是不是完美，表面是否有污点或瑕疵。如果质检员认可合格，这只包就被标上一个戳记，注明工匠的名字、年份和车间号。在凯莉包上，印戳记印在皮带搭扣上。包被放进公司招牌色的橙色毡包里，再送到距此地 15 分钟路程，位于博比格尼郊区的后勤部门，在那里还会重新检查一次。如果检查通过，这只包会用棉纸包装起来放进盒子，最后送到店里。爱马仕没有告诉我，他们怎么处理没有通过检查的皮包。

2007 年，爱马仕共有 257 家店，分布在全球的大都市购物商圈、郊区的大型购物中心、五星级酒店以及国际机场。但到目前为止，最为迷人的一间还是最早在圣多诺黑区街 24 号开的旗舰店，只几步路就到巴黎的协和广场。这间两层的店位于公司总部六层高的楼里，一下子会把人带回 19 世纪末的商业中心：黑色沉重的玻璃和铁做的大门，用得老旧的马赛克地面，被擦得光可鉴人的橡木销售柜台，顶上是玻璃展柜，灯光从穹顶上照射下来。墙上挂着漂亮的 18、19 世纪的照片和油画。其中有一幅相当出色，是国王路易十五 1727 年的一张肖像画，画中的国王跨在一匹雄赳赳的坐骑上，这是法国画家让 - 巴普蒂斯特·凡·罗（Jean-Baptiste van Loo）和查尔斯·帕洛索（Charles Parrocel）画的三联画中的一张，其余两幅在卢浮宫。

无论什么时候，这里都是一派忙碌景象。好身材、打扮入时的女店员动作夸张地为成群结队的日本客人和举止优雅的巴黎妇人一条接一条地展示丝巾。裁缝为定制服装的顾客量体裁衣，女帽内行们忙着试戴帽子，琢磨出席下一场大型婚礼或赛马会该戴哪顶帽子。夹楼里，珠宝商正摆放手表，或帮顾客搭配完美的袖扣。在后面的马鞍部，男店员展示马缰、夹克骑士服以及马鞍，马具和爱马仕手袋一样都是定制的，由手工完成。自 1837 年创立以来，爱马仕已经制作了超过 4.3 万个马鞍。为了测量一副马鞍，顾客得走上楼到后面的工作间去，在那儿他们骑坐在一台皮制锯木架上——如同百多年前顾客所做的一样。公司有 8 位马鞍匠，其中一位身穿一件旧的牛皮围裙，取出他的卷尺就开始测量了。这一瞬，决定了爱马仕与其他对手的不同。就像那幅爱马仕 2004年秋季由已故的理查德·埃夫登拍摄的广告片所宣称的一样："什么都没有改变，但是，一切都改变了。"

　　店中间的另一处台阶通往被让-路易·仲马描绘成"爱马仕灵魂之所"的地方：仲马的祖父埃米尔-莫里斯·爱马仕（Emile-Maurice Hermes）从前的办公室，现在被用作爱马仕的博物馆。由于事先作了预约，我由爱马仕文化遗产部主管莫内乌尔德·德·贝勒莱尔（Menehould de Bazelaire）带领进入博物馆参观。只有两间屋子的博物馆是名副其实的时光机器，把来访者一下带回一个世纪前的年代。那时旅行靠畜力，富人和贵族过着极其优雅的生活。在橡木墙裙上方悬挂着骑士照片、车轮马车的车灯、银质马鞭、皮制短马鞭和马具，有些上面还装饰着皇家徽记。手工马鞍、衣箱、梳妆盒和拿破仑一世"年代童车"四处摆放着。现在的博物馆是公司设计师们的灵感之所。比如，一副日本马鞍上的描金波浪最近就被用到了一款丝巾上。

德·贝勒莱尔是一位高个子，单薄清秀的女士。她令人想起凯瑟琳·赫本以及一位我心中的教育家。她的第一份工作是在纽约的法国女子学院教授希腊语和拉丁文。20 世纪 80 年代她回到巴黎当了一名档案员，并且不久就受聘到了爱马仕工作以代替退休的兼职博物馆馆长。今天，她已经全面负责起公司的文档保管、保护和博物馆的工作。2006 年一月一个寒冷的晚上，她把我迎进博物馆，告诉我爱马仕公司的一切。

迪特里希·爱马仕（Dietrich Hermès），一位小客栈主和他的太太艾格尼丝（Anges）在克雷菲尔德（Krefeld）生下了蒂埃利·爱马仕（Thierry Hermès）。克雷菲尔德是莱茵河边的一座小城，距离科隆不远。当时这个地区还属于法国，因此，蒂埃利是家中 6 个孩子中最小的一个，并拥有法国的出生文件。爱马仕家信奉新教，历史上的新教饱受欧洲天主教的迫害。让-路易·仲马说，这种迫害造就了爱马仕家族在奢侈品生意场上的成功：为了生存下去，这个家族学会了如何做成功的商人。[194]

克雷菲尔德在通往俄罗斯的路上，德·贝勒莱尔说，当蒂埃利还是个孩子时，他看着拿破仑的部队满怀骄傲地从这里经过开往莫斯科，又残兵败将地返回。他的大哥亨利就在拿破仑的部队里服役，在 1813 年西班牙的战斗中牺牲。他的父母和另外 4 个同胞兄弟也死于疾病，只剩下 15 岁的蒂埃利成了孤儿。1821 年，他跟着一位荷兰朋友去巴黎。蒂埃利在诺曼底定居下来，那是法国的骏马之乡，在那学习制作马具，并娶妻生子，有了 3 个孩子。1837年，他在巴黎的马德琳教堂附近开了一家马具作坊。5 年后，他搬去了卡普欣街。今天那儿是奥林匹亚剧院。"从前那里是绝对的繁华地区，"德·贝勒莱尔告诉我，"咖啡馆里坐满了贵族和高级交际花们，就像玛丽·杜普莱西丝（Marie Duplessis）那样的女人，是她给了小仲马创作小说《茶花女》的灵感，后来又激发威尔第创作了同名歌剧。那时，她坐着戴有爱马仕马具的带篷马车，在巴黎的大道上闲逛。"

1859 年，蒂埃利退休去了诺曼底，把公司交给了二儿子查尔斯 - 埃米尔（Charles-Emile）。那时，查尔斯 - 埃米尔已经结婚并有了 4 个孩子，其中包括埃米尔 - 莫里斯。当时，马车交通业发展迅速：19 世纪 60 年代，巴黎大街上跑着 9 万匹马。查尔斯 - 埃米尔发明了可以保护人和马匹的马具，比如可以通过连环螺栓让马停住。1880 年，他把公司搬至圣多诺黑区街 24 号，这是一幢漂亮的二层小楼，离香榭丽舍大街和布隆森林不远。德·贝勒莱尔说，"那里曾是贵族马匹之乡"。商店在一层，制作车间在二层，大儿子阿多尔夫（Adolphe）住在改造后的阁楼里，也就是现在的博物馆。查尔斯 - 埃米尔又加开工厂，生产马鞍和赛马师比赛用的丝巾，扩大了公司的业务。1902 年，一家体育新闻报的作者形容爱马仕是"巴黎最大的马匹集市"。

对路易威登而言，20 世纪初是一个开端，也是爱马仕的转折点。1902 年，查尔斯 - 埃米尔的两个儿子埃米尔 - 莫里斯和阿多尔夫接手了公司的业务。埃米尔 - 莫里斯说一口流利的英语，还是周游世界的旅行家，那时旅行还远未成为时尚。在一次去阿根廷旅行时，他发现南美牧民都用大包携带马鞍，回来后他弄出了爱马仕的马鞍包。当他去俄罗斯旅行时，获得了一个为沙皇尼古拉斯二世制作马具和马鞍的订单。第一次世界大战期间，他去了美国和加拿大，看到一项叫作"拉链"的发明。他取得了从 1922 年到 1924 年拉链的欧洲使用专利，并把它用到爱马仕的设计当中，比如"车用袋"（sac pour l'auto）上，它后来被叫作柏莉包（Bolide）。他改建公司的小楼，在上面加了四层，把老的阁楼变成了他的办公室，并把一层的西南角变成一个大大的展示橱窗。

在老朋友路易·雷诺（Louis Renault，雷诺牌汽车的联合创始人）和埃托瑞·布嘉提（Ettore Bugatti，意大利汽车革新家）的帮助下，埃米尔 - 莫里斯把产品用在了轿车上，比如适合放在布嘉提后备箱里的行李箱，以及地图夹。他请来当代艺术家让 - 迈克尔·弗兰克（Jean-Michel Frank）、杰克梅蒂（Giacometti）兄弟和索尼娅·德洛瑞（Sonia Delaunay）为爱马仕做设计，开发服装、皮带等新产品，并把零售网络扩大到诸如多维尔、比亚里茨、戛纳等法国时尚度假地。戛纳的精品店曾出现在斯各特·菲兹杰拉德（F.Scott Fitzgerald）的小说《夜色温柔》（*Tender Is the Night*）里，小说中妮科尔·戴弗买了"爱马仕的两件岩羚皮的夹克，一件翠鸟灰，一件是火烧红"。

20 世纪 30 年代末，埃米尔-莫里斯在戛纳的山上买了名为"半山腰"（Mi Colline）的别墅，离位于科洛塞特（Croisette）的专卖店不远。在纳粹占领巴黎期间，很多家族成员都躲到了"半山腰"。爱马仕在巴黎圣多诺黑区街 24 号的店铺也关闭了 4 天，后来重又开门营业，以维持员工的工作和薪水，尽管十分微薄。埃米尔-莫里斯的女婿让·格兰德（Jean Guerrand）接管了商店，给员工发放番茄汤，因为"每个人都非常饥饿"。德·贝勒莱尔说。纳粹占领期间，就像许多保持营业的店铺一样，爱马仕的橱窗中经常出现"无货销售"的字样，原因是材料的短缺，不仅是材料，人们也不愿卖东西给纳粹。赫尔曼·戈林将军在爱马仕订做一只大野炊箱，但是因为没有皮子，工匠们也意兴阑珊，这个箱子最终没有做出来。纸张、硬纸板以及其他包装材料也都十分缺乏，唯一只有鲜艳的橙黄色，只得用这种颜色做箱子和皮包。几乎一夜之间，它成了品牌的招牌色。

1945 年，埃米尔-莫里斯采用了新的公司标识，标识来源于 19 世纪艺术家阿尔弗雷德·德·德勒（Alfred de Dreux）的一幅画，画中一个马车夫站在一匹马和一驾马车前。这幅画依旧挂在博物馆中他书桌的后面。几年之后，他又推出领结和公司的第一款香水——"爱马仕香水"（Eau d'Hermes），至今这款香水仍然是公司的主要产品。1951 年，80 岁的埃米尔-莫里斯因中风去世，他的女婿罗伯特·仲马（Robert Dumas）接手公司。在格兰德的帮助下，仲马将目标放在迅速成长的富人群体。摩纳哥王妃格蕾丝（从前的好莱坞明星格蕾丝·凯莉）被拍到用爱马仕的"提包"（haut a courroies）遮住她怀孕的小腹的照片，刊登在美国《人物》周刊上，正是仲马决定，将这款包重新命名为"凯莉"。半个世纪后，"凯莉"包依旧是爱马仕最受欢迎的手袋之一。

　　而最重要的是，罗伯特·仲马培养了他的儿子让-路易，是他带领公司进入21世纪。让-路易·仲马是那种被法国人称作"绅士"的人：受过良好的教育、能力卓著而且相当有魅力。正如他自己所说的，"奥斯卡·王尔德说过，优雅是一种权力。"[195] 让-路易出生于1938年，在6个孩子中排行第四。这个时候，仲马家族不仅把皮革制品卖给上流阶层，他们自己也已成为这个阶层的人。他上了弗兰克林学院，一所位于十六区的耶稣会的预备学校，之后进入拉丁区的巴黎政治学院读书。这所学校在法国声望极高，他在那里取得了政治和经济学位。像外祖父埃米尔-莫里斯一样，让-路易四处旅行。20世纪60年代，他和他的希腊妻子里娜开着一辆破烂的雪铁龙汽车，沿着丝绸之路一直开到了印度。仲马曾说那趟旅行让他看到了贫富之间的鸿沟，并给了他一种哲学观，后来，他把这种哲学观运用到了指导公司的运作中。

　　1963年，让-路易被父亲以助理买手的身份派到纽约的布鲁明戴尔百货公司，学习奢侈品零售贸易。一年后，他以顾问的身份加入公司，"一位提供点子的人"，德·贝勒莱尔说。70年代对于爱马仕来说是一个相对静止和散漫的时期。奢侈品几乎玩完了。石油危机、经济衰退、高失业率，这一切都让购买日渐枯竭。更糟糕的是，罗伯特·仲马并没有像他的岳父埃米尔 - 莫里斯那样努力拓展公司的业务。"在一个不推销商品就产生不了业绩的年代，罗伯特过于低调谨慎。"德·贝勒莱尔说。相反，爱马仕只会一味等着识货的老顾客光顾，但他们也没来。曾有一年，销售异常缓慢，以至于工厂被迫关闭了两周。[196]

1976 年，公司业务因一位专长拍摄极具性感冲击力图片的摄影师赫尔穆特·牛顿得到了意想不到的突飞猛进。这位摄影师有"奇想之王"的称号，他崇拜爱马仕，认为圣多诺黑区街的店简直就是"世界上最最昂贵、最奢华的性用品店，"他这样在自传中写道，"在那些玻璃橱窗里展示着最棒的马鞭、皮具和马鞍。女店员个个打扮得好像严厉的教师，穿着紧身灰色法兰绒裙子，衬衫把颈项包裹得严严实实，胸前别着一枚短鞭形状的胸针。"[197]牛顿在巴黎的拉斐尔酒店为《时尚》杂志拍摄了一组以爱马仕产品为题的照片，以表达他对爱马仕的敬意。真是些不一般的照片啊。在最有名的一张照片中，床上一个模特躺在四个人身上，她的背上是一只马鞍，身穿紧身短马裤，锃亮的黑皮马靴，手持银色马鞭，上身是椭圆形黑色蕾丝胸衣。"罗伯特·仲马一看到《时尚》上刊登的照片，情绪低落的他马上开心地康复了。"牛顿回忆说。

罗伯特·仲马去世两年后，董事会一致通过由让 - 路易出任主席一职。在表兄帕特里克·格兰德（Patrick Guerrand）和伯特兰·普埃科（Bertrand Puech）的帮助下，仲马把公司经营得有声有色。他聘用艺术家设计出全新炫目的丝巾，并通过女店员教授顾客新颖的佩戴方法而使其全面复兴：丝巾不仅可以用作腰带还可以当成露背上装，又或者只是把它系在包上做装饰用。他还聘用了一间外面的公司专门进行广告宣传，这是公司首次使用外面的广告公司，同时他扩充了媒体部门，尽管那时还只有一个人负责整个公司的媒体宣传（到 2006 年，仅巴黎就有 16 名媒体专员了）。1980 年，他聘用了刚从时装学校毕业的 19 岁设计师埃里克·贝尔杰尔（Eric Bergere），意在改变公司传统女装古板的样式，接着，他下决心重振女式手袋。

几百年来，无论男女都把他们的东西放进某种袋子随身携带。当那具五千年的"冰冻的德国兵"（Frozen Fritz）男子遗骸在阿尔卑斯山被找到时，研究人员发现他小牛皮腰带上缝着一个用石头、木材、骨头和角制成的小工具袋。在希腊，学生们把他们玩的羊关节骨放在他们的书包里。在罗马，女人们携带一种叫作 reticula 的小网兜儿，如果手提小包会遭人嘲笑。在中世纪有一种抽绳的施舍用的钱包。在中国，和尚和香客携带装有护身符和圣像的小袋子。非洲的"医师"会把用于占卜的舌骨头放进随身的袋子中，而全世界的游牧民族把所有财产装进袋子用马和骆驼运送。18 世纪末，欧洲的妇女穿着半透明的不带口袋的高腰裙，只好把贵重物品放进袋中，那袋子被看作现在手袋的前身。19 世纪末，缝纫和刺绣已经成了一种日常活动，上流社会的女性把针线放进华丽的针线袋里，身上带着比这多的任何东西都会被社会视为低下：这就是为什么要带上个随从的原因。

现代的手袋在 20 世纪伴随着女性参政的出现应运而生。[198] 手袋"象征新兴独立，意味着随心所欲地自由来去，离开家也无须告知任何人。"法立德·夏诺尼（Farid Chenouned）在《带着走，关于包包的故事》（*Carried Away：All About Bags*）一书中写道。很快，手袋变成普通消费者的重要配饰。"裙子里缺乏贴身的口袋实在让人气愤，"一位观察家在 1908 年的《费米娜》（*Femina*）杂志中这样写道，"你丢了所有贵重物品——钱包、笔记本、手绢，这让你最后乖乖地用上手袋，无论白天还是夜晚。有钱的女性仍在坚持，她们有条件把这个那个统统放进车里。但是，其他人早已下定决心，手袋是潮流之物了。"随着扁平纤巧外形的出现，手袋变成了最重要的时尚配饰。20 世纪 30 年代，女裁缝开始悄悄地把自己名字的缩写取代了顾客的名字缩写，由此开创了展示奢侈品品牌标志的惯例。

1937 年，当戴安娜·弗里兰加入《哈泼时尚》时还是个初级编辑，彼时手袋业已成为时装行业重要的组成，很快她就领教到了这一点。进入这家颇有威望的杂志社不久，弗里兰做了后来她在回忆录中所描述的"脑力激荡"。

"我们要把手袋全部淘汰掉，"她对一位同事说。

"你说你要干什么？"他问。

"消灭所有的手袋,"她重复道,"看看,我这儿都有些什么?有香烟、口红、梳子、粉盒、胭脂、钱。但是,我带上一只不知会留在哪辆出租车上的破旧大红手袋做什么呢?这些东西就应该放进兜儿里去。真正的兜儿里,上帝啊,就像男人那样。"

接着,弗里兰谈起她将如何利用这个口碑极佳的杂志,拿出整整一期来"展示口袋能为你做些什么,身材是如何被改善了以及诸如此类"。

她的同事奔出办公室——"是以一种奔向警察局的速度!"她回忆道——直奔《哈泼时尚》主编卡梅尔·斯诺(Carmel Snow)而去。

"戴安娜简直疯了!"他喊道,"快去阻止她。"

斯诺去找弗里兰。

"听着,戴安娜,"斯诺对弗里兰说,"我觉得你是疯了。你明不明白每年我们要从手袋客户那里拿到几百万的广告收入?"[199]

第二次世界大战期间,手袋变得简单而且实用,比如皮制的背包,还有"狩猎袋",这是一种很大的可以斜挎过身躯的囊袋,人们可以很容易地背着它骑上自行车,在汽油实行限额配给时期,骑车是人们偏爱的交通方式。战后,设计师们获得了大批有意思的新型材料,比如塑料、树脂玻璃、藤和麦秆。1947年,古驰推出了一款简约的牛皮 U 形手袋,它的手柄是竹子的,这种材料又便宜数量又充足。1955年2月,香奈儿推出现在成为其招牌的"2.55"(以出产日期命名)。这款长方形、菱格纹皮包有着折叠翻盖和金属链挎带，没有字母，反扣在一起的双 C 缝在包里面。[200]
没过多久，托格蕾丝王妃的福，"凯莉"包开始流行。

20 世纪 60 年代末女权运动期间，几百年来占据女性衣柜的
所有配饰——帽子、阳伞、手套、皮手笼，都不复存在。只有手
袋留了下来，而且从胳膊移至了肩膀，解放了女性的双手正如她
们解放了自己的头脑和灵魂一样。"我们习惯了一直使用一只包，"
法国一家时尚杂志《流行花园》（*Jardins des Modes*）报道说。"不
再需要因配搭衣服而调整颜色，不再需要很多配饰——拎包、手
套、鞋子等这些。你只需微微调整下背包肩带的长度。"[201]

在 20 世纪 80 年代，女性成群结队地加入工作大军的行列，
她们觉得需要一只从早到晚跟着她们，可以当作一只公文袋来使
用的包包。她们拿出自己税后的薪水去买一只不错的包。她们需
要一些经典的，不是那么太俗艳的东西，好让她们的愿望在这个
男人的世界中不至于受到轻视。由于一只不错的皮包是一笔不小
的投入，女性更注重包袋的设计以免自己的包不会很快过时。

奢侈品牌解决了这个问题。在香奈儿，高层们决定力推已有
30 年历史的 2.55 包。"我记得所有那些会议，会上我们决意要在
手袋销售上有一番作为。"香奈儿集团美国分公司的前任首席执行
官埃利·克普曼（Arie Kopelman）告诉我，"你可以靠配饰来推进
业务，你可以轻而易举地做广告宣传，你有很多促销手段，我们
说'我们该如何使用尽可能最好的方式来使这一切成真，真正设
法得到业务呢？'要利用这个机会，我们需要积极推动一个产品

系列。"

在当时，克普曼属于香奈儿集团中致力于投入大规模广告以推广 2.55 包和其他类似产品的人。这是一个大胆的举动，因为之前克普曼说，"香奈儿除了香水和化妆品，没有真正做过什么广告"。对于法国人来说，靠广告的时尚品显得有点恶俗，他们通常会让你"别那么做"。但克普曼在加盟香奈儿之前跟随广告巨人道尔·德恩·伯恩巴克（Dolye Dane Bernbach）工作了二十年，还是设法说服了那些持反对意见的同事。广告之战打响了，香奈儿的手袋销售开始起飞。"很明显那是个极好的市场机会，"克普曼对我说，"我们跳上了潮头，并作最大可能地施展拳脚。"每一季，香奈儿都用大胆的新色彩、新材料推出新款 2.55 包。香奈儿的设计师卡尔·拉格斐对 2.55 包的挎带进行了重新诠释，让它像一条皮带可以圈在包的脊部。而包上的菱格纹，则用到从羽绒外套到眼影，几乎所有东西上都有。1986 年，拉格斐设计了一款华丽的晚装，上面使用的刺绣就是从 2.55 包的菱格纹上得到的灵感。[202]

在爱马仕，仲马将有 80 年历史的凯莉包全面复兴。他丰富了颜色种类，从深色系到七色彩虹，并将皮子多样化，为此做了一次时髦的广告宣传。"他把凯莉包从保守的过去解放出来，"德·贝勒莱尔说，"吹捧它。把它放在荧光幕前。"销售量激增，预订单开始多起来，而且再未减少过。

1984 年的一天，法国航空一架班机从巴黎飞往伦敦，英国女演员简·柏金从包中搜出她的爱马仕记事本，纸张呼地散了一地。

她一面七手八脚地捡拾一面抱怨说这个记事本需要有个袋子。当时她旁边坐着的是让－路易·仲马。

"我来帮你拿着，咱们看看能做点什么。"他说。

几个星期后，柏金收到了她的记事本，封皮里缝制了一个口袋。

"现在，所有的记事本都有口袋了！"她讲述这个故事时对我说。"是不是很不错？"

也是在那次航班上，柏金对仲马咕哝说没有好的女式休闲皮包——她着实吸引了他的目光，"不要太大，装满东西后别太沉的。"她说。

"你希望它是什么样的？"他问。

她跟他描述了一番。

之后不久，她的公寓收到了一个大大的包裹。里面是一只休闲皮包，就像她想象的一样。仲马把"提包"款改成适合柏金的尺寸，并以她的名字"柏金"命名了这只包。

他告诉她说："你和格蕾丝王妃是爱马仕仅有的以你们名字命名手袋的人。"

爱马仕的柏金包和凯莉包深受富贵一族的喜爱，而香奈儿的2.55包赢得了职业女性的芳心——记得当我为《华盛顿邮报》撰写时尚文章时，看到 K 街②有权有势的律师和议院外的说客们肩上的菱格纹包摇摆个不停。但是，那些年轻、有着中等收入又希望变得时尚的女性该怎么办呢？那时我二十几岁，虽然有份不错的工作，跟一室友住在一间公寓里，过着分摊房租的日子。我撰写关于香奈儿的文章，但我却买盖普。我唯一的一件奢侈品是香奈儿5号香水，而且是那种最便宜的：香氛喷雾。是的，我正买进梦想。但我想的是：我和我的那些低工资、做着初级工作的朋友们怎么才能成为除了香水之外的那个奢侈和时尚世界的一分子，就像我们在《时尚》和《哈泼时尚》读到的，同时，又不会看起来像那些保守的律师和说客一样？

答案就在米兰那间有80年历史的镶玻璃的红木展示橱窗中，静静地等着人去发现。1978年，当缪西娅·普拉达接手她外祖父的公司时，她不想再版那些由格蕾丝·凯莉、奥黛丽·赫本或是杰奎琳·肯尼迪带出名气的款式。她想搞些新设计。普拉达也没有什么经典款式。她开始大胆尝试不同的布料和款式，最终推出一款以尼龙降落伞布制作，装饰着皮革的背包。她让人使用从前为意大利军队缝制降落伞的那些缝纫机制作这款背包，背包有两种颜色：黑色和棕色。

有好一阵子，这款包销售情况不佳。"没人想买这款背包，因为显不出奢侈来。"2006年我见到普拉达时她对我说。包的样貌既普通又简洁。正像时尚评论家霍利·布鲁巴克（Holly Brubach）1990年在《纽约客》里写的，"那都是新贵们用的包，那些设计希望得到人们的认真对待，但对于那个时代人们的品位而言，那些材料有损于使用者的地位。那时，人们很自豪地拎出去的真正的包都是用牛皮、鳄鱼皮或者丝绸做成的，而不是使用尼龙。"[203]时尚编辑们极力主张普拉达把公司的字母缩写印到包上，香奈儿和古驰都是这样做的，赋予手袋更多的标志，但她拒绝了。她长大后就一贯不喜欢有标志的奢侈品，于是选用了祖父曾经贴在衣箱上的一款小小的三角形标志。那是一块黑色珐琅，写着 Fratelli Prada，皇冠的造型意味着这家公司曾是意大利皇室和米兰官方的供货商。缪西娅还在背包的翻盖处加了一行字，声明这家公司成立于 1913 年，以证实它在诸多奢侈品牌中的地位。

直到 1988 年，这款背包才最终受到了关注。普拉达展示她的第一批女装系列，当编辑们和零售商们在展厅停下脚步细细察看，下订单购买，那时背包才进入他们的视野。到了下一季，背包会出现在一些写配饰的小文当中，也会在百货商场的货架上突然冒出来。为了趁热打铁，普拉达让人给重要编辑们送去一只只背包，作为圣诞礼物。"这样果然奏效，"时装公关经理卡拉·奥图（Karla Otto）回忆说，那时她就在普拉达身边工作，"哪里都能看到这款背包。"

普拉达的背包是大众消费者们 It 包的终极：它时髦、轻巧，并且只卖 450 美元，比起精工细作的凯莉包和 2.55 包，普拉达的包要便宜得多。普拉达背包是如此流行，某个下午《纽约时报》负责街拍的摄影师比尔·库宁汉（Bill Cunningham）站在第五十七大街和第五大道的转角处拍摄那些肩上背着背包一路走过的女性们，几乎每个人背的包的翻盖处，都能看到那个干干净净写着"PRADA"字样的小三角标识,那特有的细体字是为公司的LOGO专门设计的。普拉达的这款包成了手袋设计的标准:几乎每一个品牌都有这样一个版本的包款。背包简直卖疯了,给公司带来空前的机遇,让普拉达成为了家喻户晓的品牌。而自始至终,缪西娅·普拉达一直坐在她的办公室里,心有憎恶。"她讨厌看到女人们背着她的包。"莱斯利·约翰森(Leslie Johnsen),20世纪90年代普拉达负责北美市场的公关总监回忆道。与此同时,普拉达的丈夫,公司的首席执行官帕特里奇奥·伯特利坐在他的办公室中,谋划着公司的全球扩张,这笔资金来源正是背包的销售带来的。

事实上,普拉达的背包不知不觉地成为了当时奢侈品本质性变化的一种象征:一种从美丽手工艺制品的小型家庭产业成为面向中级市场的全球性企业的转变。当1994年汤姆·福德接任古驰的创意总监,他看到了潜在的奢侈品年轻人市场,并把手袋推至最前沿。在米兰举办的古驰女装秀上,模特们会身穿性感的黑色丝绸服装,或白色的紧身筒裙,踏着劳伦·希尔或苗条胖小子的说唱乐,顺着T台一路走来,手中紧握着或是身背着非同凡响的古驰的新款包包。没多久,时尚编辑们就不只是报道汤姆·福德的新服装,还开始报道那些新包包了。汤姆·福德的手袋惊人的销售量将古驰从濒临破产的边缘拉了回来,并助力了它实现全球扩张。"汤姆·福德设计的服装很漂亮,但他总还要给它们搭配个不错的包,"巴黎BETC时尚广告经销处的克劳斯·林多夫(Claus

Lindorff）说，"你能卖出多少件 2 000 美金一件的丝绸礼服？奢侈品牌们都知道服装是不赚钱的。包包是品牌推出的新鲜事物。哪怕是成衣广告，你真正销售的也是手袋。多亏了汤姆·福德，高级成衣成了配件的配饰。"

今天，手袋成了一个奢侈品牌成功与否的重要因素，以至于古驰集团将伊夫·圣·洛朗 2005 年差强人意的销售业绩归咎为它在几季中都没有一只风行的手袋。但至少当古驰集团于 1999 年收购它时，伊夫·圣·洛朗并不是一家皮具公司。2006 年，古驰仍旧在扶持亚历山大·麦昆和斯泰拉·麦卡特尼这两个羽翼未丰的时尚品牌。但正如林多夫所言，"令品牌成功的将不是服装。设计师们纷纷被告知'赶紧推个包包出来，那样会大卖特卖的'"。

是 It 包让芬迪从一个俗里俗气的老牌毛皮公司变成一个顶级奢侈时尚品牌。早在 1997 年，芬迪的配饰设计师希尔维亚·芬迪·文迪里尼（Silvia Fendi Venturini）推出一款"法棍包"（Baguette），那是一只小巧、柔软的长方形小包，短短的肩袋使它可以被舒适地夹在腋下。"法棍包"一经推出，几个月内销售一空，没多久就有了长长的预订单，其中一款售价 5 000 美元，采用了佛罗伦萨的马尼非特拉·里西欧（Manifattura Lisio）丝绸手绣工艺。芬迪第一年总共销售了超过十万只的"法棍包"。"法棍包"在时尚单品中变得如此重要，以至于它被写成了《欲望都市》中的一个桥段：当打劫的命令凯莉·布拉德肖交出她的钱包时，她回答说，"那是一只法棍包。"[204]

文迪里尼不断推出新面料的法棍包，比如使用斜纹布，或是缀上深海珍珠，再把它们挎在芬迪新装秀的模特胳膊上，这些女装是 1965 年以来担任品牌设计总监的卡尔·拉格斐设计的。法棍包让芬迪在财政上和时尚界收获双丰，到了 1999 年的秋天，奢侈品巨头都纷纷出手争夺这一品牌。古驰、普拉达、宝格丽和 LVMH 都力争购买这间 1918 年由文迪里尼的祖母阿黛拉·卡萨格兰迪（Adele Casagrande）最先创立的公司，1926 年她嫁给了艾多阿多·芬迪（Edoardo Fendi），自 1954 年起，公司由他们的五个女儿执掌。最终，LVMH 与普拉达合作，以 5.2 亿美元购买了芬迪 51% 的股份，而当时整个公司价值接近 10 亿美元。一些芬迪的追随者在谈判过程中抱怨，伯纳德·阿诺特和普拉达的帕特里奇奥·伯特利喊出更高的价格购买芬迪。"他们像些喝醉的水手那样抛洒票子。"那时有人这样评论说。

直到 2001 年，法棍包的时代结束了。伯特利明智地把普拉达 25% 的股份以 2.6 亿美元卖给了 LVMH，在接下来的很多年里，LVMH 获得了更多的芬迪股份，2007 年时达到了全部的 94%。多年以来，LVMH 为芬迪不断投资，包括花大价钱聘请擅长设计奢侈品专卖店的建筑师彼得·马利诺（Peter Marino）设计建造了极具创意的罗马店面，开设了超过 30 间新的零售店面，并不断地买回授权，可直到 2005 年，这些项目依旧没有赢利。据市场调查估计，2004 年芬迪就亏损了近 3 120 万美元。[205] 与此同时，希尔维亚·芬迪·文迪里尼和她的团队每季提供一些新的设计，期待有一只能成为 It 包。

　　为应对日益增长的手袋市场的需求，奢侈品公司推出革新手段。爱马仕坚持限量发售。对于仲马而言这事关诚意正直的问题。爱马仕的核心价值是精良的传统手工艺制作，牺牲这些会令品牌蒙受损失。其他大大小小的奢侈品牌寻找更快更好更有效的生产途径。路易威登扩大生产规模，在法国增加了车间，并将部分生产转移到西班牙的罗威（Loewe）的工厂。我去阿涅勒参观定制车间时，瞥见路易威登手袋的生产过程：女裁缝们坐在缝纫机后面，在一块儿大批缝制新款牛仔布花押字包。爱马仕是不同的，在那里每一次只手工完成一只包；而在路易威登，工人们大量生产流水线风格的包，一批 20 只。路易威登的高层可能也夸耀质量，但他们真正关心的显然是生产率。

　　另一方面，古驰也采用了高科技。2004 年 3 月，我去参观了位于佛罗伦萨附近的工厂总部，看古驰手袋的生产流程。几星期后，汤姆·福德、索雷和大部分工作团队就离开了古驰。向导是古驰产品研发部主任亚历山德罗·波加里尼（Alessandro Poggiolini）。他 60 多岁，和蔼可亲，1967 年加入古驰，最早担任手袋工匠，他已于 2005 年退休。波加里尼告诉我，古驰原来的工厂位于佛罗伦萨的阿诺河上，后来搬到市中心的黛拉·卡尔戴路，1971 年又搬到一个名为卡塞琳娜·迪·斯堪第希的工业园区，距离城区半小时车程。

早在 20 世纪 90 年代初，古驰濒临破产时，很多季季相传的皮制品都堪称经典。德·索雷想推出更多有创意的设计，并扩大生产。为实现这个目的，1994 年，德·索雷开始了流水线制作。波加里尼把我带到工厂的一间大屋想让我了解生产是如何进行的，那里的长桌上满是台式电脑。"在过去，皮包制作是从设计直接到皮革，很费时，很昂贵，有时对但有时也可能出点差错。"他对我说。现在，技术员利用电脑上的三维图像与远在伦敦、巴黎和米兰的设计团队一道工作，后者负责设计的完善。"你可以在电脑屏幕上把包颠来倒去地看，真正地研究。"波加里尼解释说。一旦设计通过了，技术员便把图样打印在粉色卡纸上为制作样包使用。第一件样包用一种称为佩普隆（Peplon）的橡胶面料做成，以便工匠可以看清包的形状；设计图上粘有皮革的细部装饰，这样设计师可以对成品有个概念。当福德认可了样包，就进入生产。

在爱马仕，工匠要研究皮子，为手袋作出最好的切割方案，而在古驰，电脑制作的图纸告诉技术人员如何在材料上摆放包样。质地易脆的驼鸟皮、蜥蜴皮和短吻鳄皮使用金属冲压机切割。而牛皮的切割使用的是一种带喷水器的特别机器（由古驰独家研制和使用），喷水器以两倍于声速的速度移动。当进行实验以寻求更快更有效率的方法切割皮革时，技术员尝试使用激光，但如波加里尼所说，"激光会令皮子燃烧冒烟"。他们最终选择了喷水器，波加里尼解释说，"因为它又快又干净，切割质量也没的说"。喷水器令人印象深刻，而事实上你又看不到它。你看到的只是皮子的切割，如有魔力一般，喷水器带来的雾气在切边上消散。我去参观时，卡塞琳娜·迪·斯堪第希的工厂有 3 架这样的机器，另外有 6 架在这个地区的其他厂区。

自 1995 年，古驰全部的皮制品都使用电脑设计。1994 年至 1998 年，皮制品的生产从每年 64 万件上升至 240 万件，增长了 277%。[206]1997 年，经典设计占古驰皮革制品货存量的 60%。到了 1999 年锐减为 10%。规模生产的时代——产品从样品到入库的时间从 104 天降为 68 天。2004 年，古驰集团，以及后来的伊夫·圣·洛朗、亚历山大·麦昆、斯泰拉·麦卡特尼、巴黎世家、塞乔·罗西（Sergio Rossi）、宝缇嘉一年共生产皮制品 350 万件。

参观完主要生产区后，我们穿过工业园走进一栋不大的二层砖楼。古驰有 10 间为其加工手袋的代工厂，这是其中一间，由卡洛·贝西（Carlo Bacci）所有并经营，他在 1960 进入古驰时是一名手袋技工。在过去，所有的古驰皮革产品都由自家生产，贝西在 1969 年离职到佛罗伦萨创建了自己的企业，两年后开始为古驰做代工，那时古驰已经开始把一些生产环节外包出去。当我 2004 年到古驰参观贝西的车间时，他有 23 名员工，其中包括他的太太和儿子，大部分人都曾为对面的古驰工作过。他只为古驰集团工作，签有一份合伙人协议，保证了每年能得到古驰一定数量的加工订单。

车间很简单：白墙、水泥地面、长台子，顶上有萤光灯。每个台子上堆着来自古驰、伊夫·圣·洛朗、斯泰拉·麦卡特尼、塞乔·罗西的各种成品，有金色带亚麻布衬里的牛皮手抓包，有古铜色鳄鱼皮，上面配着珐琅蛇头搭扣的手提袋。基本款式的皮包生产需要两到三小时，更复杂一些的需要超过八个小时的时间。多数皮具都用胶水粘合，并用机器缝纫。技工一次生产20只皮包，是爱马仕的5倍，但有一点与爱马仕的工人做法相同，每只包都由一位工匠从头到尾做成。贝西的工作室只生产手袋——钱包和皮带在别处生产——而且每个月只生产250只，因为这里制作的是设计最为复杂的，使用的皮料也最为昂贵。每只成品手袋上都印有一个表示贝西工厂工匠的代码。贝西也有外包的供应商，负责每月另外两千只手袋的生产。

这就是奢侈品在欧洲制作生产的情形。在中国，奢侈品手袋的生产完全是另外一种产业面貌。是的，奢侈品手袋也在中国生产。顶级品牌，那些你在用的顶级品牌。正是那些彻底否认他们的手袋是在中国生产的品牌公司把他们的皮包放到中国生产，不是在意大利，不是在法国，也不是在英国。我参观过广东省的一家工厂，并亲手拿起过那些包。为了看到这些包，我必须向生产商承诺不泄露品牌的名字。每家品牌公司都让生产商签订了一份保密协议，规定不得泄露产品在中国生产的事实。此外，生产商也不会让竞争对手知道他们还在给哪家进行加工生产。品牌代表去工厂时，他们会被直接带到生产自家产品的车间，并且只同负责他们产品的团队交谈。其复杂性就像包养了一堆情人。

在中国有三至四家工厂专门生产奢侈品牌的皮具，大多在东莞，一个距离香港北面有一个小时车程的工业城镇。那里经常为诸如杰西潘尼（JGPenney）、希尔斯（Sears）、丽兹·克莱本（Liz Claiborne）和安·泰勒（Ann Taylor）等品牌生产价格在40美元到80美元的中低档产品。但他们也生产奢侈手袋。这个变化来自20世纪90年代中期，那时蔻驰决定将其一小部分生产从美国移至中国。

在奢侈品名录里，蔻驰是个新兵。最初由一位名叫麦尔斯·卡恩（Miles Cahn）的企业家于1941年在曼哈顿中城创建，长期以来蔻驰是一间美国皮革界的保守企业，在奢侈品牌大行其道前，它是城郊的妈妈们挎在手上的包。1985年，这个家族把公司卖给了萨拉·李公司（Sara Lee），一家大型美国企业集团。这家集团以冷冻起司蛋糕出名，还拥有黑尼斯牌内衣（Hanes）和魔术牌文胸（Wonderbra）。1996年，蔻驰的首席执行官卢·法兰克福（Lew Frankfort）决定改造这个品牌。他从汤米·希尔菲格（Tommy Hilfiger）公司挖来了里德·克拉科夫（Reed Krakoff），一个年轻有见地的设计师，出任执行创意总监。他们一道为蔻驰规划了崭新的未来，其构想就是将这个品牌重新定位为一个可与普拉达和路易威登比肩的美国奢侈品牌，而价格只在125美元到2 000美元之间。他们把它称为"买得起的奢侈"。

2000 年，蔻驰在纽约股票交易所上市，并从萨拉·李中分离出来。2001 年，它取得了可观的 6 亿美元销售额，消费群主要在美国，也有一些来自日本和亚洲国家。（蔻驰并不销往欧洲，因为他们认为欧洲当地的同行竞争会异常激烈。同时，三分之二的消费者是来自美国和日本，这些就足以令他们有相当的增长。）那一年，法兰克福和克拉科夫决定改变创意方向，从传统的经典设计转为更具有前卫时尚气息。[207] 他们设计出一个新的招牌系列产品，它用皮革和色彩鲜明的帆布制作而成，包上印着公司的"C"标识，就像一块西洋棋盘。他们开始每个月都向店里发送新的设计款式，而不是像以往那样一年两次。日本客户尤其喜爱招牌系列产品，疯狂购买，使得蔻驰在 2003 年已经成为日本市场第二大配件进口品牌，仅次于路易威登。

为保持蔻驰的财务增长，法兰克福致力于发展流通环节和扩大生产能力。为此，蔻驰在北美和亚洲广设新店，这使得它的生产从公司自有的美国本土企业变成海外分包型企业，更多的分包在中国。今天，蔻驰的产品在 15 个国家的 84 个工厂加工生产；"绝大多数是在中国。"一位蔻驰的女发言人说。2002 年，蔻驰关闭了最后一些公司自营的工厂。原先的纽约 34 街的工厂，现在是蔻驰的行政办公室所在地，同时还兼做一个小型的样品间。"通过将我们的生产从自有的本土生产转向在成本低廉的市场独立生产，我们可以支撑一个更宽广的综合需要，从产品类型、材料到每一季大量涌现的新的、更加时尚的款式，"蔻驰解释说，"所有产品的来源都必须达到预期的要求，并保持我们高的质量标准……同时，我们的质检员会到现场进行质量监控，无论是公司自营的还是独立生产的企业都是如此。"

这项策略取得了成功。从 2001— 2006 年，蔻驰取得了两位数的季度增长；到 2006 年，其销售额达到 21 亿美元。[208] 与此同时，更多出于低廉的生产成本之故，利润猛增。在其首次公开发售股票的前五年，蔻驰的股票市值飙升了 1270%。与一般常规的判断相反，自从蔻驰将生产从美国本土转移至中国及其他国家后，其品质的认知度不减反涨。

受到蔻驰开拓性成功的鼓动，其他奢侈品牌也开始伺机将皮具生产移至中国。奢侈品牌们在是否将部分生产外包到发展中国家的问题上一直犹豫不决，因为他们害怕这样做会令品质打折扣，更重要的是担心业已形成的产品形象认知会因此遭受灭顶之灾。过去 20 年里，在奢侈品牌革新和重塑形象的过程中，高管们一直宣扬这样一个事实，那就是 —— 他们的产品是由意大利和法国的工匠制作生产的，这些工匠们拥有的不仅是经验，更具一种奢侈品手工艺的传承，仿佛他们制造出精良的皮具、美丽的纺织物和珠宝的技艺无不来自他们的基因，已渗透在血液里。按照奢侈品公司高层们的说法，这些非比寻常的天赋是世界任何其他地方都无法复制的。这些"意大利制造"或"法国制造"——如果是开司米则是"苏格兰制造"——的标签俨然就是一种威信，保证了这些产品成为"奢侈品",并且值那么多钱。由于20世纪90年代欧洲劳动力成本的增长,这些业务开始外包给劳动力成本低廉的世界上的"其他地方"了。

原有的奢侈品牌已不复存在了。他们无法做到公开将生产从欧洲移出,同时又不伤及多年打造出的品牌形象。他们最初的反应是提高零售价格,但只是小幅度的,以免影响到那些新生的中层消费者。股票上市的奢侈品牌还必须对其股东负责,而股东们要求更多的回报、更多的利润,这都意味着要扩大生产规模并降低成本。为扩大规模,他们加大生产广告行销力度,特别是对手袋。

降低成本则是一桩更微妙的问题。奢侈品牌如何能做到削减成本的同时又保持质量不变呢?事实是,他们做不到。一定会有妥协和让步。出于利润的考虑,更坦白地说,是出于某种贪婪,奢侈品牌在诚实问题上开始妥协。有些品牌在成衣上走了捷径(偷工减料)。"我记得20世纪90年代中期在配料车间工作时,CEO走进来说,'女士们其实并不需要衬里'。"一位主要的奢侈品牌的前助理告诉我。不久这便成为企业标准。"这便有了一种毛边裁剪法(raw-edge cutting),它被视为后日本先锋派的设计观,实际上是为了削减成本的做法。"另一位奢侈品牌设计助理对我解释说。"你可以想象在做一条裙子或一件上衣时,这样做会省掉多少时间和金钱,你不必把外表的布料与内衬缝合在一起,压平,再把它们折回,再压平,另外再缝一道线把它们缝合在一处。如果你只是做一个毛边,只需要裁下边缘,然后就好了。"另一个意大利品牌则通过把袖子剪短半英寸来削减成本。"当你生产一千件时，就会看到成本的节约。"这位助理说。

很多奢侈品牌通过使用廉价材料来削减成本。比如：1992年我买过一条普拉达的粉色鸡尾酒礼服，用料为厚质地的彩虹色棉布和罗缎，全衬，做工很漂亮。裙子售价为 2 000 美元，但它拥有良好的品质，可以穿上一辈子。10 年后，我在普拉达花 500 美元买了一条薄棉加府绸质地的裤子。我穿上它，当我的脚轻轻滑过裤脚时褶边就扯开了。我把手放进口袋，口袋也从缝线处撕裂了。我蹲下来抱起我 2 岁的孩子，裤子后面竟也开裂。这条裤子还没穿上十分钟，就一点一点从缝线处散掉了。我把这件事说给普拉达的一位前设计助理听，"是线的问题，"他告诉我，"线太廉价了，很容易断。"当我告诉他我那条1992年买的漂亮裙子还结实得如同劳斯莱斯的车一样，他点点头。"那是那时。"他叹了口气说。

奢侈品牌削减成本最为显著的地方与其他生产企业并无二致：劳动力成本方面。今天，最廉价也是数量最为庞大的劳动力在中国。当蔻驰证明了中国工人可以达到奢侈品牌要求的质量标准时，一些其他的品牌也将少量的生产移至中国。像蔻驰那样，开始时他们只拿些短线的经典款和基本款皮具作外包。为了确保工艺，某重要意大利奢侈品牌管理层还从意大利派遣了一支皮革工匠队伍来到中国，对中国工人进行教授。随着每批短线产品加工的成功，品牌商们越发大胆了，下更多的订单，其他品牌也加入了这场生产地的迁移。到 2006 年，每年在中国生产出成千上万的奢侈品手袋、化妆包和书包，而消费者对此毫不知情。

很少有品牌会承认这种事。一家意大利小型皮具公司弗拉（Furla）说，2002 年他们开始把一些钱包和手袋的生产放到中国。尽管伯纳德·阿诺特在 2004 年 12 月中国香港举行的一次奢侈品研讨会上宣称，只有欧洲的工匠真正了解如何制造奢侈品，第二年，LVMH 旗下的品牌之一，Céline 的牛仔布拼接皮革的 Macadam 手袋开始在中国生产。手袋里一个棕色皮制标签声称这只手袋是在巴黎设计，专注于质量和细节，在中国手工缝制完成。[209]2005 年 5 月，当普拉达仍对外宣称其所有的服装和配饰品都在意大利生产时，其 CEO 帕特里奇奥·伯特利大胆地告诉《金融时报》，公司目前正在对一些将生产转至包括中国在内的其他低价的劳动力市场进行评估。[210] 事实上，当伯特利作那番表白时，普拉达已经在中国至少进行了六个月的皮具生产。

今天，奢侈品手袋已经成为一项全球化研究的课题：五金件，比如，锁来自意大利和中国（主要来自广州）；拉链来自日本；内衬来自韩国；刺绣在意大利、印度或中国北部完成；皮革来自韩国或者意大利；手袋则部分在中国，部分在意大利组装完成。采购问题有时也如原产地一样令人心生疑问：一位制造商告诉我有一家供应商声称他的丝绸是英国的，而事实是他从中国买进丝绸，存放在英国，并以欧洲价格售出。

多数奢侈品牌并不在中国生产太多款式不同的产品，而是以不同的颜色和材料反复生产同一种设计的产品。奢侈品牌的设计团队构思出一款新的手袋，把设计图发至中国的工厂。制造商会进行一番研究，以找到材料、五金件，如果需要，还会找到提供刺绣的地方。有时，制造商的苦心调研会得到回报：有人以韩国售价 12 美元一码的替代品取代意大利产的售价 21.5 美元一码的纺织品，他补充说，"质量还更好"。中国的制造商做出样包来，一旦获得改正和批准，手袋便投入生产。

奢侈品牌对他们的标志、商标实行强烈保护，每批手袋订单只提供一定数量的商标。"如果那个商标出现在其他手袋上，logo 就毫无价值了。"制造商告诉我说。很少有手袋真正使用"Made in China"的标签。即使这样做，手法也会很隐蔽。有的手袋的标签被缝在内部口袋缝线处的底部。而有的手袋，标签则会印在邮票大小的印有公司商标的皮片背面，你看时得用放大镜。而大多数情况是，手袋上贴的是"Made in Italy""Made in France"，或者"Made in U.K."字样的标签。

品牌人用尽技巧避开中国制造的标签。一家品牌"Made in China"的标签实际上只是一张贴在外层包装上的不干胶贴。当货品到达意大利后，品牌商们便会撕掉那张不干胶贴，换上另一张"Made in Italy"的不干胶贴。有的品牌商把手袋的全部环节都放在中国生产，除了手柄。手袋运至意大利时才加上手柄。还有些品牌商把劳动最密集的鞋面加工部分放到中国，到意大利再装上鞋底。这些产品便统统被打上"Made in Italy"标签。

手工艺部分相当复杂。我看过中国的姑娘们是如何复杂地编织皮制手柄和流苏的。"我们从意大利学习到这项技术。"制造商告诉我。制造手袋时，胶水的使用数量决定了奢侈品的档次和零售的价格。低端的奢侈品牌大量使用胶水，高端品牌用得很少。一家只生产非常精良皮具、年轻而广受尊重的欧洲品牌完全不使用胶水，然而确实悄悄地将其大部分的产品放在中国生产。当你走进它的生产车间，你只能闻到皮子的味道。"我讨厌胶水，"那家制造商告诉我，"但那些品牌只肯花这个钱。"同时，这也是品牌们的盈利之道。

在中国生产要比在意大利生产节省 30% ~ 40% 的成本。"因此，我们并非便宜得毫无价值，"制造商说，"在欧美有一种偏见，认为如果品牌移至中国生产，其成本可降到原本的 10%。的确，有些工厂会那么做，但质量就无法保证，品牌也会蒙受损失。假如我们正确地做，品牌商们会从我们的努力中拿到好的产品，他们会赚大钱。最终，我们只是他们造钱的发动机。"

事实正是如此。参观完中国工厂的那个晚上，我在香港特区新开的哈维·尼科尔斯（Harvey Nichols）商店附近的一间酒吧跟朋友喝酒。当我从商业中心区的奢侈品购物中心"置地广场"走进那间店时，经过了手袋部。在我右手边的架子上，放着一只与我在工厂看到的中国姑娘制作的一模一样的手袋。品牌商出 120 美元生产的这只手袋，在哈维·尼科尔斯店里卖到了 1 200 美元。

　　一间中国工厂有点像一所大学校园，里面生活着成千未婚的年纪在 16～26 岁的青年人。他们通常住在工厂的宿舍里，在食堂的长桌旁使用金属餐盘用餐，在休息日骑车或搭公交车去商业中心的卡拉 OK 厅。我参观过的一间工厂有一间游戏室，里面有台球、乒乓球和足球；一个篮球场；一间便利店和一间电脑室。一间体育馆正在修建中。工厂里有厂医，负责日常的诊疗。整个厂区一尘不染。"如果环境不健康，工人就不健康，同样会反映到产品上，"制造商告诉我，并补充说，"我们是少数例外之一。"生产奢侈品的工厂通常只有几千工人，比起大众品牌的代工厂人数要少得多。"一家耐克厂会有两到三万人，"制造商告诉我，"那简直是个城镇"。

　　大多数工人是年轻女性，年纪从 22～26 岁。在中国，法定的就业年纪是 16 岁，尽管如此，制造商说："这里的普通工厂中有大量的童工，他们都有伪造的证明文件。"在东莞，只有 15% 的工人是本地人。其余的要么来自北方的贫困城市，要么来自农村，他们都得到了允许，可以从家乡外出打工。他们每个月大概能挣到 120 美元，并全部寄回家去。"他们来到这里工作，然后回去，"他说，"他们的工作足够支撑一个家庭的生活，建一幢房子。五到六年里，他们赚五六万元人民币，大概合 6 000 至 7 000 美元，那些工人没有朋友。附近也没有亲人。他们不在乎加班，他们也不在乎是否长时间工作或者毫无乐趣。他们只是工作。这是一个很大的文化差异。"

我在 2005 年参观的那间工厂，工作时间是上午 8 点到中午 12 点半，下午 2 点到晚上 7 点，如果需要加班，则以平时 1.5 倍的计时工资，从晚上 9 点做到夜里 11 点。所有工人周日休息。这有点不同寻常：多数中国工厂都是实行 24/7 的生产方式，一个轮班会做到 10 个小时。我是晚上早些时候到的，正赶上工人要休息。在四层楼的工厂里，有将近 27 000 平方英尺的生产空间。窗户打开着，封着栏杆，可以有风吹进。电扇安静地放在墙角，珠江三角洲的夏天相当闷热潮湿。在中国，建一间工厂从画草图到投入生产大概需要 10 个月的时间，是美国的 1/4。在一间 15 000 平方英尺的大屋子里，有 15 排长桌。每排桌子旁边站着大约 12 个瘦瘦的年轻女性，身穿浅蓝色短袖衬衫和深色裤子，忙于粘胶水、敲打，或是在缝纫机上缝制。她们被手袋团团围住，手袋上有令人垂涎的奢侈品牌的 logo。这样大小的屋子每个月可以加工 15 000 ～ 20 000 只手袋。与在法国的爱马仕和意大利的古驰工厂不同，这里全部是流水线作业。我看到一个姑娘正往帆布手提袋上的外侧粘手柄。她把一个卡纸板图形放到帆布的上面以确保带子被加在正确的位置上，再敲打一番，然后就将手袋递给下一个姑娘，她会在缝纫机上将手柄缝到帆布上去。负责粘胶水的姑娘每分钟完成两只手袋。到了吃晚饭的时间，姑娘们把物品在应有的位置整齐地放好，盖好机器——为了防雨——再排成一列纵队走出去，有说有笑地到位于六层楼宿舍的地下一层的饭堂吃饭。每个姑娘的脖子上都挂着带照片的 ID 卡。

　　中国的制造商开始遇到了问题，这个一点也不奇怪。原料价格上涨，因为太多工厂而出现了供电短缺。同时，"熟练工"也出现短缺：他们的工作要求精良的技能。当工人们接受到更多的教育，他们也会要求更多的工资和津贴。从 2000 年到 2005 年，工资涨了 30%，从每月 90 美元涨到每月 120 美元，只为留住工人。体育馆和电脑房也会起到留住工人的作用。

　　品牌商们日子也不好过。"他们收到了各种人权投诉，"制造商解释说，"这简直要我的命，因为他们制订强制性条款，抱怨我们没有支付足够的工资。我说，'如果你们想用同样的工资得到相应品质的货品，那就回你们国家生产去好了。'我们从来就不想恶劣地对待工人，毕竟我们还想保证生产。不过，品牌商们在帮助工人，赋予他们更多的价值。"尽管如此，还是有伤亡。在去东莞的路上，我们在报纸上读到一个工人的故事，就在前一天，他在 24 小时的轮班工作后离开工厂所在的广州工业区，倒在街头死了。"就是过劳死，"制造商告诉我，"在这里，他只是成千个例子中的一例。"

注释：

①罗宾·吉夫汉：Robin Givhan，《华盛顿邮报》时尚版记者，普利策新闻奖获得者。

②K街：美国华盛顿特区的一条主干道，许多与政治相关的智囊团、游说者与游说集团都在那里出没。

†

Chapter Seven

THE NEEDLE AND THE DAMAGE DONE

血汗工厂和劳工危机

如果没有奢侈，也就没有赤贫。

——亨利·霍姆，凯姆斯爵士

(Henry Home, Lord Kames)

"你能闻到丝绸的味道吗？"劳德米亚·普奇（Laudomia Pucci）问道。

我们正站在安提可·塞提费索·菲欧兰提诺（Antico Setificio Fiorentino）公司的入口处，这是意大利最古老的丝绸厂，也可能是全世界最古老的，它位于威尼斯一幢 18 世纪的建筑里，靠近艾墨里格·威斯普奇（Amerigo Vespucci）大桥。我们前面有一架子大大的木制卷轴，包卷在外面的各色丝线熠熠地发着冷光，那是一些只有大自然里才有的色彩：有地中海样的深蓝，有小麦成熟后的金色，有春天法国郁金香迸发的紫红色。

我深深吸了口气，真的可以闻到丝绸的味道：一种潮漉漉的麝香味儿，带着森林和蚕茧的气息。

丝绸被认为是纺织品的皇后。不仅用来制作中国皇帝的龙袍、俄国女皇叶卡捷琳娜大帝（Catherine the Great）的婚纱，也用于制作意大利贵族的家族旗帜和教皇的瑞士护卫旗，甚至用作缝合伤口。[211] 滑雪者穿上丝袜可以将身体的潮气自然挥发。本·富兰克林（Ben Franklin）曾在他的关于电实验中放飞一只丝绸风筝。今天，丝绸——无论是用塔夫绸、公爵缎、蝉翼纱还是薄纱——仍是制作女式礼服的衣料选择。"丝绸配搭人体，而钻石配搭人手。"设计师奥斯卡·德·拉·伦塔曾这样说。

劳德米亚·普奇，一个四十多岁的女人，苗条、优雅，有着一头褐色头发，她是马彻斯·爱米里奥·普奇·迪·巴塞托（Marchese Emilio Pucci di Barsento）的女儿，后者创建了 Pucci 这个品牌，一家在佛罗伦萨，以生产印有彩色迷幻印花的丝绸运动装而闻名的企业。2000 年后，这家企业由 LVMH 控股。普奇家族在佛罗伦萨根源很深。15 世纪时，这个家族为当政的美第奇家族（Medicis）充当政治顾问。他们那豪华的 13 世纪风格的宽松女装上装饰着精美复杂的壁画图案，他们建在圣提西马·安努兹亚塔（Santissima Annunziata）的家族小教堂堪称文艺复兴的瑰宝。

爱米里奥·普奇和弟弟妹妹都由严厉的保姆带大，他后来是一名成功的运动健将，在游泳、网球、跨栏和滑雪项目上都极为突出。他先后在米兰大学 (the University of Milan) 和乔治城大学 (the University of Geogia) 学习农业，并取得了美国俄勒冈州波特兰的里德大学 (Reed University) 颁发的滑雪奖学金，并在那里获得了社会学硕士学位。与此同时，他开始替滑雪队设计队服。后来，他在佛罗伦萨大学 (the University of Florence) 取得了政治学的博士学位。他曾是 1934 年意大利奥林匹克运动会滑雪队的成员，第二次世界大战中他曾作为飞行员服役于意大利空军，"满载着荣誉奖牌"而归，劳德米亚夸耀说。

战后，他在瑞士做了一名滑雪教练，仍继续着自己对创新和滑雪的双重激情，设计出第一条带弹力脚蹬的紧身弹力滑雪裤。这些滑雪裤出现在 1948 年的某期《哈泼时尚》杂志上，不久就以更完善的款型出现在世界各地的滑雪坡道上。接下来的那个夏天，Pucci 在富豪们的度假天堂——距那不勒斯一箭之遥的卡普里开了一间小小的精品店，店里挂满了"海岛生活装"，比如有种"卡普里短裤"，有着地中海蓝、九重葛粉、阳光明黄等鲜亮的色彩。1954 年，他正式创立 Pucci 时装屋。他在科摩（Como）有一间纺织厂，他生产出了丝绸印花紧身运动套头衫，可以很好地贴合在身体上展示出身体的曲线美。最初，生产都是在佛罗伦萨的一间小作坊里完成的。他创作了迷幻风格的"爱米里奥"图案，为了不让普奇家族成为众人瞩目的焦点，该图案设计未以其家族姓氏命名。"他坚信，女性一定要自由灵便于活动，不要紧身胸衣，也不要束腹带。"劳德米亚解释道。

到了 20 世纪 50 年代中期，安提可·塞提费索·菲欧兰提诺处于一种半弃置的状态。1958 年，爱米里奥·普奇从一家由数个佛罗伦萨贵族家族合伙经营的企业那里购买了工厂的控股权，力挽狂澜，让工厂免于倒闭。"工厂本来要被一家酒店集团买走，改成一间现代化的酒店。"劳德米亚说，满脸不相信的神气。Pucci 为工厂投入相当大的资金才得以开工，重新生产织锦缎和塔夫绸，几个世纪以来，这两种面料一直用来做家族成员穿的宽袍上的装饰。此后，织布机便一直欢唱起来了。

2004 年的春天，我拨通劳德米亚的电话，请求她带我参观安提可·塞提费索·菲欧兰提诺。"那真是一个特别的地方。"她这样告诉我。我们开车穿过亚诺河（Arno），转过街角到达巴托里尼街（Via Bartolini）。顺着一条狭窄的紫藤掩映的石子路，穿过一个小小的庭园，几个世纪以来这儿都是纺织工人孩子们玩耍的地方，最后走进一幢简朴的、褪了色的黄色建筑。这栋像住宅的房子有着厚实的墙壁、老旧的砖地，一间间空旷的大屋有着高高的带梁的屋顶。第一间房子是经纱车间，在这里为织机准备丝线。其中一架经纱机是一个高高的、奇妙的圆柱形木制装置，被称作奥迪托依奥（Orditoio），是根据莱昂纳多·达·芬奇（Leonardo da Vinci）的设计方案在 18 世纪制造的，是至今尚存的唯一一架奥迪托依奥。"你得踢一脚它才能开始运转。"劳德米亚对我解释说。里面还有一架则是 1879 年购买的本宁杰牌（Benninger）经纱机。

在另外一间小屋放着许多大塑料袋，里面装满了一束束光芒四射的彩色丝线。直到 20 世纪 20 年代，塞提费索的工厂都是自己染丝线，大部分的生产都在这里完成。第二次世界大战后，意大利的丝绸业消亡了。今天，大批丝绸从中国运来，已经染好了颜色，只等着缠轴。你可以说那些丝绸没有经过化学处理，因为你可以听到它们沙沙作响。劳德米亚拿起一匹祖母绿色的塔夫绸，它被称为"ermisino"——意思是"塔夫绸的祖父,"她边说边把手中的丝绸揉皱,"看,它还能立着。"丝绸保持着被揉皱的形状,就像锡纸一样。"这是丝绸能做到的,"她对我说,"丝绸是有生命的。今天,制造商大规模地生产丝绸,他们毁了丝绸,令它们消亡。手工纺织是对丝线的一种尊重。"

接下来是图案的绘制。在文艺复兴时期,每个贵族家庭在其宅邸里都备有丝织机,织出来的丝绸用于装点房间,或给家族成员缝制衣服。劳德米亚告诉我,当家中长子结婚,会设计出新的带家族姓名的锦缎图案。家族长子出生,也会设计新的丝绸面料,而且家族对图案有专享权,直到他本人去世。

在安静的塞提费索,最大的,也是最嘈杂的房间就是纺织车间。所有的织锦缎、云纹绸,甚至亚麻布,都由工人在手工纺织机上织出来的。尽管这间神奇的屋子交织着动作、声音和丝绸的精美,依旧抹不去从前的一段阴影。1966 年 11 月,亚诺河洪水暴发,位于岸边的塞提费索被泥水淹没。多数图样、设计和文档都被毁坏,其中包括几个世纪以来每架织机的织布记录,好在织机都被抢救了出来。它们都是 1780 年的机器,上面的右脚踏板用于制动,工人用手拉动绳索,织梭便来回滑动。我参观的时候,一位女工正在织一种叫作"英国玛丽公主"(Princess Mary of England)的 16 世纪彩花细锦缎,它要用一种精美的金色丝线织就,每天只能织出 60 厘米。

在塞提费索，工人要经过 5 年的培训才可以纺织丝绸和亚麻。这门手艺一代接一代地传了下来。20 世纪 20 年代，佛罗伦萨的姑娘放学后就在一架为她们专门定做的小型织机上学习如何纺织。[212]今天，这里有 13 名纺织工，大多是女性。每一匹丝绸都由一位纺织工人从头织到尾，否则你就会发现手劲不同带给丝织品的变化。塞提费索的纺织工人多数年纪在三四十岁。在工厂的鼎盛时期，纺织女工的才干被视为珍宝，以至于当她们决定结婚时，工厂都会提供丰厚的嫁妆，并作出某些让步，只为让她们能够留下。[213]

塞提费索丝织厂至今仍由意大利的贵族家族持股经营，从世界各地获得订单。2000 年，那些织机为锡耶纳（Siena）每年一度的文艺复兴游行的服装生产了全部丝绸。工厂还为哥本哈根的一所皇家宫殿设计锦缎，拿到了里昂以及克里姆林宫两个房间的改装合同，它还持续为圣塔玛莉亚诺维拉香水制药厂（Farmacia di Santa Maria Novella）——佛罗伦萨老城中心一间创立于 17 世纪的著名药店制作干花香袋。工厂隔壁的商店出售塞提费索丝绸和亚麻。在那里，我喜欢上了一款名为 Spinone 的象牙色丝绸和亚麻混纺织品，每米售价 125 欧元。劳德米亚看出了我的心思。"问题是，一旦你将一把椅子换上了这种面料，房间里的其他一切看上去就很难看了。"她大笑着说道。

丝绸业建立在养蚕业之上，也就是丝蚕养殖业。丝蚕并非单

纯的虫子，更像一种毛虫，其中家蚕是商用丝绸需要的主要蚕种。家蚕在中国、泰国和印度的农场中养殖，以桑叶为食，在蚕短短四个星期的生命跨度中，它的体重会增长一万倍，最终长到约有成人的拇指大小。经历 4 次蜕皮后，蚕以每分钟一英尺的速度吐丝，那是一种液态丝，并把丝旋转为一个两英寸长的防水的蚕茧。两周后，蚕茧变为蚕蛾，并疯狂交配好几个小时。之后母蚕产下三百到五百只蚕卵，几天后死去。蚕卵在六周到十二个月内被孵化出来。这其中，只有部分蚕蛾可以破茧而出，剩下的蚕茧通过蒸煮杀死毛虫，在热水中经过手洗去掉被称为丝胶的胶黏物质，那些未破损的茧子放到缠丝机上，把细丝抽出来缠到线轴上。这道工序非常迅速，水很脏，气味难闻，极为烫手。通常，要把 5～8 根细丝合成一股线。在印度的一些农场，年轻姑娘用手缠丝，她们在自己的大腿上拆散蚕茧，拍打、旋拧细丝。[214]

中国人从公元前三千年开始生产丝绸，专供皇帝和宫廷享用。[215] 几百年来，中国人一直保守着养蚕的秘密，任何人一旦被发现泄露这个秘密将被判有罪并处以死刑，通常是折磨至死，然而丝物自己却走向了西方。公元前 331 年亚历山大大帝统治波斯后，他发现了一团发光的丝线。长达五千英里的丝绸之路从西安开始，经由玉门，穿越中亚的沙漠、伊朗高原和小亚细亚，到达君士坦丁堡（Constantinople）。在那里，丝绸和其他异域物资被装船运往地中海沿海各国首都。丝绸之路的巅峰时期是中国经济昌盛、文化丰沛的唐朝（公元 618—907 年），沿途分布着辉煌的城市，有塔什干（Tashkent）、布哈拉（Bukhara）和萨马尔罕（Samarkand），它们一度繁荣发达。在罗马，只有最富有的人才穿得起丝绸，因为据说其价值与同重量的黄金相同。富人们肆无忌惮地穿着丝绸招摇过市，以致政府要制定法律来限制这股炫耀的奢靡之风。凯撒的继承人屋大维最终限制进口丝绸，因为原料太过昂贵。

桑蚕养殖技术是如何流入意大利的，有各种说法。有说6世纪时，罗马皇帝贾斯蒂尼安（Justinian）曾派遣两名僧侣前往中国，偷偷将蚕茧放入空心手杖中带回意大利。[216]另一种说法为一位亚洲公主曾带着丝绸嫁到意大利。[217]无论如何，为大多数人普遍接受的说法是，中世纪的意大利商人在波斯的霍尔木兹（Hormuz）发现了这种昂贵的五彩斑斓的纺织品，称之为ormesino；并学会相关工艺带回了家乡，将它们重新生产了出来。今天，它已被叫作ermisino，就是那种被劳德米亚压成一团的塔夫绸。

早年的丝绸纺织中心之一设在托斯卡纳（Tuscan）的卢卡（Lucca）。[218]14世纪，一些卢卡的织匠到佛罗伦萨定居，开设了这个城市的第一批丝绸作坊。城市的统治者免除他们的赋税，想以此得到他们的工艺。他们成立了丝绸纺织匠行会"丝绸艺术公会"(The Arte della Seta)，制定了严格的丝绸生产条款。15世纪中叶，佛罗伦萨农户被要求在他们的土地上种植桑树以便发展养蚕业。包括普奇家族在内的佛罗伦萨贵族无不全身心地爱上了奢侈的丝绸，用它们来装饰房间或制作服装，在文艺复兴时期的艺术大师们，如达·芬奇、拉斐尔和波提切利创作的人物肖像画中均体现出这些细节。到了 15 世纪，丝绸已成为佛罗伦萨富贵和精致的一种象征：当托斯卡纳大公科西莫·德·美第奇（Cosimo de' Medici）来到佛罗伦萨，发现街道上满是"精致的挂毯和帘子……所见的商店没有一家不陈列着用丝绸和奢侈的黄金制成的物品"。

当时，意大利北部的科摩湖区是羊毛染色和纺织中心。来自苏格兰和西班牙的羊毛穿越佛兰德斯，沿莱茵河向下游抵达苏黎世，再越过阿尔卑斯山到达科摩，这里纯净的湖水正是染色的绝佳之所。圈地运动席卷欧洲后，羊毛之路衰落了。科摩地区的长官贾安·加莱佐·斯弗撒（Gian Galeazzo Sforza）和他的叔叔路德威科·斯弗撒（Ludovico Sforza）决定把丝绸制造业从佛罗伦萨带到科摩以弥补亏空。从那以后，科摩保持了作为纺织品制造中心的地位。15 世纪，法国国王路易十四在里昂发展丝绸制造业，以此阻止法国贵族从意大利购买纺织品，此后，这项产业就在那里繁荣了几百年。

2006 年一个下雨的春天下午，我从米兰驾车穿过拥挤的城北工业化的郊区，到达科摩的阿尔卑斯湖（Alpine）度假区，去见这个城市最后一家丝绸厂塔洛尼（Taroni）的主人米歇尔·卡内帕（Michele Canepa）。卡内帕是那种友善、优雅的意大利人，立刻就能让你感觉到自己是受欢迎的重要来宾。见到他时，他身穿传统而完美的棕色人字呢夹克，深灰色法兰绒长裤，质地精良的蓝白条纹衬衫，佩着法式袖扣，打了一条老式的黑色针织领带。他那略长的栗色头发光滑整齐地往后梳着，眼睛满含笑意。塔洛尼总部的历史可以回溯到 20 世纪初期，卡内帕的办公室一派 20 世纪 70 年代的装饰风格，有一张作书桌用的玻璃面桌子，几把模塑成型、带铬合金腿的塑料椅子。小窗外，一株虬劲古老的玉兰树，花正开得旺，花瓣被雨水打落了一地。

卡内帕的家族在科摩已经从事了两个世纪的丝绸和纺织品业。那时，科摩一半的产业是纺织业，尤以生产用来制作丝巾的斜纹真丝见长，另一半则是生产加工业。50 年代，变化出现了。首先，由于欧洲不再生产丝绸，科摩的丝织厂被迫主要从中国购买丝线。接下来，他们开始从中国进口斜纹绸和其他丝织品，并将主业从纺织变为染色、印花和生产成品。1968 年，当卡内帕加入家族企业时，它已经是这个地区排名三、四的丝绸制造商了。

1998 年，卡内帕决定退休，并将企业卖给了他的姐妹们，现在这家企业位于城外。一年后，他接到了朋友贾姆帕奥罗·波尔莱扎（Giampaolo Porlezza）的电话，彼时他是塔洛尼的主人。"你有没有兴趣买我的公司？"波尔莱扎问道。

卡内帕发现自己非常渴望工作，接受了这个建议。

那时，塔洛尼已是城中最后一家丝绸厂，而科摩地区的丝绸产量仅为 1950 年的十分之一。目前，中国是主要的丝绸生产国，其次是印度和泰国。意大利和里昂的丝绸制造属于精品产业，生产出的丝绸仍被认为是最精良的。"如果有客户只想要 18 米丝绸，那就是我要做的订单，"卡内帕告诉我，"我愿意花时间把它做到最好。"在科摩地区，还有另外极少数企业，如曼特罗（Mantero）和拉提（Ratti）等，还在生产这种品质的丝绸。在佛罗伦萨，有安提可·塞提费索，但其生产已经变得式微。里昂还有少数生产优质丝绸的工厂，比如布考尔（Bucol），它归爱马仕所有，生产爱马仕丝巾，也为其他高级时装屋生产面料。仅此而已。

我们走上台阶，向着能隐约传来纺织机巨响的地方走去。卡纳帕打开工厂生产车间的门，我感受到一阵因机器转动产生的强风。空气中弥漫着同样的麝香味，这味道我第一次闻到是在佛罗伦萨。机器声震耳欲聋。织梭在电脑控制的格罗布·霍尔根 (Grob Horgen) 牌织机上快速往复，几乎看不清它们，与佛罗伦萨的老式机器靠手拉动的梭子比起来，有着天壤之别。那些 20 世纪 60 年代购买的本宁杰老式织机更慢但更好用，卡内帕冲我喊道。"在老式织机上，"他抱怨着，"你可以织出现代工业织机无法达到的品质。"其中一台本宁杰牌织机可以织出华丽无比的带青铜色和淡粉色条纹的塔夫绸。卡内帕告诉我，这是为一间顶级时装屋生产的。他让我摸另一幅质地柔软、带小棋盘格图案的白色丝绸。"它是防水的。"他解释说。一年后它们将出现在 T 台上。卡内帕遵守合约，绝不泄露客户的名字，因为客户希望对采购源保密。但我敢说，绝大多数重要时装屋和顶尖的纽约设计师在设计最好的服装系列时，都用他的面料。

这些年，科摩的很多工厂已经迁至城南的郊区。那里从前是农场，现在已经变成工业园区。ISA S.p.A 是该地区顶尖的制造商之一，位于一家大型零售商店后面的一幢宅院里，距科摩半小时的路程。ISA 替路易威登、迪奥、古驰、芬迪和 Pucci 生产领带和丝巾。ISA 由乔治·比昂奇（Giorgio Bianch）于第二次世界大战后创建。还是一名学生时，比昂奇去过一趟巴黎，被爱马仕的丝巾和领带深深吸引，回到科摩后开办了自己的工厂，试图生产出同样的意大利产品。他主打一种产品：真丝斜纹绸。他自己设计了一些印花图案，也从巴黎购买了一些。他最初的客户之一是Céline，紧跟着是迪奥，那时克里斯汀·迪奥本人还在管理着公司。这间公司发展快速，从 20 世纪 40 年代后期只有一台纺织机发展到 60 年代的 150 台，但公司很难找到足够的劳动力，特别是在这样一个农业地区。

从 60 年代开始，ISA 的业务发生了转移，正如塔洛尼一样，由纺织转为印染和加工生产。今天，公司由乔治的儿子贾姆伯提斯塔（Giambattista）和儿媳嘉布丽尔（Gabriella）管理。他们是一对时髦的、充满活力的年轻夫妇，深谙中国在制造业中举足轻重，于是作出了相应的改变。纺织在 ISA 的业务中仅占 5%，但非常特别：公司的织机减至 30 台，只生产复杂的织物，如提花织物、精致的塔夫绸和雪纺绸——"都是豪华的面料"。2006 年 3 月我参观 ISA 时，嘉布丽尔对我说，"我们把价格不怎么昂贵的纺织品放到其他地方生产，比如意大利或者中国"。嘉布丽尔是一个性格活泼的褐发女人，有沙漏一样的性感身材和一脸胜利的微笑。见面时，嘉布丽尔身穿一条白色紧身牛仔连衣裙，套件黑色镶毛皮边的上衣，束着宽腰带，脚上蹬一双俏皮的20世纪40年代风格的金色高跟鞋。在意大利，这是一身办公室的职业装。

嘉布丽尔抓起一把雨伞，陪着我穿过停车场，从锃亮的白色办公楼走向老旧不堪的工厂。纺织车间五年前就已经搬走了，搬到了离这里大概五公里之外的地方。我们走进老织机间时她解释说，搬走只是因为车间声音太吵了。车间很大，大得像个飞机库，地面铺着老旧的红砖。现在ISA在这儿生产所有的领带和丝巾样品，有成匹的面料、工作台和缝纫机。在下一间大房子里，一名女工正在往路易威登的领带上贴条型码标签，然后把领带装进玻璃纸包装袋，再放进纸板箱里等着运走。另外一张工作台上放着一盒古弛的斜纹布围巾。威登和一些品牌要求，它们的产品要发到自己的公司，在那里打包装箱，而芬迪的产品则从这里直接运往商店。

"自从LVMH收购Pucci之后，我们就为Pucci做了大量的印染工作，因为LVMH旗下的品牌，比如马克·雅可布、Céline、迪奥、芬迪，以及路易威登，印染和生产都是我们做的。"嘉布丽尔如此说道。我们走进设计室，一间不大的房间，一名女员工正在电脑上调整丝巾的印花图案。奢侈品牌的设计助理会定期造访ISA的工厂，与设计室就设计问题进行沟通。有时他们拿来自己的设计，有时他们也会改变最初的设计方案。他们经常找出皮面装订的老剪贴本，仔细研究里面保存的珍贵印花和纺织品样本，以获得灵感。"这是科摩的历史。"嘉布丽尔一面对我说，一面翻看布满灰尘的彩格呢。那些页张发黄了，有些斑驳，但纺织品仍光芒四射，它们色彩纯正，织工紧致，纺线平滑饱满。

最初的手绘设计图案被扫描进电脑，这样容易复制，从而画出重复练习的图案。在印染车间，样品是在庞大的丝网印花机上手工印制出来的。车间面积很大，摆着 12 张 50 米长的工作台，还有很多装满油墨的大塑料桶，看起来就像大罐的指甲油。这地方有股施乐（Xerox）复印机的味道。我看着两名身材健硕的女工钩起一只沉重的、方形屏板放到工作台上的一匹长长的斜织丝绸上。她们往屏板上倒了一些油墨，用一面巨大的刮板刷过屏板，放下钩子，抬起设备，再移到丝绸下一个未着色的部分。一旦样品通过批准，设计图案就被编程进电脑控制的丝网印花机，丝巾就一条接一条从长桌上固定好的斜纹丝绸上印制出来了。这些印好的丝巾仍带着油墨，还比较僵挺，要在大型洗衣机里浆洗，直到它们变得柔软，并拿到热光下检验，看看有无瑕疵。

ISA 用的很多斜纹丝绸来自中国。"我们在中国有三四间公司专门负责素绸的事务，中国产的素绸价格很便宜，因为他们的生产从不间断，而且做的全部都是这个，"嘉布丽尔说，"如果有些产品的质量无须尽善尽美，而我们的客户又希望降低价格时，我们就从中国购买丝绸原料。但对于那些要求一流质量的产品，我们还是在科摩进行全部纺织工序。一流的印染和一流的纺织，是能够看得出来的。这就是科摩的力量。"

　　需要机器锁边的丝巾被送到楼上的缝纫车间加工完成。而需要手工卷边和手工缝边的丝巾则被交给当地一些自由职业者，他们在家中干活，或者送到毛里求斯（Mauritius）一间专门进行手工卷边加工的工厂，那是印度洋里的一个岛国，挨着马达加斯加（Madagascar）。爱马仕的一些丝巾也在那里完成最后加工。毛里求斯的工厂"价格很好，质量也很好"，嘉布丽尔说。ISA 每年生产 70 万~ 80 万条丝巾，60 万~ 70 万条领带。从前，他们每年生产的领带超过 100 万条，但是"领带有些过时了，"她说。一条普通的斜纹绸丝巾的生产成本为 40 ~ 50 美元，而它的零售价超过十倍，而且很少打折。在中国生产一条丝巾的成本可以减少 40%，只要 25 ~ 30 美元一条。现在，有些品牌开始在中国生产丝巾，但也有一些还在 ISA 生产，嘉布丽尔说，至少目前情况是"我们接少量的订单，我们更加灵活，我们一周就可以拿出样品，我们就在客户身边。目前我们只做高端市场，因为对我们来说不可能做廉价的东西。我们不打价格战。我不知道 10 年后情况会怎么样，就目前来看，生意尚好。坦白地讲，我并不认为中国人有兴趣做小批量的生产，至少这是我希望的"。

　　服装的制造，如同香水、配饰和其他奢侈品一样，遵循着金字塔模式：那些最精良的产品都由法国、意大利和英国技艺高超的传统工匠进行限量生产。而中等质量的，比如成衣，就分包给西班牙、北非、土耳其以及从前东欧国家的大工厂加工生产。2005年乔治·阿玛尼曾说，他们的高端成衣线阿玛尼系列（Armani Collezioni）有18%都是在东欧生产的。古驰的部分运动鞋是在塞尔维亚生产的，普拉达也将一些鞋款的鞋面部分拿到斯洛文尼亚去生产。

2004年，据说瓦伦蒂诺将其售价为1 300美元的男式西装外发给开罗的一间工厂，在那里由带着面纱的穆斯林女裁缝加工完成，她们是坐在车间里，通过电视录像学会缝纫手艺的。[219] 那时，意大利纺织工人每小时的工资为18.63美元；埃及的工人只挣到88美分。为欧洲市场定制的西装运达意大利后，瓦伦蒂诺的代理商就撕掉"埃及制造"的标签——在欧洲，公司无须声明产品的产地。而为美国和日本市场生产的瓦伦蒂诺西装，因为这两国对产地标签有较为严格的法律规定，则在意大利生产。在美国和日本，"消费者感受到的品质比真正的品质还重要。"瓦伦蒂诺的CEO米歇尔·诺撒（Michele Norsa）说道。压缩生产成本终于凸显正面效应：2005年，瓦伦蒂诺宣布实现了多年来的首次盈利。

最低端的奢侈品系列，比如贴牌的名牌T恤衫和针织衫，则在发展中国家生产，比如中国、墨西哥、马达加斯加和毛里求斯。2003年2月，我前往毛里求斯，对此有了切身感受。

毛里求斯是一个热带天堂，美丽无比，马克·吐温曾写道，"你会这样想……天堂是从毛里求斯拷贝来的。"一望无际、茂盛葱翠的甘蔗田包围着参差不齐的火山，那些火山从海水的雾气中升腾出来，好像蛋白酥①的尖顶。宽阔平静的海湾有如明亮的绿松石，被大片白色细沙和摇曳的棕榈所环绕。几个世纪以来，这个岛国先后被荷兰、英国、法国殖民统治，也是传奇性鸟类渡渡鸟的家乡。今天，毛里求斯是广受欧洲人喜爱的冬季度假地和印度洋的一个海外金融中心。30年来，它一直是世界主要的纺织中心之一。这里纺织业纯粹是人为发展起来的。与其他那些自己也能出产多数原材料的服装生产国不同，在毛里求斯，从纺线到包装，所有材料都需要进口。岛内的山丘上汇集了几百家工厂，那里的工人——主要是女工，生产毛衣、开司米毯和T恤衫，客户涵盖从杰西彭尼②这样的折扣零售商，到乔治·阿玛尼、博柏利等奢侈品牌。

毛里求斯最初是被葡萄牙人"发现"的，那是在1498年，瓦斯科·达·伽马（Vasco da Gama）成功航海发现好望角之后不久。1511年，荷兰宣布对该岛的所有权，并为了向国王表达敬意，以他们君主的名字命名了这个岛——Maurice（莫里斯）。统治毛里求斯的50年里，荷兰人不仅让渡渡鸟灭亡，还引进甘蔗的种植，使用从非洲贩来的奴隶从事收割劳作。1715年，法国人从附近的波旁岛（今天的留尼汪岛）来到这里，给它重新命名为Ile de France，并宣布归法国所有。19世纪初拿破仑战争期间，该岛从法国落到了英国人手里，英国人又将其重新命名为毛里求斯（Mauritius），并依靠其邻近的殖民地印度引入廉价劳动力，发展起蔗糖产业。今天，多数毛里求斯人同时说法语和英语。1968 年，毛里求斯宣布脱离英国独立。然而，正如毛里求斯出口加工区协会（MEPZA）主席穆可斯渥星·高波尔（Mookeshwarsing Gopal）对我说的，"毛里求斯的经济结构有相当严重的问题。它是个贫穷的国家"。

有一种资源是毛里求斯的确拥有的，那就是数量庞大的、失业的劳动力。1975 年出台了一项旨在帮助发展中国家繁荣的贸易协定，赋予了毛里求斯免税、无配额限制地出口纺织品到欧共体国家（现在的欧盟）的权利。政府看到纺织品生产是促进毛里求斯繁荣发展的有效途径，决定全力发展这项产业，令诸如施邦尼（Shibani）针织公司这样的企业得以兴盛起来。

施邦尼公司位于菲尼克斯（Phoenix），那里是路易斯（Louis）港之外的一片建在内陆山区的工业园区。公司设在一座超大型建筑里，围墙上栽有带倒刺的电网，当我把车开进停车场，发现麦丝玛拉（Max Mara）的工厂就在街对面。楼上，施邦尼整洁的白色销售室里，架子上挂满自有品牌的针织衫、T 恤衫和明年春季的女式内衣。如果不是隔窗看得见印度洋，我还以为自己是在纽约第七大道上的样衣展示间呢。山尼尔·M.哈撒莫尔（Sunil M. Hassamal）走进来，他是在毛里求斯出生、有印度血统的大高个。他坐下来，让助理端来两杯茶，向我介绍他的公司——岛上最大的公司之一。

哈撒莫尔的家族是毛里求斯主要的纺织品生产商之一，他们在 1986 年决定为欧洲生产毛衣，并与南非的合伙人一起创建了施邦尼公司。"不同于毛里求斯那些采用廉价劳动力、手工机器、手动织机的企业——那些是传统的生产方式，我们从第一天开始就使用电子机器，"他说，"同时，我们始终保持现代化，并一直扩大生产，因此，我们至今还能站在技术的前沿。"

从下楼进入厂区的那一刻就证实了这一点。织造车间有一个足球场那么大，12 台织机有如报纸印刷机一样轰鸣着；很多工人都戴着保护性的耳机。大多机器来自德国法兰克福的斯托尔（Stoll）公司，机身侧面刻有公司的口号——"正确的编织方法！"还有两台有三个挡的机器产自日本的岛精公司（Shima Seiki）。"有些工人负责裁剪和缝制，"哈撒莫尔介绍道，"我们这里所有的工序都在编织机上完成。"

除了菲尼克斯，施邦尼公司在岛上还有两间毛衣厂以及一间内衣厂，代工的品牌有法国雷都邮购公司、巴黎独立百货公司波玛榭（Le Bon Marché）、高端时装品牌"萨迪格 & 伏尔泰"（Zadig & Voltaire）、法国高级时装屋卡纷（Carven）、阿玛尼牛仔（Armani Jeans）、诺德斯特龙③以及拉夫·劳伦（Ralph Lauren）。"我们也曾为卡尔文·克莱恩的欧洲公司生产过服装，"哈撒莫尔说，"拉夫·劳伦所有的开司米毛毯都是我们生产的。"施邦尼所用的开司米全部来自蒙古，在中国、意大利和苏格兰染色、纺织。中国产的开司米价格最便宜，苏格兰的质量最精良，价格也最昂贵。"生产毛衣所用的开司米等级要看客人愿出多少钱。"哈撒莫尔说。一般来讲，客户交来他们的设计草图，有些客户还提供一次性样板依图生产。毛衣依据颜色、纺线种类（开司米、羊羔毛、美利奴羊毛还是棉）、针法的花样以及编织的尺寸和规格，在电脑上绘出生产图样。当样品检验合格后，全部生产即告开始。之后，毛衣被送到成品车间去扦边、上领子、订纽扣，再打上商标。

我们走进成品车间时正值休息时间。毛里求斯的女工们一边聊天一边喝茶，中国姑娘们就在编织机旁边趴在弯着的胳膊上睡觉。20 世纪 90 年代中期，毛里求斯有百分之百的就业率，但仍需要更多的纺织业劳动力来保持工厂的运转。于是，政府出台法律，准许和外籍劳工或侨民签订 3 年工作合同。来自中国、孟加拉、斯里兰卡和印度的劳工成了毛里求斯纺织业的主力军；2004 年，有 2 万劳工在岛上的纺织厂工作，大多为二三十岁的年纪。一家工厂超过 25% 的劳动力均为外来劳工，工厂主在支付工资的同时还必须提供食宿。通常而言，劳工的合同限定在一到三年，"但他们随后会拿另一个护照，再来工作两到三年"。世界针织厂（World Knits）市场总监米歇尔·麦尔（Michel Mayer）说，这家生产 T 恤衫的工厂位于毛里求斯的科罗曼德（Coromandel），客户有杰西彭尼、盖尔斯（Guess）和阿玛尼牛仔等。

施邦尼有 1 800 名工人生产毛衣，400 名生产内衣；在毛衣生产厂，外来劳工主要是中国人和印度人，占企业劳动力的 10%。施邦尼的四间工厂每周开工 7 天，每天 24 小时不停工，每天 4 个轮班。毛里求斯法定工作时间是每周 45 小时。"我更愿意优先雇用毛里求斯本地人，因为不用提供食宿和路费。"哈撒莫尔承认，但是"外来劳工操作机器的技术更好，而且没有家庭负担，所以很少旷工。另外，他们也不在乎上夜班，毛里求斯工人却很在乎"。休息结束，中国姑娘睡醒一觉，马上回去工作。她们的脸上没有表情，眼睛也很空洞。没有人说话。你能听到的就是编织机发出的震耳欲聋的唰—唰—唰声音。

2003 年，毛里求斯的纺织和服装生产出口额达到近15亿美元。这个行业雇用了全国劳动人口的40%，贡献了12%的GDP。因此，在撒哈拉以南的非洲地区，毛里求斯拥有最高的人均 GDP。在毛里求斯，随处可见这种繁荣：新型的欧洲轿车、餐馆、购物中心以及建设中的房屋。"纺织品生产是我们主要的经济支柱。"出口加工区协会主席高波尔对我说。

或许，这是一条与渡渡鸟殊途同归的道路。2005 年 1 月 1 日，世界贸易组织取消了实施了三十年的纺织品配额，这些配额曾在毛里求斯、孟加拉、马达加斯加等发展中国家催生出一个个繁荣的制造中心。毛里求斯或许是受创最惨重的一个，第三地平线有限公司（Third Horizon Ltd.）服装工业顾问大卫·伯恩鲍姆（David Birnbaum）在《2005，赢家和输家》（*Winners and Losers 2005*）一文中说。这篇文章研究了取消配额给 28 个主要的服装生产国带来的经济影响。2003 和 2004 年，在毛里求斯有 30 家公司倒闭，1 万 5 千名服装和纺织工人失业。伯恩鲍姆指出，2004 年从毛里求斯发往美国的纺织品比 2003 年减少了 17.5%。一点也不奇怪，大多数的厂商都把生产转移到了中国。"中国人每周工作 7 天，每天工作 24 小时，他们住在工厂，每小时挣很少的工资。"米歇尔·麦尔告诉我，"我们怎么竞争得过呢？"

香港的北部叫"新界"，此处远离银行大厦、大饭店和豪华购物中心，是一个老旧的工业区，到处是废弃的仓库、破败的厂房，而就在 10 年前，这里还是生气勃勃的区域。三十年来，这个地方几乎生产过所有东西，从塑料玩具到开司米毛衣，都打着"香港制造"（Made in Hong Kong）的标签。2005 年秋天，我走进航脏街道上一家老工厂的停车场，迈进破旧的电梯，来到方氏兄弟公司（Fang Bros.）装饰摩登、设施完善的办公室。这是一家有 40 年历史的企业，如今专门生产针织服装。公司主席方铿（Kenneth Fang）是一位德高望重的中国绅士，说一口标准的女王式英语，举手投足显示出极好的教养。我们见面时，他身穿麦色定制西装，衬一件色彩明快、带淡色菱形图案的开司米背心，银灰色的头发一丝不苟地向后梳，双手的指甲修剪得非常整洁。他递上来的名片上赫然印着 CBE [④]，那是由女王授予的、仅次于爵级大十字勋章的荣誉。方铿的主要业务是针织衫生产。他还拥有普林格尔公司（Pringle）——一家出品顶级开司米针织服装的苏格兰公司，他在 2000 年买下普林格尔，并努力使之复兴。

1949 年，方铿全家离开上海到了英国统治下的香港。"从前的香港只是一个小渔港。"方铿深情地回忆。他的父亲创建了一家企业，继续他们在上海时的生意：棉纱纺织。60 年代，公司开始生产棉布，出口到美国和英国用于成衣制作。1956 年，方铿被送到北美学习，在密歇根大学安娜堡分校（Ann Arbor）得了化学工程的学士学位，又在麻省理工大学取得了硕士学位。1966 年，他回到香港，加入家族企业并扩大了企业的规模。他的第一个举措之一就是把公司转型为针织企业。

那时，香港是一个轻工业制造中心，生产玩具、塑料制品、假发以及廉价服装，等等。香港的经济结构中 1/4 为制造业，40% 的香港居民在工厂上班。[220] 从 70 年代后期到 80 年代中期，香港制造业的水准大幅提高，吸引到了拉夫·劳伦、卡尔文·克莱恩和麦斯玛拉等高端品牌。方式兄弟公司成为拉夫·劳伦马球（Polo Ralph Lauren）最大的衬衫生产企业之一。

1978 年，中国内地开放了自己的大门，"用廉价的土地和廉价的劳动力吸引外资。"方铿说。香港很多和方铿一样祖籍内地的人回到大陆开厂，他们主要在广东省珠江三角洲地区办企业。广东是中国内地的东南省份，毗邻香港。多数港资企业设在深圳或者紧邻深圳，那是在香港口岸之北，有一个小时车程的城市。到 90 年代中期，深圳地区有 3 万家港资或由香港人管理的制造型企业，雇有超过 600 万工人，和香港的人口总数一样多。[221] 正如 20 年前的香港，广东制造的产品质量和价格都很低。

随着中国内地制造基地的发展，香港制造业则开始萎缩。内地工人的技术水平提高了，产品质量也相应得到提升，而成本依然偏低。很快，高端奢侈品牌开始将成衣的生产从欧洲、美国、中国香港、毛里求斯等各地移至中国内地。而配饰的生产，则很少有品牌承认产自中国。2005 年秋天，我得到中国制造行业的线报，几个名字如雷贯耳的意大利品牌将在某几个工厂生产成衣和针织服装的衣片，再将衣片运回意大利组装，如此就可以贴上"意大利制造"（Made in Italy）的标签了。克里斯汀·拉夸的针织服装也在那里生产。方铿说："我们为拉夫·劳伦生产了很多服装，也为唐娜·凯伦（Donna Karan）生产过少量衣服。"唐娜·凯伦在2001 年成为 LVMH 旗下品牌。

在 2004 年 12 月的香港奢侈品会议上，博柏利的首席财务官斯泰西·卡特赖特（Stacey Cartwright）告诉我，英国本土的公司"在中国生产少量的皮箱。只是试验性的，很小、很小一部分"。一天之后，一位当时在博柏利工作的线人告诉我，"博柏利在中国的生产并非试验性的，而是大批量生产"，据他说主要生产的是皮具以及配饰。博柏利蓝标（Burberry Blue Label）是旗下较便宜的产品线，特许由日本的三阳商社（Sanyo Shokai Ltd.）经营，专供日本市场，也在中国生产。我想起了我丈夫在西安试穿博柏利战壕装的经历。我对自己说，"可能这就是真的"。2006 年 9 月，博柏利宣布逐步关闭其在英国南威尔士的工厂，将生产移到中国，这会使当地 300 人失去工作。[222] 这间工厂成立于 1939 年，生产马球衫。当年 11 月，曾在博柏利广告中做模特的威尔士演员艾恩·格拉法德 (Ioan Gruffudd) 抗议；品牌关闭工厂，伦敦的《泰晤士报》有报道说，查尔斯王子会晤威尔士地方政府的大臣们，"寻问他可以做什么"以阻止这一转移。[223] 英国政府北爱尔兰及威尔士事务大臣彼德·海恩 (Peter Hain) 请博柏利首席执行官安吉拉·阿伦茨 (Angela Ahrendts) 重新考虑生产转移问题，而在博柏利拥有 490 万美元股份的英格兰教会则要求公司给出一个正式的解释。[224] "我们发现，在海外生产马球衫的成本比在威尔士本地生产低廉很多，"当时在博柏利任商业事务总监的迈克尔·马奥尼 (Michael Mahony) 说，"事实上，成本低出一半多。"

我听到的唯一公开赞成在中国生产服装的奢侈品设计师是乔治·阿玛尼。"对于顶级产品线而言，'意大利制造'的标签十分重要，因为它意味着某种特质，"他在 2004 年的中国之行时说，"但对于在中国生产的我们其他产品线的产品来说……只要我们控制好质量，何乐而不为？"

今天，广东省有超过 3 万家服装厂和纺织厂，雇用了 500 多万工人。[225] 中国纺织和服装产业的产值每年超过 1 000 亿美元；与此同时，香港的服装和纺织产业几乎消失殆尽。[226] 到 2002 年，制造业只占香港经济的 5%，只有十分之一的香港居民在工厂工作。银行、贸易、旅游、房地产取而代之成为主要产业。"大多数制造商把总部、部分设计和市场部门设在香港，"方铿说，"但组装已经移到了中国内地。"方氏兄弟公司坚持在香港的工厂里小规模地生产针织服装，但绝大多数的生产也在中国内地，公司在内地有 4 间针织服装厂，雇有 1 万名员工，成本只有香港的 1/3。广东省服装和纺织厂的平均工资为每月 50 美元到 100 美元。（普林格尔的开司米毛衣依旧在苏格兰霍伊克生产，但一些成衣现在已经在方铿的中国工厂生产。）40 年来，香港的生活水平大大提高，使香港成为世界最昂贵、都市化程度最高的城市之一，"这使得多数年轻人不愿意从事蓝领工作"。

方铿看到，制造业在中国业已迅速演变成一个更复杂、更昂贵的市场，就像之前的日本和中国台湾地区一样。"每个人都走过相同的道路，"那时，他这样说，"中国人做的是贴牌生产。"不过很快，他相信"制造商会开始发展自己的品牌。我预计下个十年会有更多的、特别针对中国市场的东方品牌出现。中国政府对此一直持鼓励态度：现在，北京、上海、广州都有时装秀。制造商更加注重质量和可持续发展。你会有高质量和设备完善的工厂。中国有技术熟练的劳动力，不出 10 年，中国将变成一个完全不同的市场"。无论如何，方铿都不相信奢侈品牌会在中国建立自己的工厂。"如果他们可以让别人来生产，又可以确保质量的话，"他说道，"他们为什么要这样做呢？"

根据总部设在比利时的国际自由工会联合会（International Confederation of Free Trade Unions）发布的 2005 年《工会权利侵害年度调查报告》（*Annual Survey of Trade Union Rights Violations*）

披露，生产率的提高导致压力不断加大，引发全球范围内纺织服装业侵害人权问题的增加。[227] 报告说，在孟加拉的一家名为国际针织服装公司的工人要求改善工作条件，他们遭到开除、鞭打，并被威胁说，如果他们加入工会组织则性命难保。在柬埔寨，带枪和电棍的警察驱散了近 400 名抗议的服装厂工人。

为了应对中国制造业成本的上升，品牌商正在把生产转移到新兴的、劳动力成本更低廉的市场去，比如越南和柬埔寨。"越来越多的中国工厂搬到了这里，"中国制造商陈国辉（音）在他位于河内郊区的工厂里说，"这里的劳动力成本比中国低 25% ～ 30%。"[228] 他的工人每个月大概挣 60 美元。而在香港，我从一位知名奢侈品公司的高管员那里听说，他们已经开始将部分针织服装的生产移到越南。正如穆可斯渥星·高波尔在毛里求斯告诉我的，"纺织工业有种游牧的属性，要求廉价和充足的劳动力市场"。

与此同时，中国人正在向品牌所有者的身份演变。除了香港特区制造商方铿在 2000 年购买了普林格尔，2001 年中国台湾媒体巨头王效兰买下了法国百年时装屋浪凡，香港 YGM 贸易有限公司在 2004 年购买了法国时装屋姬龙雪（Guy Laroche）。而新加坡华裔商人陈伟强拥有备受尊崇的有 235 年历史的伦敦萨维尔街（Savile Row）男装定制服装店君皇仕（Gieves & Hawkes）。中国企业家曹其峰则同时拥有尊贵的英国爱丝普蕾珠宝（Asprey）和美国奢侈运动装品牌迈克高仕（Michael Kors）。

中国制造商也在意大利寻找可以购买的纺织厂，很多工厂皆因敌不过中国的廉价劳动力而出现财务危机。制造商希望接管这些已确立了口牌的品牌，成立合资企业，创建新的品牌，在中国经销意大利的品牌。"中国已经不再满足于制造产品——它希望到达新的高度，共享品牌的未来，成为营销计划的一部分，并给项目带来附加值。"[229] 阿尔弗雷多·卡内撒（Alfredo Canessa）说，他是苏格兰老牌开司米针织服装公司巴兰缇妮（Ballantyne）公司的主席。这家公司目前总部设在米兰，新近与香港费尼克斯（Fenix）公司合资，推出了一个名为"中国开司米公司"（Chinese Cashmere Company）的新品牌。"中国不再是低成本制造国，我们希望在这个舞台上扮演重要的角色。"

Deluxe

注释：

①蛋白酥：meringue，一种用蛋清和白糖制成的甜点，呈锥形。

②杰西彭尼：JCPenney，美国最大的连锁百货商店。

③诺德斯特龙：Nordstrom，美国高档连锁百货店。

④ CBE：大英帝国司令勋章，Commander of the British Empire。

Part Three

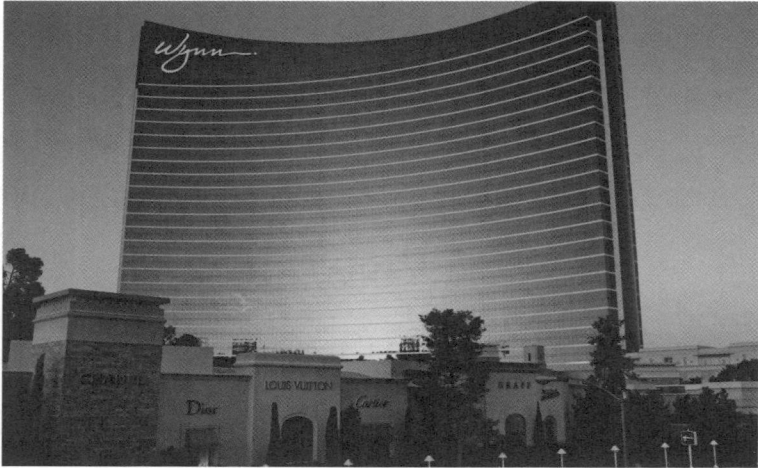

Chapter Eight

GOING MASS

走向大众

如果你想铲除贪婪，你必须铲除贪婪之母，奢侈。

——西塞罗（Cicero）

2005 年 7 月的下午，室外就算是背阴处的温度都已高达华氏 110 度。但拉斯维加斯永利度假酒店（Wynn Las Vegas）内的漫步大道购物中心（Esplanade Shopping Mall）却干爽清凉得有如一杯马提尼酒，舒服极了。身穿 T 恤衫和短裤的美国中年人懒洋洋地走在商场拱廊下雅克·加西亚[①] 设计的五彩斑斓的地毯上，观赏着橱窗风景。他们蹩进路易威登和迪奥的专卖店翻看手袋，到弗雷德里克·罗伯特（Frederic Robert）大嚼免费的巧克力，在卡地亚店铺前互相拍照留影，对着奥斯卡·德·拉·伦塔的裙子大送秋波，轻轻抚弄马诺洛·布拉尼克（Manolo Blahnik）精美绝伦的金色凉鞋。有些人买了东西，主要是些小玩意儿，什么路易威登的信用卡夹和香奈儿的香水。大多数人只是看看。

克里斯·斯图尔特（Kris Stewart）和凯西·索伦森（Kathy

Sorenson）姐妹俩就是这样的观光客。克里斯·斯图尔特在俄亥俄州牛津市迈阿密大学（Miami University）做行政管理工作，凯西·索伦森是加州长滩的实耐格产品公司（Sonoco Products Corporation）人力资源部经理。这对友善、毫不起眼的四十多岁白人女性来拉斯维加斯度假，也打算顺便为马上要过生日的朋友们买点"特别的礼物"。我在让·保罗·高缇耶店铺前见到她们时，她们尚未找到心怡之物，但仍然很享受这趟购物之旅。"我们一般没有什么机会逛这样的店—— 我们不怎么能去纽约，"斯图尔特对我说。"牛津可没有这些商店。辛辛那提也没有香奈儿和迪奥。你看到那些品牌的广告，而看到实物的感觉更好。"

　　拉斯维加斯历来就是每一个美国人的城。回溯到 19 世纪 80 年代，矿工们从这儿出发，期盼着一镐头下去就可以暴富。20 世纪 50 年代，这里成为战后堕落颓废的中心，充斥着歌舞女郎、暴徒、"鼠帮"[②]。20 世纪 90 年代早期，不知怎么这儿就成为举家出行的度假目的地，就连大名鼎鼎的脱衣舞俱乐部也开始迪斯尼化，加入了海盗船战斗和过山车等惊险刺激的元素。今天，它再一次转型，摇身一变为奢华度假地，附带有世界美食餐馆、艺术博物馆、水疗中心和高尔夫球场，同时也成为美国最大的购物地。90 年代初期，游客来拉斯维加斯消磨时光，"购物根本不在计划之中，"凯撒宫酒店（Caesars Palace）古罗马商场（Forum Shops）的市场总监莫琳·克兰普顿（Maureen Crampton）说。古罗马商城集中了 150 家"特色店铺",包括路易威登、古驰、Pucci 和迪奥。到 2006 年,购物已是继博彩、娱乐之后的第三大热门休闲项目。事实上,凯撒宫里的古罗马商场每年接待的观光客已超过了迪士尼乐园的人数。

由于汹涌不断的人潮——每年超过 3 500 万,其中大多数就像斯图尔特和索伦森姐妹,只为偶尔放纵一下——拉斯维加斯已经成为奢侈品业一处极具活力的重要市场。在永利酒店开业的头 90 天内,伯纳德·阿诺特就来漫步大道购物中心内的路易威登和迪奥专卖店视察了 4 次。"拉斯维加斯的商店每一平方英尺都在高效运营——这在美国是数一、数二的,至少也排在第三位。"伊莲·韦恩(Elaine Wynn)说。她是永利度假集团(Wynn Resorts)董事会的成员,丈夫史蒂夫·韦恩(Steve Wynn)号称"维加斯的主人"。

维加斯提供了奢侈品牌高层们梦寐以求的一切元素:场地、交通、适合的人群。"这里简直是消费人群的一个剖面图,很有概括性,"玛丽亚·萨博(Marla Sabo)对我说,她是迪奥北美公司的前董事长兼运营总监,"我们看到从洛杉矶来度周末的优质顾客,他们家那边没有我们的分店,他们中有人刚刚在赌桌上赚了一笔、正想找个地方花钱,你要让这些人走进店里。你知道亚洲游客这几年中开始飞速增长。现在,已经有了从日本直飞这里的航班。正因为如此,我们能够看出做什么是有用的,做什么是没用的……能让那么多人都了解你的品牌形象,可是一份不可思议的大礼。拉斯维加斯真是露脸了。"

过去，欧洲奢侈品牌在美国扩张，主要集中在纽约、洛杉矶、费城和芝加哥的高级百货公司销售货品。这些城市有着企业家、娱乐大亨和丰富多彩的社交生活。那时，美国仍存在严格的社会阶层体系。奢侈品商店，比如纽约的波道夫·古德曼，或者中小城市的本地珠宝店、银器店都被视为富人的专享，乃中产阶级不可逾越的领地。"我们不属于那里。"妈妈们会这样悄声告诫女儿。

20 世纪 60 年代的民权运动和社会变革，打破了这种壁垒。除了黑人有权进入以前只对白人开放的场所，中产阶级也努力效仿富人，包括光顾富人们去的顶级场所而无须再担心受到警告或遭到嘲笑。美国的资本主义民主梦想终于全部得以实现：对任何人来说，再没有哪里是真正的禁区了。

对于美国社会和经济呈现出的自由化，奢侈品牌的高层们采取了谨慎的应对方式，他们在纽约和比弗利山开设精品店，同时扩大在百货公司销售的产品线，包括一些低价的货品，如丝巾、领带、香水和手袋。欧洲老牌的奢侈品公司那时还是小型的家族式企业，对他们来说，发展并非最首要的选择。毕竟，生意还不错，家族成员过着富足的生活，用不着拼命工作。夫复何求？

但在 80 年代，发展却不再只是一项优先选择，而变成了唯一的目标，那时日本已经证实奢侈品在海外有极大的市场，商业巨头们把眼光转向了一个崭新的目标群：中产阶级市场。全球最庞大、最富有、最具流动性的中产阶级市场就是美国。问题是：从哪里进入这个市场？奢侈品需要找到一个地方，那里有庞大的顾客群，那里对品牌所蕴含的身份认同还没有彻底消失，而且如果开店失败也不会损失惨重。拉斯维加斯是符合逻辑的选择。它刚刚强大起来，以指数级别在发展，最重要的是，那儿是美国，甚或全世界绝无仅有的地方，一无所有的人在那儿只需待上几天，就可以活得像无所不有的人。

拉斯维加斯在某种意义上可以说是奢华产品的奢华城市版本。从一开始，拉斯维加斯就在叫卖着富贵之梦，幸运女神是手段。但是，这一切都是幻象。拉斯维加斯与今天的奢侈品牌共同的目的就是拿走你的钱。二者的汇合只是时间问题。

"与拉斯维加斯一样追求新潮和华而不实的时髦已经是过去的事了，人们上这儿来，是为了放纵自己，追求个人的感官快乐，"伊莲·韦恩说，"或许他们不是最好的博彩玩家，或许他们只知道玩老虎机，但是，孩子，他们可知道怎么购物血拼。况且在拉斯维加斯不需要作出任何评判，又强化了这种体验。没人在他们背后盯着他们，唠叨你不该这么花钱、那么花钱。他们来到这里，百无禁忌，这便给零售业创造了绝好的机会。"

在美国，罗纳德·里根总统的减税政策和上扬的股票市场开启了中产阶段向中端市场的转化。20 世纪 90 年代互联网的繁荣兴起更促进了这种转化。有个例子：据估计，总部位于弗吉尼亚州达勒斯的美国在线网站 1999 年就有 3 000 名员工是百万富翁。[230] 新兴的财富和消费力改变了美国梦：普通的美国人不再甘居普通。《超支的美国人：为什么我们想要我们不需要的东西？》(*The Overspent American：Why We Want What We Dont' Need*) 一书的作者朱丽叶·斯科尔（Juliet B. Schor）在一篇报道中写道，根据佛罗里达大学一项 1991 年的研究显示，85% 的被调查者渴望成为占美国 18% 的富裕家庭中的一员。[231] 仅有 15% 的被调查者说，他们很满足于做"中产阶级"。据美国罗博公共意见研究中心(Roper Center) 1986 年的一个调查结果显示，普通的美国人宣称需要 5 万美元即可实现他们的梦想。到了 1994 年，这个数字是102 000 美元。

斯科尔写道，社会的价值观也发生了变化。根据罗博中心 1975 年的一份研究报告显示，许多美国人认为，"好的生活"意味着愉快的婚姻，一个或更多的孩子，一份有意思的工作和一个家庭。[232] 到了 1991 年，很多人的回答变得物质虚荣了："很多钱""第二辆轿车""第二台彩色电视""全家度假""一个游泳池"，以及"名贵衣物"。

自 1970 年以来，美国家庭的实际收入上升了 30%；1/4 的美国家庭年收入超过 75 000 美元。[233] 到 2005 年，400 万美国家庭财产净值超过 100 万美元。[234] 美国人怎么处置这些钱？购物。从 1979 年到 1995 年，普通美国人的花销至少增长了 30%，甚至达到70%。[235] 这令人产生了深深的满足感：根据一份1997年的调查，41% 的年龄在 22 ～ 61 岁之间的美国人表示购物令他们"感觉良好"。[236] 血拼的代价，是美国人背上了巨大的债务。斯科尔的报道说，从 1990 年到 1996 年，美国人的信用卡负债翻了一倍；到 1997 年，美国家庭负债额高达 5.5 万亿美元。[237] 而这还不是全部：27% 的美国家庭——这些家庭的年收入超过 10 万美元——宣称，他们买不起所有他们需要的东西。[238]

在其他工业化国家也可以看到这种趋势，虽然程度各有不同。20 年来，除去物价因素，英国人的可支配收入增长了 88%。在意大利，从 70 年代到 2000 年可支配收入增加了 4 倍，在法国增加了 5 倍。欧洲人也像美国人一样拼命购物，并买品质好的东西。2004 年，近一半英国人表示在过去的十二个月中至少买过一件奢侈品。[239]

大好形势令奢侈品大亨们兴奋得近乎眩晕。他们就可以像在日本那样，把门店铺满美国和欧洲了，里面填满买得起的、印着品牌标志的商品，目标就是要瞄准新兴的、以购物为乐的中端市场，再眼见着自己赚得盆满钵满。"空气中弥漫着扩张的气息，需要落到实处，"2006 年，汤姆·福特对我说起 90 年代古驰向中端市场扩张的情形。"如果我们不这样做，别人也会做的。"

奢侈品牌的高层们将其服装金字塔模式应用在了零售扩张

计划上。首先，他们将光彩照人的旗舰店开在纽约、巴黎、米兰、伦敦和比弗利山等大都会里，以确定基调。旗舰店都是大型商店，出售全部产品线，从高级礼服到钥匙扣，店员既谄媚势利、颇认识些有祖产的老顾客，又殷勤备至、乐于为新兴中产阶级客人服务。就像巴黎的高级定制时装秀和定制皮具工坊一样，旗舰店都有锃亮的桃木柜台，铺着豪华的长毛绒地毯，装点着当代艺术品或者古董，像一间典雅的沙龙，这一切都重申了市场部门的策略：精雕细琢奢侈品的形象，强化公司的品牌力量，从而吸引来自各个经济阶层的新的追随者。比如阿玛尼在罗迪欧大道的旗舰店每天都吸引了数百位客人进门，既有找寻新款式的电影明星，也有把这里当作博物馆参观的中间市场的游客。彼时，游客们或许不会出手阔绰地花 3 000 美元购买一套西装，但情况是当他们回到家乡，就会冲进价格低廉的 A/X [③] 或是阿玛尼牛仔店，买回他们的梦想。

奢侈品牌们扎堆开店的地方曾经聚集着本地品牌——伦敦的邦德街（Bond Street）、罗马的康多提大街（Via Condotti）、罗迪欧大道和麦迪逊林荫大道（Madison Avenue）——如此一来，那条街的景观和当地的经济形态发生了变化，某种意义上划分出了一个奢侈品隔离区。扎堆开店的部分原因还是为了方便地吸引顾客：他们光顾迪奥，也会顺便看看普拉达和古驰。同时也有一些财务上的考虑。像 LVMH、古驰和普拉达这样的集团可以为旗下不同的品牌与地产商谈一揽子的交易。如果你想要路易威登加人，就要让迪奥、Céline、纪梵希以及罗威也来，并拿出个好价钱。"当我们寻找可以开店的购物中心时……我们会搞清楚哪家购物中心销售奢侈品，因为他们需要我们旗下所有的品牌。"[240] 阿诺特说。

贝弗利山发生了戏剧性的变化，地产价格突飞猛进。当地的老牌零售商和土地所有者为了资金或销售或出租，而他们只给付得起钱的人：奢侈品牌。甚至是号称"罗迪欧大道先生"的弗雷德·海曼本人也不得不卖掉手里多年的地产。他把"乔治"所在的房子租给了路易威登。（不是挂名，海曼仍保有产权）"那是一家很有吸引力的公司，对贝弗利山和罗迪欧大道都是笔财富。"海曼对我说。

从那时起，品牌们开始决定在芝加哥、迈阿密、香港、大阪等二线都市铺店，当然还有拉斯维加斯。拉斯维加斯是个梦想之地，而奢侈品牌恰恰就在贩卖梦想。有需求，却没有足够畅通的销售渠道——除了约瑟夫·马格宁（Joseph Magnin），这是一家小型的家族式精品店，紧挨着沙漠酒店（Desert Inn）；还有尼曼·马库斯(Neiman Marcus) 分店，它开业于 1981 年，是赌城大道（Las Vegas Strip）第一家购物中心时装秀（Fashion Show）的支柱店铺。最初，尼曼·马库斯只针对本地富人，他们以前会去贝弗利山的罗迪欧大道，或借旅行之便到纽约购物。但是很快，游客发掘出了拉斯维加斯，特别是来此出差公干、找乐子的职业女性，只要高兴，她们乐意花掉自己辛苦赚来的钱。

　　为了充分利用这个新兴的自由消费人群，1992 年 5 月，凯撒宫联合一家重要的零售地产开发商西蒙地产集团（Simon Property Group），共同开了第一家设在赌场内的购物中心——古罗马商场。古罗马商场用彩色的拉毛水泥建筑、铺着鹅卵石的街道重现了古罗马的景致，也带来了各种各样的购买选择，有安·泰勒和佳奇（Caché）这样的中档品牌店，也有路易威登、古驰、宝格丽这样的高端品牌专卖店。购物中心的目标既明确又简单，就是为游客而开，他们出手大方极了：1992 年 5 月到 12 月，这里每平方英尺的收益为 500 美元到 700 美元，是全美购物中心每平方英尺平均收益率的 3 倍。到了 1993 年 5 月，每平方英尺收益更是接近 1 000 美元。5 年后，凯撒宫又落成一个包括 35 间店的延伸项目，其中有亚特兰蒂斯表演（Atlantis Show）—— 一场一小时长的光电秀，再现了亚特兰蒂斯这个神话之城的传奇，还有一座装有 50 万加仑海水的水族馆，以及包括耐克城、起司蛋糕厂（Cheesecake Factory）和杜嘉班纳等诸多品牌连锁店。他们无一例外生意极好，每平方英尺的销售额达到 1 000 ～ 1 200 美元。

　　史蒂夫·韦恩注意到了这些，当他跟夫人伊莲规划着在赌城大道投资 16 亿美元建一座有 3 025 个房间的豪华度假村百乐宫（Bellagio）时，便决定增加一个 10 万平方英尺的拱廊，名为"百乐宫大道"，专门为销售奢侈品而建。"我们想要尼曼·马库斯里卖的那些品牌，它们在拉斯维加斯还不像在巴黎和香港那样热门，"伊莲·韦恩对我说，"我们从香奈儿、阿玛尼和古驰三巨头入手，后来有了普拉达、伊夫·圣·洛朗。香奈儿最初不肯加入，我们只好作了很大的让步。记得我丈夫对阿里·考普尔曼（Arie Kopelman，香奈儿公司时任总裁）说，'阿里，你以为你帮了我个大忙，但相信我，是我们帮了你一个大忙。'阿里并不熟悉新兴的拉斯维加斯。但他来参观了一趟之后，就马上认可了。阿玛尼准备要来，但人人在问，'谁还会来？如果你们得到了合约，我们就来。'他们不想在一个不干不净的环境里开店。尽管他们都极有竞争力，但还是希望聚在一起，这样可以保证有良好的卖相。我们不认为这是在尝新。尼曼·马库斯的生意已经做得很不赖了，但我们相信还有市场空间可以开发。度假的客人每两天半换一拨，生意自然就源源不断了。这可是笔好买卖。"

确实是笔好买卖。以纽约珠宝品牌弗莱德·雷顿（Fred Leighton）为例，在百乐宫大道的店铺每平方英尺的销售额创下其所有店铺中最高。"百乐宫提升了拉斯维加斯的购物水准。"身经百战的拉斯维加斯零售业老手泰瑞·曼索尔（Terri Monsour）回忆说。这也证明了奢侈品零售是拉斯维加斯真正繁荣的产业。1999 年，投资 15 亿美元、有 50 万平方英尺店面的威尼斯人（Venetian）博彩酒店来到拉斯维加斯，在那里一家人可以乘坐真正的刚朵拉船在一条室内的大运河上漂流，途经豪华的宫殿、楼群，只不过那里没有卡萨诺瓦或拜伦勋爵，有的却是博柏利和周仰杰。2003 年，时装秀购物中心完成了一次 10 亿美元投入的翻新和扩张，2004 年，古罗马商场第三期开门营业，这个时髦、摩登的购物区里有 60 家奢侈品店，包括海瑞·温斯顿、巴卡拉、Pucci、凯特丝蓓（Kate Spade）以及第二家蔻驰店。

不消几年，拉斯维加斯就成为继纽约之后的品牌开店选择的第二个城市。对有些品牌它甚至还是首选城市。克里斯汀·拉夸 2006 年 8 月在古罗马商场开了它在美国的第一间店。橘滋（Juicy Couture）在拉斯维加斯开了第一家独立精品店，这个加州服饰品牌因为麦当娜和格温尼思·帕特洛买了其豪华丝绒运动套装而出名；范思哲也在这里开了旗下唯一一间家居用品店。这是一个明智的决定。根据国际购物中心协会的报告，2005 年古罗马商场每平方英尺的营业额达到了 1 500 美元，是普通地区购物中心平均营业额的 4 倍，使之跻身美国最成功的企业之一。

此后，豪华购物中心的建造一直没有减少过。2005 年 4 月，值伊莲 63 岁生日之际，永利集团的漫步大道购物中心大张旗鼓地开业。隔壁，永利集团投资 14 亿美元的安可（Encore）博彩酒店还在建造中，其中包括 9 万平方英尺的购物中心，专为销售爱马仕等奢侈品牌而建。街对面，旗下拥有威尼斯人赌场酒店的金沙集团（Sands Corporation）正在修建一个投资 18 亿美元、拥有 3 000 个房间、名为帕拉佐（Palazzo）的度假酒店，里面将会有 30 万平方英尺的商业区，销售的品牌有克里斯汀·鲁布托（Christian Louboutin）、蔻依和纽约巴尼斯④，预计 2007 年开业。与此同时，美高梅集团（MGM Mirage）也正在投资 70 亿美元兴建占地 66

英亩的城中城计划（Project City Center）项目，预计2009年开业，它包含80多间店铺，近乎囊括了"所有的重要奢侈品牌"，[241] 陶布曼中心公司（Taubman Centers Inc）的首席运营官威廉·陶布曼（William Taubman）说："我们制订了计划，可以给予主要的国际品牌临街的店面品牌认知度，就像他们在东京银座和纽约第五大道一样。"尽管这些项目完工后，那些品牌已经在赌城大道上的几家奥特莱斯里开了店，但无论品牌还是购物中心所有者对这过度扩张不以为然。"人们不会沿着赌城大道走来走去挨家比较价格，"泰瑞·曼索尔告诉我，"他们更喜欢待在酒店附近。"

就像赌博一样，在拉斯维加斯购物是一个两重的世界。一种是普罗大众的，就像我在漫步大道购物中心里遇到的游客姐妹克里斯·斯图尔特和凯西·索伦森这样，她们在赌场小试身手，然后在豪华购物中心里闲逛。对她们而言，在拉斯维加斯购物是对自己的犒劳。那些打折的货品光芒四射，闪耀着诱惑浮华，比她们在家乡看到的商品不知要好多少倍，踮起脚跟就能够得着——它们都强化了一个概念，拉斯维加斯是一个奢侈梦想之城。店铺本身也很诱人，购物中心有宽敞的入口，看不到凶巴巴的门童。店员像赌场里的荷官——态度友善，不厌其烦地向你介绍商品，假装你不了解这些东西。"在纽约，我走进店里会感觉不自在，好像我根本不属于那儿，"斯图尔特说，"在拉斯维加斯我就放松很多，感觉很自然。"这其中的一部分原因是店员们不会思忖你是谁。"在拉斯维加斯，你无法作出判断。"曼索尔说，"一个穿着剪掉了裤腿的短裤和破洞 T 恤的人能打开钱夹，一下子掏出 10 万美元的现金来。这种事我见过很多次。"而且很有可能这次你什么也没买，下一次来时再大买。在永利集团的漫步大道购物中心开业第一年，一半的顾客是回头客。

至于大买家——用伊莲·韦恩的话来说，就是那种从世界某个遥远的角落飞来，"一口气买 13 双马诺洛·布拉尼克鞋"的豪客——那是另外的一回事儿。他们是挥金如土的赌徒，乘私家飞机飞来，住在别墅区，享受到殷勤贴心的服务——拉斯维加斯的大买家们得到的是皇室才有的礼遇。他们通常会给永利私人购物服务部主管贾丝廷·巴赫（Justine Bach）打电话，告诉她他们来了。巴赫会推掉其他安排，亲自进到漫步大道购物中心的各家店里拿衣服、鞋子、手袋、珠宝、手表——所有顾客可能会喜欢的东西——她要么把这些东西安排在离购物中心不远的某间舒适的私人沙龙里，要么直接送到顾客的房间试穿。有时，顾客也会来到店里，巴赫鞍前马后跟着。店里配有两名女裁缝和一名男裁缝，随时准备现场作修改，因为一般来讲顾客都想马上穿上。有时大买家会因为买的东西太多，便打电话给路易威登订购一只新旅行箱（也有可能订两只或三只）。曼索尔也为客人做过全球送货。酒店会为大买家提供额外的服务，比如提供加长轿车的机场接送服务。"他们像那些玩纸牌的，"伊莲·韦恩说，"不经常来，但只要来就一定是大生意。所以，你必须随时准备好满足他们的需求。"正因如此，在开业的第一年里，漫步大道购物中心就作出了令人咋舌的每平方英尺销售额达 1 800 美元的业绩。

　　扩张使得销售额和利润以百万计持续增长，也令品牌持有者和股民喜出望外。但新店又产生了新问题：货品卖不掉。如果奢侈品牌只在旗舰店或少数几家百货商场销售他们的时装，货品清单是有限的。不多的卖不掉的成衣被送到像罗曼（Loehmann's）这样的折扣连锁店，或者烧掉。皮具变化很小，就被一季又一季地留在了架子上。

　　无论如何，为了销售更多的商品，完成每一季的销售额，设计师每一季都要大量炮制出时髦的服装、手袋和鞋子系列，吸引顾客更频繁地光顾商店。其负面影响是产品的时尚周期大大缩短了——最多只流行六个月就被新一季的产品替代了。同时，由于全球开了数百家新店，剩余的库存变得十分庞大。高管们可是很明白，把剩余货品卖给折扣连锁店赚得蝇头小利，实在算不上好买卖，他们可不想看着世界各地的罗曼和西姆斯（Syms）折扣店大捞一笔。烧掉剩余货品，再把损失一笔勾销，并不是问题；但股东们可不愿眼看着自己的利润灰飞烟灭。

　　答案就在罗迪欧大道和赌城大道之间的什么地方，这样说既真切又形象。从洛杉矶向东开车两小时，沿着去往棕榈泉市的路来到加州沙漠的中心，是一个名为沙漠之丘特级奥特莱斯（Desert Hills Premium Outlets）的购物中心，里面有许多你在比弗利山也能看到的品牌——迪奥、普拉达、菲拉格慕、古驰和阿玛尼——但最高折扣可以到七五折。这是切尔西地产集团（Chelsea Property Group）旗下的产业。切尔西是一家首屈一指的开发商，在全世界开了40多家超大型时装奥特莱斯。我在2005年7月造访了沙漠之丘，客流量并不大，或许是沙漠那个季节的天气太闷热了。每年10月到第二年3月的旺季，10号州际公路上就会排起长长的塞车行列，要等很久才能开进停车场。每年，有近700万人来沙漠之丘购物，其中相当多的人已经相信了奢侈品牌那套梦幻般的市场行销策略，但又负担不起奢侈品的全价或打折价，还有一些人虽然买得起，却想买得更多。"人们如此热衷买打折货，每个人都如此喜欢奢侈品牌，"沙漠之丘的总经理凯西·弗莱德里克森（Kathy Frederiksen）告诉我。"顾客坐下来，看着导购图说，'哇！有这个，还有那个！'他们都很兴奋。'在这里，我们能买这么多东西。'人们带着大包小包的战利品离开，要往返几次才能把东西全部搬上车。"

在奥特莱斯购物或许是奢侈品牌最好的营销策略，可以保证它们的商品到达任何人和所有人手里。"我们的顾客群范围很广，既有什么都买得起却喜欢淘货快感的名人，也有价值意识强烈、渴望将顶级名牌穿上身的顾客。"切尔西特级奥特莱斯的女发言人米歇尔·霍娜（Michele Horner）说。

但是，奥特莱斯购物是旗舰店购物的对立面，事实上，这种对立来自奢侈品自身。"眼见普拉达光彩夺目的2004'极度浪漫'系列秋装在藤蔓上枯萎真是令人震惊，"专栏作家卡伦·海勒（Karen Heller）在 2006 年上纽约的伍德伯利大众特级奥特莱斯（Woodbury Common Premium Outlets）走了一遭后，在《费城问讯报》（Philadelphia Inquirer）上写道，"那些服装被标低了价格，被分拣，被反复蹂躏，与它们最初的展示方式完全相反。它们那诱人的力量在衰减，甚至以原价的 1/3 出售。各种衣服搅成一团，简直像是仓储产品。"[242]

　　尽管在今天的奢侈品业，奥特莱斯制造出生意不错的景象：他们把电影明星、旗舰店、广告和招贴画大力推销的商品卖给大众，但却是大众真正买得起的价格，有时甚至是批发。"1980 年代人们讲求身份，在意你买这件东西花了多少钱，而现在，买东西能省多少钱更令人称道。"网上奥特莱斯导购公司 OutletBound.com 网站出版人兰迪·马克斯（Randy Marks）说，"奥特莱斯很平易近人。如果你去罗迪欧大道或麦迪逊大街购物，你可能连迈克高仕的店都不敢走进去。奥特莱斯可没有那么自负，所以零售商也很喜欢，因为他们的品牌可以真正对那些没有机会或没有意愿到旗舰店购物的消费大众开放了。"[243]

　　奥特莱斯购物始于 19 世纪末期，那时它们只是一些公司开在厂区以方便员工购物的小店，卖的都是打折的尾货。这种情况一直持续到了 1970 年，一家名为名利场（Vanity Fair）的服装公司在美国宾夕法尼亚州雷丁市（Reading）的老波克夏针织厂（Berkshire Knitting Mill）里开了第一家工厂奥特莱斯中心。利用工厂搬迁后闲置的空间开店，这是一个明智的举动。我记得自己还是小孩子时，妈妈带着我从费城城外的家去那里购物的情形。每年春秋两次，我们在周六一大早开车去那里购物，以超低的打折价格买回名利场公司旗下品牌的货品，比如"织机上的果实"牌（Fruit of the Loom）内衣和李牌（Lee）牛仔裤。那时的奥特莱斯的确设在工厂里：阔大得有如飞机库般的车间里满是乘车而来的近乎疯狂的购物者，他们在巨大的储藏箱里不停地翻找着牛仔裤、文胸、T恤衫、长筒袜、连袜裤，但基本上所有货品多少都带有瑕疵。货品上的标签被胡乱地剪掉了，露着里外缝线的边儿。我们总是会拎着装满新衣服的海芙蒂（Hefty）塑胶包离开那里。

到70年代末，雷丁全城已然变成一座巨大的奥特莱斯购物中心。地产发展商，比如切尔西地产，目睹了雷丁城的火爆，认识到奥特莱斯购物是一种快速增长的商业模式，到了80年代中期，奥特莱斯购物中心已在美国城郊遍地开花。沙漠之丘特级奥特莱斯在1990年开业时还很低调，像一个帮着中等品牌消化剩余库存的小商店。"虽然我们地处偏远，"凯西·弗莱德里克森说，"但却迅速取得了成功。从洛杉矶和橘郡（Orange County）到这里一天可以往返，而且我们赢得了从棕榈泉来的本地居民和游客。"

当奥特莱斯购物成为零售产业合理存在的组成部分，美国的奢侈品牌如拉夫·劳伦、唐娜·凯伦和奥斯卡·德·拉·伦塔，以及诸如萨克斯第五大道的百货公司，这些公司深谙美国人喜欢买打折商品的心态，纷纷在奥特莱斯里开店，把每季剩余的商品送来销售，不再送去连锁折扣商店。有些品牌的尾货卖得相当火爆，以至于他们开始专门生产不太贵的产品线，独家只在自己的奥特莱斯店里销售。他们的成功大大鼓舞了欧洲的奢侈品牌商——此时对他们而言，奥特莱斯还只是个外国的理念——但他们也跃跃欲试。

1995 年，沙漠之丘建起了一个有高度设计感的新项目。1998 年古驰在那里开了店，1999 年托德斯（Tod's）和普拉达相继开店，豪雅手表也在 2001 年开了店。2002 年，沙漠之丘的 25 000 平方英尺的新项目又告开业，它有着别致的砖铺户外大道，漂亮的门面整齐排开，专为被弗莱德里克森称为"高端房客"所设计的，吸引了 130 家品牌前来开店。菲拉格慕、宝缇嘉、雨果博斯（Hugo Boss）和塞乔·罗西于 2002 年 11 月进驻。2003 年 3 月，伊夫·圣·洛朗进驻，杜嘉班纳于同年 6 月进驻。迪奥在 2004 年末开了店。"我们的促销价为全价的 7.5 ~ 3.5 折，"弗莱德里克森说，"此外，很多店都希望尽快清仓，所以你还会得到额外的折扣。"确实如此，当我走进迪奥的店后，惊讶地发现那里的货品价格为全价的 75% ~ 50%，有些货品在减价的基础上还有 75% 的折扣。这意味着那件性感的蕾丝紧身胸衣只需 25 美元就可入手，而不是几百美元。为使购物更有乐趣，沙漠之丘还出售优惠券手册，5 美元一本，人们凭优惠券可以在指定的店铺得到进一步的折扣。

奢侈品牌的奥特莱斯店尽力布置得和全价的精品店很相像，会铺上亚麻色的木制地板，摆上包有金属铬边装饰的柜台和玻璃展柜。店员也穿着同样的制服，店里若隐若现飘着流行音乐声。货品通常来自本地区的旗舰店——比弗利山、拉斯维加斯以及加州橘郡的南海岸购物中心（South Coast Plaza）——也有些来自遥远的夏威夷、中国香港、日本。货品落后一个月、一季甚至一两年不等。有时货品有轻微瑕疵，或者缝边开线了、扣子掉了，因此顾客必须练就火眼金睛。"我曾去菲拉格慕的奥特莱斯购物，只发现两只不配套的丝制晚装浅口鞋，[244] 无功而返。"《华尔街日报》（Wall Street Journal）记者劳拉·兰德拉（Laura Landrop）写道。而一家报道奥特莱斯产业的行业月刊《价值零售新闻》主编林达·哈姆佛尔斯（Linda Humphers）则说："你不会看到有三个袖子的紫色套头衫……因为如今的奥特莱斯连锁店可知道那样做不行，那不是顾客期望的品质。开奥特莱斯的原因之一是为了形象，所以就算是在折扣店，剩余的货品也不该胡乱搅成一团。"[245]

最终，那些在奢侈品牌的奥特莱斯店里陈列出来的货品也都经过了一番选择。2005 年 7 月，我走进了伊夫·圣·洛朗的店，好像走进了汤姆·福德的精品店。货架上摆满了套装、衬衫、裙子、礼服和鞋子，都是福德在 2002—2004 年设计的 4 个左岸系列产品，店内播着福特的新装秀录像，尽管此时他已经离开这家公司一年多了。"他们通过电话销售了不少服饰，"弗莱德里克森告诉我，"人们打电话来购买，之后伊夫·圣·洛朗送货上门。"在范思哲的精品店里，一位女性挑了一件皮制晚装，这件礼服曾被某位一线女星穿着参加了奥斯卡典礼，然后又还了回来。一些品牌则将奥特莱斯作为其吸引更多中间市场消费者的主要销售场所。比如博柏利，2005 年在美国开了 12 家奥特莱斯店，其中一间距西雅图 40 英里，而它也是当时整个华盛顿州唯一的一间博柏利独立店。

　　每个月，沙漠之丘要接待 100~150 辆旅游客车的游客，其中 80% 来自日本，还有 10% 来自其他亚洲国家。旅游巴士从洛杉矶出发，上午 10 点到达，下午 3 点离开，给了顾客 5 个小时的集中购物时间。沙漠之丘配置了一名说日语的客户关系代表，很多家店都有会说日语的销售助理。购物中心里还有日本餐馆。不过，根据 OutletBound.com 的调查显示，美国奥特莱斯购物中心的典型顾客是 43 岁、年收入 5 万美元以上的白人女性。[246] 哈姆佛尔斯告诉我，此为文化和市场的双重因素所致。"美国男性不怎么购物，90% 的男士服装是由女性购买的。"她说。此外，"奥特莱斯的价格，即便是特价商品，也比折扣店和降价店里卖得贵"，她说，而女性人口是"制订市场计划时最重要的目标人群"。

　　随着 2004 年末摩洛根赌场度假酒店（Morongo Casino Resort and Spa）的开业，沙漠之丘的访客激增。沙漠之丘尽力强化购物体验：设立 VIP 顾客俱乐部，允许客人下载由店铺提供的独享折扣；2005 年又引进了"飞来购"（Chop n'Shop）的概念，就是提供从洛杉矶到沙漠之丘的直升机接送服务，每人次 770 美元。每家店也制订了各家的特殊待遇：优质顾客会在新品到店时收到电子邮件和电话，他们也可以要求在特别商品到店时接到通知。"成功的法则是建一个足够大的购物中心以排除竞争，购物中心要靠近大都市，这样每年可以吸引到十倍的本地顾客，而不是从前的四五倍客人。"[247] 哈姆佛尔斯说。

在美国，奢侈品牌的奥特莱斯购物中心正在扩张。拉斯维加斯特级奥特莱斯的 120 个租户名单中又添加了 30 个新名字。在世界其他地方，奥特莱斯也在蓬勃发展。前华盛顿特区的地产开发商 J.W. 凯尔姆弗（J.W.Kaempfer）于 20 世纪 90 年代初期将奥特莱斯购物中心的理念带到欧洲，今天，他的麦克亚瑟·格兰公司（McArthur Glen）是欧洲最大的奥特莱斯购物中心开发商：旗下有 16 家设计师品牌奥特莱斯，坐落在法国特鲁瓦（Troyes）和鲁贝（Roubaix）等原工业城镇，或者开在英国的阿什福德（Ashford）以及意大利佛罗伦萨城外，每年吸引 5 000 万消费者前去阿玛尼、宝格丽、杜嘉班纳、雨果博斯、普拉达、罗伯托·卡瓦利、菲拉格慕等奢侈品牌的奥特莱斯购物。切尔西特级奥特莱斯在墨西哥城开设了一家购物中心，在日本开了 4 家。切尔西特级奥特莱斯的母公司西蒙地产集团（Simon Property Group）的 CEO 大卫·西蒙（David Simon）在 2006 年时说，他们正在韩国兴建一家特级奥特莱斯购物中心，并补充说，"我们对中国也充满信心。"

正当很多奢侈品牌按照公司管理层制订的战略在中间市场实行扩张时，就和诸多伟大发明一样，一项最新、最有前景的奢侈品零售方式被一位局外人偶然发明出来了。1998 年，自由职业时装编辑纳塔莉·玛森奈特（Natalie Massenet）对时任《星期日泰晤士报杂志》时尚总监伊莎贝拉·布洛 (Isabella Blow) 说，她想拍摄一组爱德华时代主题的时装大片。富有创造性的布洛建议："不妨考虑一下瓷器。"那晚，玛森奈特回到家，在丈夫的电脑前坐下，第一次上网"冲浪"，寻找爱德华时代的瓷器，希望能得到些灵感。然而，她却另有所获：那就是互联网可以带来无尽的可能性。"对我来说，那是一场思想的大爆炸。"2006 年，在巴黎威斯汀酒店的早餐桌边，玛森奈特对我说。

她想，怎么才能把互联网的这个特点用到奢侈品世界里呢？突然之间，答案冒了出来：在线购物将是奢侈品零售业"演化历程中合理的下一步"。她对我说，在奢侈品电子商务出现之前，"你得靠媒体才能知道自己想要什么，然后必须跑到市中心才能买到。你得让中东女性每年两次跑到伦敦和巴黎去购物，得让住在乡村的女人进城买东西"。玛森奈特想，如果她们能够舒舒服服坐在家里订购自己喜欢的奢侈品，几天后就有人送上门来，这不是最好吗？这难道不是真实意义上的奢侈吗？

玛森奈特，这个有着褐色头发，可以冒充桑德拉·布鲁克的漂亮女人立刻着手做一份商业计划。她的想法如下：做一本在线电子时尚杂志，读杂志时你看到某件产品，只要点下鼠标就能买到它。她给网站命名为"网络司机 Net-a-Porter.com"⑤，将其描述成"商业娱乐—— 一种购买冲动和媒体力量的结合"。她计划聘用买手，让他们到各设计师的产品展示室，以批发价采购回服装，她再放到线上以全价销售，就像百货商场那样。为了让网站有深度，并勾起读者的兴趣，网站应做得像一本网络杂志，配以文章"告诉读者我们卖的这些商品为什么与众不同，"她说。"你必须掌握这个魔法。如果你把这些东西仅仅当作服装来卖，那么你就失去了时装的内涵，它不过是一个普通的物件。"

虽然是网络新手，但玛森奈特通晓时尚和市场营销。她原名纳塔莉·鲁尼（Natalie Rooney），生于洛杉矶，是家里的独生女，她爸爸是英国媒体人，后来转行做电影宣传，妈妈做过香奈儿展示厅的模特。她在巴黎长大，在加州大学洛杉矶分校学习英语语言专业，当过电影制片人的助理。1990 年，25 岁的她得到了第一份时尚行业的工作——在洛杉矶朋友的时装公司里做一名造型师。1993 年，她加入《女装日报》（*Women's Wear Daily*）做了一名西海岸时装编辑，一边做造型师一边做报道，采访过包括奥斯卡颁奖礼在内的时尚事件。1995 年，她遇到了在伦敦做投资业的银行家阿诺·玛森奈特（Arnaud Massenet），于是她辞去《女装日报》的工作，搬到伦敦嫁给了他，并成为高级女性时尚杂志《闲谈者》（*Tatler*）的资深时装编辑。她说，在这家杂志她"了解了高级时装的客户"。1998 年，她做了自由职业者，并开始与《泰晤士报》的伊莎贝拉·布洛合作。

为了实现这个名为 Net-a-Porter 的计划，玛森奈特致电她在《闲谈者》和《星期日泰晤士报杂志》工作时合作过的设计师们，

Deluxe

问他们想不想加入进来。跟她首批签约的是一些伦敦背景的品牌，比如周仰杰、博柏利、马修·威廉森（Matthew Williamson）和安雅·辛德马奇。当玛森奈特收集到了 35 个品牌名单后，开始寻找投资。这并不容易。"我们对投资公司而言并不具备广泛的吸引力，因为我们的商业计划书虽然能够显示现实可行的销售项目，但没有过去 6 个月的财报。"她告诉我。

她转变了思路，3 个月内从朋友和家人那里募集来 100 多万美元，作为启动资金，并在切尔西艺术学校（Chelsea Art School）所在地——伦敦切尔西区分租了一间风格另类的艺术家工作室。她还记得，"那个漂亮的工作室带有一间包厢，我们在包厢里存放周仰杰的鞋子，也在里面进行打包，我们还用一间卧室作仓库，另一间当打包间。"当时只有 5 个员工。"我们精兵悍将。"她说。

然而，当时的奢侈品行业却很反对在线销售模式。尽管奢侈品业以拉斯维加斯和随处可见的奥特莱斯购物中心为据点，针对中间市场进行疯狂扩张，但公司的管理层依旧认为网络零售不高级。"奢侈品业不愿相信，他们多年创建起来的臻于完美的三维零售体验可以在二维世界里再现出来，他们宁愿把脑袋扎进沙子里（视而不见）。"[248] 专门进行富裕消费群体研究的顾问机构莱德伯里研究所（Ledbury Research）主任马克·科恩（Marc Cohen）说。

那时的 Boo.com 就以惨败告终。20 世纪 90 年代末，一个瑞典企业家三人组跳进了网络狂潮，成立了一家销售时髦运动装的电子商务网站 Boo.com。Boo 被《福布斯》《金融时报》等极有影响力的商业媒体大量报道，也得到了重要的支持者，其中就有伯纳德·阿诺特。令人吃惊的是，阿诺特是一个网虫，有报道说他的大量空余时间都用在了网上冲浪。20 世纪 90 年代末，他曾自掏腰包，花 5 亿欧元创立一家名为 Europ@web 的投资基金，支持形形色色的网络创业者，如在线拍卖公司 QXL、法国搜索引擎游牧者（Nomade），以及音乐电子销售网站 Peoplesound.com。

然而，Boo 是一家管理不善的公司。他们开支庞大，在伦敦、纽约和巴黎租有豪华的办公室，聘用了 420 名员工，对一个新创业的公司来说，这未免过于大手大脚。[249] 创业者们生活挥霍，出行不是私人飞机就是协和飞机，以豪华轿车代步，住漂亮的四星级酒店。他们把 4 200 万美元的市场推广预算用到了一些荒唐的项目上，比如在 1999 年 5 月推出遍及全欧洲大陆和北欧地区的户外广告牌，以及聘请获奖导演罗曼·科波拉（Roman Coppola）制作电视广告片。当他们终于在圣诞前 7 周推出 Boo.com 时，已经迟了 6 个月，并且技术上还有失败：只有不超过 25% 的点击登录获得了成功。同时，财务上也面临巨大的灾难：公司每个月烧掉的钱多达 700 万美元之巨，而在它表现最好的月份也只挣了 110 万美元。支持者们纷纷撤资。公司遣散了人员，包括首席财务官。最终，2000 年 5 月，刚刚运营了 6 个月的 Boo.com 公司宣布倒闭清算，创业者在两年的时间里花掉了 1.35 亿美元。

Boo 的崩溃并未令阿诺特放弃电商领域，也没能让他从前车之鉴中吸取教训，避免在发布电商网站时重蹈覆辙。相反，他从个人基金 Europ@wet 和 LVMH 中抽出超过 10 亿美元创建了 eLuxury.com，这家网站以旧金山为基地，主旨就是为了展示和销售 LVMH 旗下的时尚品牌。阿诺特的计划是建立一个线上形式的奢侈品百货公司，在传统的百货公司里，每一层分属不同的品牌。而网络百货公司可以销售所有产品，从 20 美元的迪奥口红到 2 万美元的路易威登箱包；所有货品都用衬有棉纸的硬盒子包装得很精美，从设在田纳西州孟斐斯的仓库发货，因为那里是联邦快递（FedEx）全球配送的枢纽。

为使顾客定期回访网站，阿诺特和团队的想法与玛森奈特不谋而合：做一本网络时装和生活方式杂志，刊登资讯，并突出报道可供选购的品牌。像零售的杂志一样，网络杂志也很精美——是一本堪与《时尚》媲美的在线杂志。eLuxury 网站从《康泰纳仕旅行者》（*Conde Nast Traveler*）、《风尚》和《美食与美酒》（*Food & Wine*）等知名杂志聘来高级编辑和记者采编内容，花起钱来毫不手软。"我们会写诸如'名流之美丽秘籍'或是'热门水疗'这样的文章，为了撰写文章，公司会派记者编辑去这些地方待上 10 天，住最好的酒店，替你在所有最好的餐馆和水疗中心买单，"eLuxury 成立之初的一位作者回忆，"他们花钱之靡费令人瞠目结舌。"

eLuxury 于 2000 年 6 月上线——距离 Boo.com 倒闭才一个月，几乎同时，还有几家网站上线，包括 LuxLook.com, LuxuryFinder.

com，以及 Net-a-Porter。与其他网站相比，eLuxury 像一个庞然大物。"我们才刚刚成立一周，eLuxury 就推出了。我那时想，'我只能弄一周时间，然后就会被这个庞大的投资机器吞没。'"玛森奈特大笑着回忆道。

事实上并非如此。尽管在线购买奢侈品的感觉很良好——它既受到那些了解品牌同时希望可以在家里便捷地下单的有钱顾客的青睐，同时也吸引了对品牌觊觎已久但因这样那样的原因不曾进店或不敢进店的中间市场消费者——但网站的发展需要时间。"当时并没有成型的市场，"玛森奈特说，"我们得创建出市场。"不是所有的网站都能生存下来。2001 年 LuxLook.com 和 LuxuryFinder.com 双双倒闭；eLuxury 获得了他们的域名和客户数据库。然而 eLuxury 自身也出现了问题。跟之前的 Boo 如出一辙，公司运营支出巨大，烧钱过多。不久，公司开始在奢侈品网购服务方面实质性地压缩开销：漂亮的包装不见了，顾客退货需要自付运费，编辑内容开始减少。"记得在 2001 年时，我每参加一次编辑会议，都会发现少了一个人。"一位作者告诉我。2002 年，杂志彻底关掉，只留下电子销售部分。

只有 Net-a-Porter 一枝独秀。"因为规模小，我们得以和市场一道成长。"玛森奈特说。她紧缩开支，聘用的员工却一流：她的主要买手索金·李（Sojin Lee）在加入 Net-a-Porter 之前曾为宝缇嘉和香奈儿工作。网站上有资讯丰富的文章，送货很快——伦敦当天送达，世界其他地方不超过 72 小时——同时又有很好的服务。

"我们可不只是把货品塞进有衬垫的大信封，把它们发出了事，"玛森奈特解释说，"我们的配货姑娘们将白色布袋熨平，给袖子衬上棉纸。我们使用手工制作的、不会散架的包装盒。我们明白，如果网络销售没有给予顾客从实体商店购物时得到的特别享受，品牌的价值就会被削弱。我们要使 Net-a-Porter 比实体商店更令人信服。"

公司的广告策略坚持依靠良好的口碑和编辑的推荐。"《时尚》称我们是世界上最新潮最时髦的精品店，"玛森奈特自豪地说。随着谷歌和其他搜索引擎的兴起，以及 Vogue.co.uk、Vogue.de 等媒体附属网站的发展，Net-a-Porter 的曝光率渐有上升，业绩几乎每年成倍增长，新客户数量每个月都呈指数增长。为了保持增长，玛森奈特"紧急筹措资金"就达六七次之多。"Boo.com 有几百万投资，我们哪怕只有一点儿也好。"她大笑着说。

2002 年，Net-a-Porter 钓到了它的零售天使。蔻依的 CEO，拉尔夫·托里丹诺（Ralph Toledano）同意让 Net-a-Porter 销售蔻依的配饰。这真是个意外之获：蔻依的母公司历峰集团始终回避在线零售。玛森奈特进了 50 只蔻依的手镯包（Bracelet Handbag），每个卖 1 000 美元。三个星期内，Net-a-Porter 上想买这款包的等候名单就有 2 000 人。托里丹诺对这个结果异常满意，授权 Net-a-Porter 成为其官方在线商店。2004 年，Net-a-Porter 的销售额已近 2 200 万美元，首次宣布盈利。此后网站一直处于盈利状态，每年的销售额都实现了翻番。到 2006 年，其营业额达到了 7 700 万美元。

到 2006 年，Net-a-Porter 销售的品牌达到了 150 个，包括 LVMH 旗下的芬迪、Céline 和 Pucci。玛森奈特也拿到过纪梵希，现在瞄准了迪奥。我问她，如何得到 LVMH 旗下的那些品牌，因为这些品牌当时还在 eLuxury 上销售。她答："我们与每一个品牌、负责这些品牌的管理团队都单独建立起了零售关系。尽管我们同每个集团，比如历峰、LVMH、古驰都保有积极的关系，但最终是否网络销售的决策都是由每个品牌自己决定的。"

2006 年 8 月，Net-a-Porter 在纽约长岛建了一座 5 万平方英尺的仓库，作为美国配送中心，这不仅减除了美国顾客的订单从伦敦发货带来的税款，并加快了配送速度。曼哈顿中心（Central Manhattan）的居民当天就可以收到货品；美国其他地区的顾客也可以在两天内收货。到 2006 年，公司每天都会新增 100 位来自 110 个国家的顾客，平均消费金额为 850 美元。如今，玛森奈特顾客群从富豪、社会精英到普通的中间市场消费者，非常多样化。英国消费者人数最多，占 43%，北美消费者占 27%，欧洲大陆占 15%，远东国家占 8%，中东国家占 7%。出人意外的是，成衣销售得最好。"大家都以为会是包和鞋。"玛森奈特说。顾客定期在 Style.com 上搜索设计师的产品，再迅速地给 Net-a-Porter 发电子邮件，要求买手挑选特定的货品。Net-a-Porter 也会通过电邮提醒顾客有新到的货品。对很多品牌而言，Net-a-Porter 几乎比所有百货商场销售的全价货品都多，这就意味着品牌能得到更多的利润。玛森奈特的运营依旧精干高效：她只有 250 名员工，很少做广告——主要在网上做些横幅广告。或许，玛森奈特自己就是网站最好的代言人。她是一位风格不俗、光芒四射的女性，时常出现在杂志的时装版跨页上，图说中则嵌着 Net-a-Porter。我见到她时，她身穿蔻依白色铅笔裙和黑色 T 恤衫，一件瘦款的巧克力色 Céline 开襟毛衫和一双玛尼（Marni）的高跟鞋——"都是从 Net-a-Porter 买的，"玛森奈特自豪地说。

Net-a-Porter 的成功最终让奢侈品牌高层们消除了对电子商务的偏见。自 2005 年以来，路易威登和迪奥在法国、德国和英国开设了在线精品店。（在美国，这些网站都链接到了 eLuxury.com）2002 年，爱马仕在美国开辟了在线零售业务，2005 年开始在法国线上销售其基本款商品，如丝巾、西装袋巾、手镯和香水。古驰集团也于 2003 年开始在线销售配饰，宝缇嘉的电子商务始于 2005 年。时机到了。马萨诸塞州剑桥一家网络调研公司福里斯特研究所（Forrester Research）于 2005 年 11 月发布了一份报告显示，3 900 万欧洲人在线购买服装，并预测到 2009 年这个数字会翻倍增加到 7 300 万，使服装的在线销售占到总销售额的 18%。分析家们相信，到 2009 年美国的在线服装销售将达到近 140 亿美元，远远超过电脑和电子商品。[250]2005 年，美国珠宝和奢侈品的在线销售上升了 31%。福里斯特研究所的报告进一步称，在欧洲，"线上每售出一欧元的服装，就会在线下额外带来三欧元的销售收入"。同时推断，如今的奢侈品牌"除了提供在线销售渠道，别无选择"。[251]

在玛森奈特看来，奢侈品在线零售的未来是"大众的个性化"——特别是在线定制。"比如说你喜欢那条灰裙子的款式，但想要红的颜色，"她说，"我们会为你生产一条红色的，并且送上门。如果有 1 000 位女性都想要红色的，那就成为一笔可行的业务了。"她说，这个想法旨在"为顾客提供他们切实需要的。我认为在下一个五年里，我们可以实现它"。

玛森奈特的做法很新，其实想法却很传统：Net-a-Porter 是传统百货公司的当代版本。她也证明了奢侈品销售领域的一个基本原则：第三方零售可以赢得中等市场，在不伤害品牌美誉的前提下大赚一笔，因为它只是一个简单的销售渠道，只销售限量的货品，这样就使商店和品牌都保证了奢侈高端的形象。另一方面，如果奢侈品牌自己出头走向大众市场，必然要在精品店、奥特莱斯、免税店以及自己的网站上全面铺开所有的产品线，势必损害品牌精美的手工艺中蕴含的讯息。它们变成了日常用品，有了平凡无奇的外观，它们已不再是奢侈品。

当然，寻求普通消费者，向他们贩卖梦想，创造"民主化的奢侈"，这些正是博柏利前 CEO 罗丝·玛莉·布拉沃（Rose Marie Bravo）在 20 世纪 90 年代末所鼓吹的，并极大地促进了奢侈品行业。然而，走向大众市场的做法也带来了缺憾。

最明显的是盗窃，业内婉转地称之为"损耗"。由于奢侈品牌把越来越多的货铺到越来越多的地方，这便逐渐成为奢侈品业的薄弱环节。根据佛罗里达大学每年发布一次的《全国零售业安全调查》(*National Retail Security Survey*) 报告显示，偷盗的罪魁祸首是奢侈品公司的员工。[252] 一般的商店扒手将猎物藏在外套或随身包里溜之大吉，也不容小觑。最有名的玩票商店扒手是当年 29 岁的电影明星薇诺娜·赖德 (Winona Ryder)，2001 年她在比弗利山的萨克斯第五大道商场试图偷走价值 5 500 美元的东西，有古驰裙子、杜嘉班纳手袋和马克·雅可布上衣，她被抓了现行。后来她被判 3 年缓刑，并处以 10 000 美元的罚款和 480 小时的社区义工服务。[253]

这些盗窃是可以防范的，很简单，品牌只要增加监控摄像头和保安即可。越来越让人感到棘手的是针对奢侈品的定向盗窃，它呈戏剧化上升趋势。"这种盗窃行为不再是只偷一两件货品的普通商店偷盗，"美国弗吉尼亚州亚历山大市 (Alexandria) 警察局负责财产盗窃侦破的刑警乔·莫拉斯 (Joe Morrash) 说："他们偷盗数量巨大，并卖给销赃者和地下精品店。"[254] 还有一些不法之徒受雇于私人客户。明尼苏达州的一名牙医就曾付钱给一个职业窃贼，从商店里偷来巴卡拉、香奈儿和其他品牌，价值共计 25 万美元的奢侈品。[255] 他检查战利品时，发现有一套男士西装的品牌被偷错了，于是让小偷回去再偷阿玛尼，这才被抓获。

很多盗窃行为是有组织的团伙策划的，多数来自拉丁美洲。

他们从纽约偷到华盛顿，再偷到芝加哥，大量盗窃，供应各地的精品店。他们逃得也很快。联邦调查局在华盛顿的探员安德鲁·麦考尔（Andrew McColl）逮捕了一名小偷，此人从北弗吉尼亚州的伊森斯角购物中心（Yysons Corner Mall）盗窃了价值 10 万美元的货品。[256] 有时，劫案现场非常危险：波士顿的范思哲精品店曾被两名武装匪徒抢劫，被捕前他们试图抢走价值 75 万美元的手表和珠宝。[257] 其中一位匪徒用一把点三八的手枪袭击了一名员工的面部，伤口缝合了 17 针。

专业的盗贼很有手段，他们会在购物袋里用铝箔或胶带做个内衬以扰乱报警器，要么从看管较为松散的边门溜走。[258] 还有一些是"贴身劫匪"，他们几乎能把全部赃物藏在衣服下偷走。"我知道有个小偷把一整块水貂皮塞进了贴身衣服里。"金盆洗手的商店扒手杰拉尔德·杜普里（Gerald Dupree）告诉《泰晤士报》。他又提到另一个例子，"梁上君子可以钻到珠宝柜台里，展架上悬挂有链子，她（指窃贼）可以一次全部都取下来，塞进衣服袖子里"。

他们也加大了从货源方进行盗窃。货车盗窃案——就是趁货车装货时下手——的案件正在上升。窃贼还经常闯进奢侈品牌的展示间或时尚杂志的样衣间作案，偷走样品。"窃贼显然很有品位，"《尼龙》（Nylon）杂志的时装总监迈克尔·卡尔（Michael Carl）说，窃贼曾在 2004 年从杂志社的办公室卷走了 15 件普拉达和香奈儿的样衣。"那些人有条不紊地进来，拿走了最好的服装。"[259]

　　奢侈品走向大众市场面临的另一个问题就是吸引了他们并不需要的顾客和粉丝。不是所有的品牌都会为广告策略、名流穿自己的服装和零售扩张掀起的热度而激动的。比如博柏利——不要听罗丝·玛莉·布拉沃说出了"让每个人都能拥有奢侈"这样的华丽辞藻。几年前，英国冒出了一个被称作"傻冒"（Chavs）的劳动阶层边缘群体，Chavs 一词源于吉普赛流浪者的语言 chavi，意思是"孩子"。这些年轻的、经常只有高中学历的傻冒们在小镇的购物中心附近游荡，抽烟，恐吓路人。他们的"制服"是松松垮垮的田径服、粗大沉重的黄金首饰，以及所有带着博柏利著名方格图案的服饰，令博柏利的高层懊恼不已。傻冒与上一代的朋克很像，都是"一群带有些许自我放逐意识的郊区孩子，"旧金山的品牌顾问卢西恩·詹姆士（Lucian James）对《纽约时报》杂志（*New York Times Magazine*）说，"与 20 世纪 70 年代朋克用鼻子吸毒如出一辙，傻冒们大都坐在麦当劳餐厅里，头戴博柏利的帽子。"[260] 他们很为自己的傻冒范儿自豪，也有自己的一系列名人偶像，最崇拜前辣妹歌唱组合成员、足球明星大卫·贝克汉姆（David Beckham）的老婆维多利亚·贝克汉姆（Victoria Beckham），也崇拜英国电视女演员丹妮拉·韦斯特布鲁克（Daniella Westbrook）。她出身劳动阶层，曾在流行肥皂剧《东区人》（*East Enders*）中扮演角色。韦斯特布鲁克被称作"傻冒女王"，她有次在伦敦购物曾被拍到从头到脚穿着博柏利方格图案的行头，推着博柏利婴儿车，里面的宝宝也裹着一身博柏利。傻冒们最迷恋博柏利出的大格子棒球帽。当博柏利停止生产这种棒球帽后，傻冒们开始购买仿制品。

在美国，饶舌这种亚文化本来就对闪闪发光的饰物充满迷恋，因此对缀满标识的奢侈品尤为钟情，并在歌曲、舞台和音乐录像中大加宣扬。他们挥金如土，以一种公开的毫无节制的姿态豪买时装、珠宝和手袋。正如坎耶·维斯特（Kanye West）在饶舌歌曲中唱道的："我是 Kon，路易威登的 Don(先生)，我给我妈买了一只钱包，现在她成了路易威登的 Mom（妈妈）。"奢侈品牌对此见怪不怪，本来就是他们通过设计和市场行销手段为奢侈品牌施加的魔咒。早在 20 世纪 80 年代初，嘻哈运动刚刚兴起时，纽约哈莱姆区（Harlem）和布朗克斯区（Bronx）的街头小子们把古驰、迪奥、路易威登和香奈儿的 logo 印在 T 恤衫、运动裤、棒球帽上，图形夸大，色彩醒目，穿戴上出没于嘻哈俱乐部或街角，以这种特定的方式恶搞名牌。彼时它们还都是保守的、为资产阶级白人女性服务的品牌。"每件东西看着都很卡通，"纽约先锋流行文化杂志《纸张》（Paper）的合作编辑金·海斯特雷特（Kim Hastreiter）说，"这可真是贬损身份的好办法。那不是在炫耀，那是在拿着白人的地位象征开涮，同时抹去了地位和等级。"

最终，奢侈品搭上了流行的快车。20 世纪 90 年代初，香奈儿的设计总监卡尔·拉格斐启用了公司的双"C"标志，让"双C"吊在项链上摇来摆去，挂在链条腰带上，把它印在所有香奈儿的产品上——竟是用了与边缘少年们一致的方法。路易威登的设计师马克·雅可布、古驰的设计师汤姆·福德，以及迪奥的设计师约翰·加里亚诺也吸收了这种街头流行改造老奢侈品的灵感，将其应用到他们的设计中。正如金·海斯特雷特和大卫·赫斯考威茨（David Hershkovitsd）在他们合著的《20 年流行风潮大观》（*20 Years of Style：The World According to Paper*）一书中所记录的："福德立刻推出了超级飞人（superfly）系列外套、西装、帽子、衬衫和手袋，一律使用古驰传统的带有标志的面料。"[261]

那么，谁是他们的最佳顾客呢？是那些新兴的嘻哈超富，比如"吹牛老爹"肖恩·考姆斯（Sean "P. Diddy" Combs）、詹妮佛·洛佩兹（Jennifer Lopez），还有碧昂斯（Beyoncé Knowles），他们披挂着芬迪皮草、弗莱德·雷顿钻石，身上所有物件要么有迪奥、香奈儿、古驰，要么有路易威登的品牌标志。商标——特别是奢侈品牌的商标——代表着"我们没有的那些破烂玩意儿"，嘻哈唱片公司德夫·贾姆唱片（Def Jam Records）创建人拉塞尔·西蒙斯（Russell Simons）说："我们不是穿破烂工装裤的另类摇滚文化人。我们想借用一点在电视上看到的垃圾，但会按我们的想法做些改良。时尚的一部分幻想是关于成功，这是鼓舞人心的。我穿上名牌，我就入了道。并非因为我又酷又颓，而是因为我又酷又干净、体面。我也想借用点这些文化。"[262]

一些品牌信奉炫耀，深入骨髓。吉阿尼·范思哲就曾夸耀，说唱歌手图派克·夏库尔（Tupac Shakur）"入狱那天是穿着范思哲，出狱那天还穿着范思哲"。[263] 杜嘉班纳赞助了玛丽·简·布莱姬（Mary J. Blige）音乐巡演的服装，2005 年路易威登聘用嘻哈明星法瑞尔·威廉姆（Pharrell Williams）设计了一个新的太阳镜系列。有些人顺应潮流闷头发财，有些人则畅所欲言心中的不满。"我们还能怎么办？"路易王妃香槟（Louis Roederer）的掌门人弗雷德里克·鲁佐（Frédéric Rouzaud）发出疑问。路易王妃是最后一家家族所有的香槟酒厂，生产顶级的水晶香槟（Cristal），说唱歌手们一面牛饮水晶香槟一面放声高唱，而且是经常！"我们又不能不让人买。我相信无论唐培里侬（Dom Pérignon）还是库克（Krug），"——二款香槟均为 LVMH 所有——"都希望有生意做。"[264] 作为对这一明显轻蔑的回应，德夫·贾姆唱片公司 CEO、说唱歌星杰斯（Jay-Z）让人把水晶香槟从他开在纽约、亚特兰大俱乐部的酒单上全部拿下，并发誓将 6 首涉及香槟酒的歌曲、歌词统统改掉。"我认为他的评论就是种族主义，我不会再通过我们的任何品牌来支持他的任何产品。"[265] 这位说唱明星宣称。

银行分析师们认为，奢侈品牌走向大众市场对母公司产生的最大问题或许是财务上的不稳定。在针对中间市场而进行的全球扩张之前，奢侈品行业并不受经济景气周期的影响。奢侈品牌都是些小公司，客户群是一些有祖产的人，他们人数很少，却富有到根本不会受短期股市下跌或经济衰退的影响，始终如一地花钱购买奢侈品。那时的奢侈品业是一个舒心的行业。一旦奢侈品牌改变了目标受众，转向精打细算的中间市场消费者——这个市场的特点是经济繁荣时期购买力很强，一旦经济不景气购买力便直降至冰点——品牌对经济衰退就会变得异常敏感，而这种状况很快便在行业中显现了出来。

20 世纪 90 年代中期，奢侈品牌公司的管理高层们看到了亚洲虎虎生威的经济，看到了那里饥渴的、钱袋满满的新兴客户群。"任何有点名气的或者想出名的品牌都去了亚洲，"詹卡洛·贾曼提（Giancarlo Giammetti）对我说，那时他任瓦伦蒂诺的市场总监，"如果你开了一家店，接下来你就要再开 5 家店。"1998 年，古驰在中国香港开了 7 家奥特莱斯，其中 3 家的距离半径为 3 个街区。普拉达开了 9 家。与此对照的是，纽约只有一家古驰店和两家普拉达店。在亚洲，"这些品牌将会由于生产过剩而死掉"是无可避免的，第七东方股份有限公司（East from Seventh Ltd.）总裁乔安妮·奥伊（Joanne Ooi）如是说。第七东方是一家香港公司，专为想进入亚洲市场的西方设计师提供批发式展示厅。"香港只是一个有 600 万人口的城市，没有旅游业，它将如何支撑 9 家普拉达店呢？"

1997 年 7 月，泰铢贬值，引发了长达两年的东亚经济危机，奢侈品行业受到重创。瓦伦蒂诺的贾曼提立即停止了新加坡两家在建的店铺。杰尼亚在韩国的 4 家店关闭了 3 家。伊夫·圣·洛朗也从首尔格乐利雅名品馆（Galleria）中撤出，路易威登则缩短了香港店铺的营业时间。一个月内，古驰的股票暴跌 50%。LVMH 的股票从 7 月到 10 月也狂跌 45%。爱马仕在东南亚的销售额下降了 11%，其股票也跌了 14%。英国设计师保罗·史密斯（Paul Smith）告诉我："一夜之间，我们在韩国的业务化为乌有。"

4年后的2001年，"9·11"恐怖袭击使休闲和商务旅行惨淡了数周，并在接下来的两年中大幅萎缩，导致在很大程度上依赖于旅行购物的奢侈品行业产生重大损失。LVMH 的净收益从 2000 年的 7.22 亿欧元跌至 2001 年的仅 1 000 万欧元。奢侈品业刚刚从亏损中复原，又来了非典型性肺炎（SARS），结果是全球最大的市场之一的香港全面关闭达 6 个星期。两年后的流感令奢侈品牌的高层又一番好生紧张。

由于奢侈品拓宽了其客户群，也让一些中间市场品牌，如飒拉（Zara）、盖普（Gap）、H&M 以及香蕉共和国（Banana Republic）受益，纷纷转来在它们旁边开店。"我很好奇，小麋鹿（即阿贝克龙比和费奇，Abercrombie & Fitch）的店开在第 5 大道和第 56 大道上普拉达店的旁边，真的会令普拉达受益？"艾萨克公司（Isaacs & Company）总裁乔尔·艾萨克（Joel Isaacs）沉思后说，他的公司开在曼哈顿，专为奢侈品牌提供零售店面的铺位。"从基本的人流量来说这是可能的。我真正怀疑的是小麋鹿能否因普拉达受益。"这种零售的结合使得曾经的时髦街区变成了旅游景点，进而迫使奢侈品牌又去寻找更新的、更适合"圈内人士"的地段开店，比如纽约的肉库区（Meatpacking District）、金融区，以及洛杉矶的梅尔罗斯广场（Melrose Place），以吸引一掷千金的奢侈品牌顾客。今天的罗迪欧大道上没有一家银行、加油站或药房，取而代之的是 35 家高级时装店、20 家主要的珠宝店和 6 家高端艺术画廊，它们沿着长 1 500 英尺、横跨 3 个街区的罗迪欧大道铺设开来。2001 年，有 1 400 万人来罗迪欧大道购物，平均每天的销售收入为 100 万美元。[266]"我们再也不想待在罗迪欧大道了。"普伊奇时装集团（Puig Fashion Group）总裁马里奥·格劳索（Mario Grauso）说。该集团旗下有莲娜丽姿（Nina Ricci）、卡罗琳娜·海莱娜（Carolina Herrera）和帕高（Paco Rabanne）。"那里再也不会有什么购物体验了。你根本不想要一堆游客站在店前拍照留念。"

注释：

① Jacques Garcia：法国著名室内设计师，尤以酒店设计见长。

②"鼠帮"：Rat Pack，专指活跃在 20 世纪五六十年代，彻夜狂欢豪饮，成天忙于追求金发美女的摇摆乐歌手。

③ A/X：Armani Exchange，阿玛尼旗下针对年轻时尚的潮流一族的产品线。

④纽约巴尼斯：Barneys New York，纽约老牌高档百货公司。

⑤ Net-a-porter：法语里成衣叫作 Prêt-à-porter，此处把 Prêt 换成 net 点明了它网络购物平台的特性。——Pas_de_Panique 注

✝

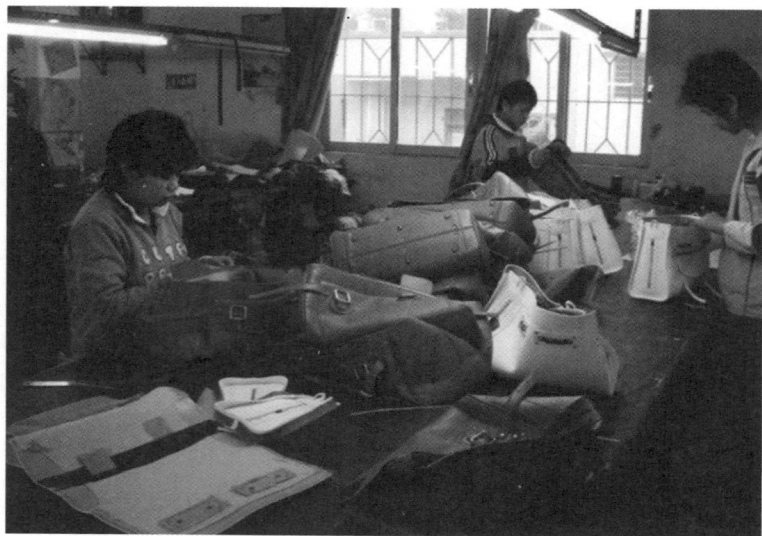

Chapter Nine

FAUX AMIS

伪货朋友

被复制是成功的赎金。

——可可·香奈儿（Coco Chanel）

　　克里斯·巴克纳（Kris Buckner）开着金色的丰田佳美轿车驶进洛杉矶东部小东京段的街边购物区的停车场，走进星巴克咖啡馆赴我们的午间约会。我们打算到洛杉矶市中心桑蒂巷（Santee Alley）巡视一番，那里批发、零售很多假货。巴克纳是调查顾问公司（IC，Investigative Consultants）的创立人、拥有者和头头。那是一间私人调查公司，专门从事跟踪调查冒牌奢侈品的生产厂家和批发商。他是土生土长的南加州人，中等个头，37岁，有着古铜肤色，那一头铜黄色的金发向后梳得溜光水滑，健康得像个冲浪运动员。他穿件素白的马球衫，一条还很新的牛仔裤，一双旧了的运动鞋，人显得干净而又谨慎，却一点儿也不起眼。他头脑聪慧，行动迅捷，是真正的侦探，那份坚毅的信心告诉你，整件事他已经了如指掌。

　　巴克纳在加州的托兰斯（Torrance）长大。那是一个没什么魅力的美国城市，格局杂乱无序，伸展在洛杉矶南面。巴克纳十多岁时，常常在太平洋海岸边冲浪，还在何尔摩沙海岸（Hermosa Beach）的贝克冲浪板公司（Becker Surfboards）有一份临时的差事。21岁时，他进入警察专科学校。之后，他当上一名副治安官，在伦诺克斯（Lennox）辖区巡逻过，还在洛杉矶的一个县级监狱做过事，负责管理囚犯。他在做副治安官时，取得了私人调查员执照。这样到了1994年，他26岁时，巴克纳决定开始自己做事。他在自家的地下室建起了办公室，他的妻子和母亲也搭个手帮忙，帮着接听电话、处理账目，甚至还做些卧底的工作——他承接一些基本的委派任务：和证人面谈，诉讼调查，还有夫妻之间的那些事儿。当我们2004年11月碰面时，他麾下已经有10名私人调查员，还有4名行政助理偶尔也做些调查工作。

　　总部在洛杉矶的盖尔斯牛仔服装公司（Guess）是他的第一个客户，该公司要求巴克纳追踪调查造假者。如今巴克纳已经有了从化妆品制造商到美国电影协会（The Motion Picture Association of America）的80多个客户。但他的专长是做奢侈品方面的调查：他接手的品牌超过了35家。巴克纳的做法很直接，就是从品牌厂商、线人，以及发现了可疑情况的执法人员那里获取线索。他还会从许多怒气冲冲的女性那里得到线索，因为当她们把别人当礼品送来的古驰钱包或劳力士表拿到专卖店修理或退换时，才知道那是冒牌货。巴克纳和他的团队通过盯梢收集证据，发出勒令停止函（cease and desist letter），如果这些都不能奏效，就将案子移交给洛杉矶警察局（LAPD）或者其他执法机构来签署搜查令和实施拘捕。"这就像毒品生意——跟那事儿一样肮脏，"他用他那刺耳的男高音对我说，"很多人发现假货都会报警。"

我们在离桑蒂巷几里外的地方碰面，在驱车前往那里的路上，巴克纳告诉我这是因为那儿的人都认识他。如果我们想要看到一些情况，就要到得迅速和不露声色。跟我们在一起的有巴克纳的助手赫克托·莫亚（Hector Moya），他人更结实更安静，也穿着随意的衬衫、牛仔裤和运动鞋。我们把车停在离洛杉矶大街不远处的一个停车场，快步踏上便道，向一个半街区外的桑蒂巷走去。那里的气氛很像一个发展中国家的露天市场：小摊上出售的货品从T恤衫到坚信礼上穿的礼服，应有尽有。那些设计师款的手袋、夹克衫和牛仔裤就挂在因日晒而褪色的遮篷下面。西班牙语和韩语的说笑声、讨价还价声不绝于耳，空气中弥漫着破旧手推车上炙烤着的香肠和洋葱发出的浓烈刺鼻的味道，芒果皮、西瓜皮被胡乱扔在排水沟旁。

我听到一阵急促的脚步声。"看见那个跑在我们前面的人了吗？"巴克纳问。一个穿着白色瓜雅贝拉衬衫[①]、瘦得皮包骨头的拉丁裔人在前面三步两步飞奔穿过人群，并不停地回头张望。"他去报信，"巴克纳很有把握地说。没错，当那个小伙子跑到桑蒂巷的街角时，就发出一声鸟叫般的呼哨。"他们在屋顶上安排了放风的人，带着对讲机，"巴克纳解释道，"就是为监视我们来的。"

当我们转过街角走进巷子，那孩子已经消失在人群中，而我们最先到达的摊位也空空如也。巴克纳说，几分钟前这里还在公开地做生意。尽管前门还开着，但不见了摊主，大多货品已经被藏到一些粗呢包或大号的黑色塑料垃圾袋里。我们沿着水泥路走下去，巴克纳认出了一名叫鲁本的小贩，"他两周前因为销售假货被拘捕，"他说，"当时他正在附近的一个停车场里交易。"

我们朝着另一个摊子走去。街上的一个家伙给摊主发信号，又是吹口哨，又是摆手。"她会把所有东西扔进口袋，就在这儿三下两下处理完，"巴克纳说。确实，当我们走到那个摊点上，还在展示的就只剩下几件路易威登手表和手袋了。地上放着几个塞得满满的垃圾袋和大纸箱子，都已经封上了。那个小贩是个年龄有五十好几的小个子亚洲女人。她站在柜台边，两手紧张地放在一个皱巴巴的黑色塑料袋上，巴克纳那双蓝绿色的眼睛警觉地盯住了那个袋子。"那是什么？"他问道，把袋子从她的胳膊下轻轻抽出来。他在里面发现了一本很旧的日文版路易威登产品手册。"他们是从日本旅行社那里得到这个的，"巴克纳解释说，"后面很可能有藏货。"

在古罗马、古希腊和古埃及时代，在玛雅人和印加人时代，在美洲印第安人和古代中国时代，商品标记和印记就已被用作表明商品来源的标志，让你能知道你用的商品是谁做的。在中世纪，手工艺者加入行业协会，由行会在已经有了工匠个人款印的标记商品上另外加上质量认可的标识。当19世纪中叶工业革命到来时，再也无法追踪到生产货品的是哪个具体工匠了，因为产品是在生产线上大批量生产出来的。为了在竞争中突出和保护自己的产品，公司纷纷对他们的产品和标志（logo）进行商标注册。商标变成了对稳定质量的保证。自 20 世纪 50 年代以来，商标和标志更进一步被用作市场推广和广告宣传的工具，并且已经演化成为品牌的象征。

今天，商品标志将人群分门别类：通过穿戴或使用装饰着某个标志的商品，你就在宣称你是认同这个特定品牌传达的讯息及其道德观的部族中的一员。这样的讯息和道德观基本上是市场推广部门为你编织的梦想。奢侈品牌的标志传达出的信息是财富、地位和高雅的时尚，即便带着这些标志的商品的主人不过是个郊区中产家庭主妇，要靠刷信用卡才能买到这件商品。"我认为，在今天（要取消产品标志）是根本不可能的，"缪西娅·普拉达告诉我，"品牌认知实在太重要了。你越是需要扩大生意，就越要更多地运用你的品牌标志。"

通过对商品标志的强调，并且每年投入超过 1 亿美元对其进行广告宣传，奢侈品公司让自己的品牌，而不是实际的产品，成为了大众渴求的目标。不幸的是，他们也制造了一种他们无法满足的需求，一种普通消费者渴望得到而又负担不起的产品。有多少秘书、老师和销售代表真能在每一季都去买新上市的 500 美金的普拉达手袋或 700 美金的路易威登手袋？造假者应运而生，他们能以真货零售价的 5% 到 10% 的价格提供无尽的复制品。那些渴望得到奢侈品的新兴目标人群便开始购买、购买，不停地购买。

差不多从人类文明开始就有了制假、造假。在罗马共和国的最后一个世纪（公元前 100 年），罗马人变得富有，社会阶层也发生了流动性。社会地位上升的人能被上层贵族阶级接受的一种方式就是拥有罗马名门望族所拥有的东西。"财富本身无法给予身份和地位，"乔纳森·斯坦普（Jonathan Stamp）解释道，他是一位古典历史学家，也是一位纪录片制作人。"你需要在财富上加上另外一些东西，比如实物。"例如，政治家和哲学家西塞罗（Cicero）当时是个圈外人，但他不遗余力地想被权贵阶层所接受。于是，有一次他花了令人咋舌的 100 万塞斯特帖姆②置办了一张香橼木的桌子，而当时人们的平均年收入只有 1 000 赛斯特提。突然间，罗马的新贵们都得有一张那样的桌子，但因为买不起真的，他们就让木匠用品质较低的木头进行仿制。雕刻家也用比较便宜的材料为小有财富的新富群体复制那个时代大人物的塑像，用以装点他们的家和花园。"人们开始挥金如土，而且开始在意表面的东西，"斯坦普说，"一切旧的社会结构土崩瓦解，贵族阶层为此哀叹连连：'从前的人都知道自己的位置。'"

长时间以来，造假也是当代奢侈品面临的问题。正是那些廉价的假冒的方格和条纹图案的路易威登帆布旅行箱，促使威登的儿子乔杰斯在 1896 年推出了公司特有的标识图样设计——连在一起的 LV 字母和日式的花朵图案。1948 年，一位女士花了不算少的钱独家买断了一款克里斯汀·迪奥的设计，却在一间夜总会里发现另一个女人穿着一模一样的冒牌货。"这不是一个笑话，"这位女士哭着说，"这是个悲剧。"[267] 法国警方对此展开了调查，6 年后抓获了一个造假团伙。这些窃贼贿赂了负责打版和制样的女裁缝师，借来了衣服进行仿制。

直到 20 世纪七八十年代，假冒还只是小规模的。那些街边摊出售的名牌手表、太阳镜、T 恤衫显然是假货，质量差，价格低，奢侈品商基本上对此不以为然。

这个游戏被两件事情改变了：奢侈品的民主化和发展中国家的兴起。当奢侈品牌推行民主化策略时，他们认为可以用定价较低的手袋和香水来满足中间市场的需求。但这些品牌的高管们没有想到的是，中间市场的消费者却通过购买足以乱真的冒牌货来满足自己对高端货品的渴求。与此同时，一些发展中国家逐步进入资本主义市场经济，并成为全世界制造业的中心。一些新兴的企业家已经看到生产假货是有利可图的生意。这二者的结合——大量的需求和大量的供应——产生了出人意料的后果。这让奢侈品牌的管理高层，以及其他行业的高管们大跌眼镜。

总部在意大利的打假联盟 Indicam 的报告说，自 1993 年以来，从 DVD 碟片到药品的假冒商品增加了 1700%。华盛顿的国际反假货联盟（IACC，The International Anti-Counterfeiting Coalition）估计，今天全球贸易中假货贸易多达 7%，价值 6 000 亿美元。1982 年，国际贸易委员会估计，全球经济由于假货造成的损失达 55 亿美元；1988 年，这个数值达到 600 亿美元，1996 年则为 2 000 亿美元。[268]2004 年，美国商务部估计，仅美国公司每年因假货蒙受的损失就在 200 亿到 240 亿美元之间。[269] 由于假货造成的税收损失也相当可观：纽约市警察局局长雷蒙德·凯利（Raymond Kelly）估计，纽约每年的税收损失高达 10 亿美元。

如今，从法拉利汽车到矿泉水，一切商品都会被假冒，时装业则是最受制假者青睐的一个产业，因为造假便利，成本低，而且更容易被卖掉。2000 年，全球反假冒组织（The Global Anti-Counterfeiting Group）的报告称，世界上有 11% 的服装和鞋是假货；世界海关组织相信，时尚产业每年由于假冒导致的损失达 92 亿美元（约合 75 亿欧元）。2002 年，欧洲委员会的报告称，假冒的服装、鞋、香水和化妆品交易每年使欧盟的国民生产总产值减少超过 60 亿美元（约合 50 亿欧元），并减少 10 800 个工作机会。[270]

最受欢迎也是最赚钱的时尚仿制品是那些带有奢侈品牌标志的东西。你可以在纽约运河大道（Canal Street）和洛杉矶桑蒂巷的店铺里，在马拉喀什和伊斯坦布尔的露天市场，在蔚蓝海岸的海滩，在跳蚤市场，或是在互联网上，买到假冒的路易威登手袋、古驰太阳镜和博柏利的旅行背包。甚至是在美国郊区的起居室里——在那里家庭主妇们通过举办"钱包聚会"来赚点儿外快。人们真的会买假货。由此，造假已经从 20 年前的一种小打小闹的本地生意膨胀为当下一种全球性的、由暴力犯罪集团操控的非法勾当。他们同时还操控着毒品交易、武器走私、未成年人卖淫、人口贩卖和恐怖活动。根据国际反假货联盟的报告，FBI 认为恐怖分子通过在纽约百老汇开商店，销售假冒 T 恤衫，为 1993

年世界贸易中心的爆炸案提供了资金支持。2003 年，国际刑警组织秘书长罗纳德·K．诺布尔（Ronald K. Noble）告诉美国众议院国际关系委员会，假货销售带来的利润已经提供给了与北爱尔兰的非法军事组织、哥伦比亚的主要叛军哥伦比亚革命武装力量（FARC）等相关的组织。2004 年 3 月马德里火车爆炸案的嫌疑人之一就是挂了号的假货制造者，总部位于英国的打假组织（Anti-Counterfeiting Group）披露。

调查人员甚至认为，假货制造与纽约和华盛顿的"9·11"恐怖袭击之间可能也有某种联系。在恐怖袭击后的一周内，在每天以现金进行 7 000 万美元交易的南美三国边境市场上，有 1 500 个销售假货的摊点全部关闭了，据称其中有些摊位是由基地组织拥有和操控的。2002 年初，警方突击搜查了曼哈顿中城一家出售假冒名牌包和手表的箱包店，店主是一个中东裔男人。纽约安全问题专家安德鲁·欧伯费尔特（Andrew Oberfeldt）和知识产权律师希瑟·麦克唐纳（Heather McDonald）发现了一本飞行手册和一套飞行模拟程序，以及一座大桥的技术图纸的复印件。他们立即致电反恐安全部（Joint Terrorist Task Force）接手这一案件。"假货带来的利润是支持国际恐怖主义活动的三大收入来源之一。"苏格兰圣安德鲁斯大学恐怖主义和政治暴力研究中心（Centre for the Study of Terrorism and Political Violence）前主任马格努斯·蓝斯多普（Magnus Ranstorp）说。

令人吃惊的是，直到 20 世纪 90 年代末，大多数奢侈品公司都没有预见到假货的严重性，也没有采取相应的行动。有些公司甚至不当回事儿。路易威登的设计师马克·雅可布跟我说，他认为造假这个行为很"棒"，还接着说，"自打我到这儿以后，我们的每样产品都被仿冒过……我们就希望创造出人人趋之若鹜的产品。"普拉达集团的 CEO 帕特里奇奥·伯特利则称之为"时尚游戏"的一部分，并说，"如果我的产品没有人仿制倒令我担心"。[271]他们对此真的不必担心：现在大多数奢侈品公司都设立了庞大的法务部门，专门应对他们所谓的知识产权窃贼。在伦敦、纽约、洛杉矶和其他地方的一些经销中心，他们安排了一线的调查员监视市场，追踪非法工厂的线索。不管马克·雅可布怎么想，路易威登这个世界上被仿冒最多的一个品牌，雇了 40 名内部律师，以及 250 名像克里斯·巴克纳这样的外聘私家调查员，每年花在打假上的费用近 1 500 万欧元（约合 1 810 千万美元）。2004 年，路易威登每天都要在世界各地进行 20 次突击检查，将 1 000 名造假犯投进了监狱。那些积极地展开突击行动，收缴伪货，并提起诉讼的奢侈品公司确实能看到市场上自己品牌假货的减少。然而，一旦他们有所松懈，假货就如赤潮一样再次袭来。"这是做生意的成本，"麦克唐纳对我说，"广告确实起了作用。你从来不会看到有人会去仿制你没听说过的品牌。"

早在 20 世纪 70 年代，在奥特莱斯购物中心出现之前，桑蒂街（Santee Street）是洛杉矶市中心服装商业区的一条主街，街上的服装批发商已经开始在自家店铺位于背街的入口出售尾货。这生意很成功，店主们纷纷重新设计店面，在商店的背身后街处开起了打折店，桑蒂巷成为服饰一条街，长达几个街区，一周七天都营业。

80 年代，洛杉矶出现了一股韩国移民潮。他们发现桑蒂巷集市般的气氛很像首尔的市场。他们租下店铺，生意越做越大。他们的经营模式和美国人注重成本的模式截然相反：韩国人飞快地生产出 T 恤衫、牛仔裤等服装，以低价出售，一点儿也不关心账面上的盈亏。他们相信薄利多销。直到今天，桑蒂巷许多店面的承租人仍是韩国人，他们对租金从不斤斤计较，而这里的租金水平已经和罗迪欧大道相当。

慢慢地，商店的货架上开始出现了像手表和手袋这样的假名牌。起初，假货很容易识别：它们粗制滥造，毫无工艺可言。但是，随着时间的推移，假货的质量越来越好，需求也随之增长。不久，桑蒂巷就不再只是一个便宜的市集，还成了洛杉矶一流的假货市场。如今，每天有两三万人赶往桑蒂巷，买的东西从不太贵的童装到假香奈儿太阳镜，无所不有。这里成为洛杉矶继环球影城（Universal Studios）和威尼斯海滩（Venice Beach）之后的第三大观光目的地。

假冒的名牌 T 恤衫和式样简单的服装通常由附近滨河郡和橘郡的越南移民或拉丁移民生产，因为交货期只有短短几天。一些假冒的手袋也在本地生产：桑蒂巷的小贩到邻近的主街（Main

Street）花上几个美元买来普通的包，再打上个标志或缝上个标签，再以 20 美元的价格出售。但是，那些标志已与设计融为一体的高级手袋，还有太阳镜、手表、高档时装，比如博柏利的风衣，主要产自中国。你会发现，同一家店里混杂着本地产的便宜货和进口的高档货，就像那家老板是个文质彬彬、五十开外的印度人的店，2004 年我们去的时候他还处在假释期。"我总是告诉他不要再卖了，但他不肯听。"我们进门时巴克纳对我说。

店里的一切都说明他还没有收手。货架上摆着伪造的路易威登式样的包，包上印着彩色的心形图案而不是 LV 的字母图案；香奈儿康朋款风格的钱包上有粗体的"OC"字母，而不是品牌标志性的双"C"字样，这样的话在技术层面上说它们就不是假货。它们旁边是两三个黑色皮包，正面有着常见的古驰标签。店主意识到这样会被逮，赶紧奔过去揭掉了古驰标签——它们只不过像即时贴那样粘在包上面的。巴克纳严厉地警告了他。"对这些人我公事公办，因为这不涉及个人恩怨，"巴克纳告诉我，"这些小贩就不该卖假货——错的就是错的，对的就是对的——但也不能说他们就是坏人。他们后面的交易网才是最卑鄙的。"

我们走出店铺，巴克纳看到他的一个线人把我们招到角落里一个不显眼的入口处。我们来的事他刚刚看到了。线人告诉巴克纳，那个"OC"其实就是"CC"，O 的半边揭掉就变成了香奈儿的双 C。"他们这样做是为了能通过美国海关的检查。"他解释。

说完，他让巴克纳看一个假冒的路易威登金属件。

"你知道这是从哪儿来的吗？"巴克纳问道。

"当然。"

"回头我再给你打电话。"

线人把金色的固定件放回衬衫口袋里。

桑蒂巷吸引了每一个人。"法官、检察官、辩护律师也在这里购物。"巴克纳说。一位名叫彼德的小贩说："还有从新港海岸（Newport Beach）来的富人。世界各地的人路过时都会来这儿逛逛。"他还告诉我，"3 天前我卖给格莱美女歌星夏卡康（Chaka Khan）几件衬衫。警界首脑大会在城里召开时，所有的夫人都来这儿买路易威登。"

彼德是一个三十出头的非裔美国人，个子很高，长相英俊。他的铺子在一个商店前面，只是便道上一个一乘三英尺大小的空间。他卖的 T 恤衫都有名牌标志——我们去时，他正在卖"小廉鹿"。桑蒂巷里的大多数商贩每月花在店铺上的租金为 12 000 美元，然后再将便道上的空间以每平方英尺 1 000 美元的价格转租给彼德这样的人，租金以现金支付。往往在便道上的铺子里你能看到最醒目的假货，比如路易威登和香奈儿的手袋、古驰和阿玛尼的太阳眼镜。

巴克纳告诉我，彼德是"桑蒂巷里最聪明的人"。彼德不由笑了。"我只是知道怎样才不给自己惹麻烦，"他说。他是库卡蒙加牧场（Rancho Cucamonga）本地人，那是通往洛杉矶路上的一片杂乱郊区。20 世纪 90 年代初，彼德是一名加州大学洛杉矶分校的学生（UCLA），由于需要挣些快钱，便开始在桑蒂巷做买卖。最初他卖假包，3 年后转而卖 T 恤衫。"当你卖手袋时，你卖的是别人的设计，"他解释说，"我也喜欢自己设计些东西。"他研究街头时尚，甚至能在大品牌之前发现些新潮流。他赶在汤米·希尔费格注册商标前印了一批有"汤米运动"字样的 T 恤衫和其他产品，大赚了一笔。

他在桑蒂待了 14 年，目睹了这个市场的变迁。"他们以前在这儿卖的都是垃圾，"他说，"今天你在这儿可以买到质量跟诺德斯特龙百货公司一样好的东西，因为消费者也不傻。"我问他能挣多少钱。"挣得还行。"他回答说。我问他，这样做有没有感到良心不安，他耸了耸肩膀："只要有需求的地方，就会有人抓住机会赚上一把。"

这一趟走下来，我意识到人们并不再相信真货和假货之间有什么区别。伯纳德·阿诺特的市场推广策略确实有效：消费者购买奢侈品牌的产品时看重的并不是产品的内涵，而是它们代表的东西。那种能够以假乱真的高仿货，现在也可以像真货一样传达同样的社会含义。我回想起某个早晨，在香港半岛酒店看到的一位美国女士。这位五十来岁、气质优雅的纽约人，穿着得体的设计师品牌长裤套装，戴着精致的珠宝和香奈儿太阳镜，很明显足够富裕，住得起 500 美元一晚的世界顶级酒店。她走到礼宾部的柜台，问主管："我在哪里能买到高仿的劳力士表？你明白我的意思，那种真正的高仿品。"那位主管不可思议地看着她，回答他不知道。我看着她，不由地想："那副太阳镜也是假的吧？"

2004年的一天，纽约安全问题专家安德鲁·欧伯费尔特和律师希瑟·麦克唐纳参与了对曼哈顿下城运河大道一个假货市场的突击搜查行动。行动中，他们看到一位身材娇小的金发女人在歇斯底里地痛哭。她用浓重的德州口音慢吞吞地恳求麦克唐纳："这是我第一次来纽约，这太过分了！我就想赶紧带上我的东西回家。"

麦克唐纳问警察，这个德州女人的"东西"是什么。"她有58个款式相同的包。"麦克唐纳觉得难以置信。

麦克唐纳拒绝了她，德州女人怒气冲冲地走了。

5分钟以后，她又回来了，眼泪也不见了。

"我给我的律师打了电话，他说在你们没有给我申诉权利的情况下，你们不能这样做，所以我要拿上我的那些包走了。"她声称。

"不，"麦克唐纳回应，"我会拿着你的包，咱们法庭见。"

"两周后，我们在附近一个地方实施突击搜查，"2005年6月我们又见面了，麦克唐纳想起这个情节说，"你知道我们看见谁了？就是那个德州女人。我问她：'我记得你说过再也不到这儿来了。'你猜她怎么说？"

"怎么说？"我问。

"死去吧！"

我忍不住放声大笑。

"我敢肯定，"麦克唐纳说，"她是一个皮包派对女。"

皮包派对女（Purse-party ladies）在假货生意中相当于毒贩子：她们从批发商那里进货，再卖给郊区的客户。那些生活在郊区的人渴求名牌，却买不起昂贵的真货。就像十几岁的年轻人凑在中上阶层朋友的家里，合伙用零花钱或做保姆赚的钱买几支大麻烟卷抽；郊区主妇们也聚在精心装饰的起居室里，目的就是红酒、小点心、八卦、路易威登或古驰的假手袋。操办这类聚会的女人会大赚一笔——因为她们把进货的价格翻了一番——而且从来不向美国国税局（IRS）报税。拿维吉尼亚·托普尔（Virginia Topper）来说，她是纽约长岛一位律师的妻子。2003 年她被拘捕的时候，放内衣的抽屉里藏着 6 万美元现金，车道上还停着一辆捷豹牌汽车。她被判有罪，判处从事社区服务。"她简直就是'终极安利产品女推销员'。"欧伯费尔特笑道。

大多皮包派对女并不认为购买或销售假冒手袋是真正的犯罪。买卖假货看起来无伤大雅，因此基督教会、犹太会堂和学校都会举办皮包派对为慈善筹款，或为这些机构的内部事务募集资金。据反假冒组织的一项调查显示，1/3 被访者说如果价格和品质还不错，就算清楚知道是假货也会购买；29% 的人认为，如果购买者没有风险，则看不出卖假货有什么危害。"我们会去中国城突击搜查批发点，一准儿会看到那里有五六个郊区主妇——她们都是顾客，"欧伯费尔特告诉我，"我们会对这些女人说，'假货贩子带你们穿过黑漆漆的过道，穿过上了锁的门，只听警察喊，'开门！灯灭了，四周鸦雀无声。难道你们一点儿都没意识到这里有问题吗？'"

更有甚者把假货拿到店里当真货卖。巴克纳曾从一个线人那儿得到线索，一位职业运动员的老婆在她北加州的精品店卖冒牌奢侈品手袋，1 800美元一只。巴克纳让他的探员买了几只回来，拿到品牌商的总部鉴定真伪。结果证明那些手袋正如巴克纳所判断的，是"AA级假货，都是冒牌的"。

早在2003年，古驰发现沃尔玛公司在其美国数家超市内以假当真销售古驰手袋和钱包。古驰聘用纽约德雷尔律师事务所（Dreier LLP）古尔斯基小组的律师史蒂文·古尔斯基（Steven Gursky）去追查沃尔玛这种"故意无视"的行为。所谓"故意无视"，是指商场的采购员不向批发商或中间商询问假货的来源，将其按真货出售的做法。这种事屡见不鲜：古尔斯基代表汤米·希尔费格、CK（Calvin Klein）、迪赛和耐克等其他品牌处理过针对沃尔玛、好市多（Costco）等商家的"故意无视"案子。一般情况下，中间商手头能搞到什么假货就卖什么。"我们处理过的案子里，中间商上一回卖给商家的还是吐司炉，这次已经是名牌服装了，"古尔斯基说，"商家对此已经见怪不怪。"

在古驰一案中，中间商是位女性，她参加了拉斯维加斯折扣商品专门展（The Las Vegas Off-Price Specialist Show）。这是美国专门以低价零星销售何种服饰的交易会，她在会上以极低的价格接了一批古驰手袋和钱包的订单。后来，她在案子里做证说，她当时以为那些货都是真的，因为她听到展位上的那些人在说意大利语，以为他们都是古驰的员工。实际上，那些人是以色列人，说的是希伯来语，那些钱包和手袋是他们从罗马尼亚的一家工厂买来的。那些人后来在迈阿密因销售其他假货而被捕。因为他们已经在佛罗里达州面临刑事和民事的指控，于是古驰决定对那位女中间商以及沃尔玛进行追诉。2005 年 6 月，在审判前夕，双方达成和解。"相比运河大道上的商铺，知名的零售商销售假货的危害更大，因为在运河大道上人们往往知道他们买的是假货，"古尔斯基说，"但是，当你走进身家 2 000 亿美元的商场，你会相信他们卖的东西都是真货。但有时并非如此。真实的情况是，与他们自己以及商标拥有人的名誉相比，沃尔玛更关心钱。"

大多数奢侈品公司都雇有专门的律师，他们每天都在网上浏览，寻找正在出售的假货。诸如 AAA 仿制品公司（AAA Replicas，www.aaareplicas.com）以每件 200 ～ 400 美元的价格接单定制路易威登和爱马仕的仿制品。亚马逊（amazon.com）和电子港湾（eBay）则是假货批发商最喜欢大肆倾销货品的两个地方。亚马逊和电子港湾本身对此并不承担法律责任，因为他们只是辅助买家和卖家完成了交易。但是，奢侈品牌希望能改变这种情况，让这些网站因为促使假货交易的实现而承担法律责任。2004 年，蒂芙尼基于这样的原则，在纽约联邦法院起诉了eBay。品牌方声称，eBay 上销售的蒂芙尼产品有 80% 都是冒牌货。

2006 年，LVMH 在巴黎也提起了类似的诉讼，称 eBay 上有 90%
的路易威登和迪奥的货品都是假货。到 2007 年初，两起诉讼尚
未审结。

　　欧洲和美国的很多街头小贩——就是那些你在街角能看到的，
把手表和手袋散在毯子上的那些家伙；或是在里维埃拉海滩上，
把这些东西塞在搭在背上的垃圾袋里的那些人——他们是塞内加
尔人。[272] 他们是些非法移民，以 400% 的利润贩卖古驰手表和路
易威登棒球帽，然后将上百万美元的现金带回他们在塞内加尔的
家乡图贝（Toube）——非洲发展最快的城市之一。在那里，这
些钱被用来建造电视台和无线电台、大学。就像皮包派对女一样，
在警察头脑中，他们干的都是小打小闹的事儿。

　　造假行为之所以如此猖獗，是因为此乃低风险、高回报的生
意：造假者能赚几百万美元，却很少会被抓获。"假货带来的利润
就像海洛因，"欧伯费尔特说，"比如说我用 1.8 万美元买了一盎司
的海洛因，稀释 10 倍，就有了价值 18 万美元的货。然而，以合谋
犯罪的形式非法持有毒品在纽约州是 A-1 级重罪。如果我因为持有
那一盎司海洛因里的任何一份而被抓，我面临的将是 8 ～ 25 年的
监禁，如果是数罪并罚，那么是终身监禁。这是法定量刑，就像
是谋杀罪一样。"

　　"如果我进了价值 1.8 万美元的手袋，"——这个零售额将来至
少是 10 倍以上——"你也许能把我关一宿，我会给我的律师打电
话，次日早上就能出来。在纽约州，因为卖假货被抓的人 99% 都

不会坐牢。法官没有法条给他们量刑。在纽约州，量刑最重的是假冒商标，这属于 C 级重罪，相当于偷了一辆好车。他们绝不会供出他们的老板，而且对警察满不在乎。"

"如果你卖的是海洛因，"他继续说道，"就会有缉毒局（DEA）、联邦调查局（FBI）、纽约州和纽约市警察局、海关和美国国税局（IRS）追踪你——你会一辈子待在监狱里。如果我卖的是假货，这些机构里，除了缉毒局以外，都有可能来找我，但是，他们找着我以后，也做不了什么事儿。所以，这些机构大多数都懒得插手。"

和毒品交易一样，制假贩假已经成为由犯罪集团操控的职业犯罪。在纽约，从 20 世纪 80 年代到 90 年代中期，是名为"天生杀人狂"（the Born to Kill Gang）的亚裔美国少年黑帮团伙在操控。"如果我们实施突击搜查，那些女人会拿起假表，藏到衬衫里，说：'我怀孕了，不许碰我！'"欧伯费尔特回忆说，"有一次，我看见一个 3 个月大的婴儿躺在一个牛奶箱里，牛奶箱被人搁在一个放 M-80 炸药箱的上面。这帮家伙拿着棒球棒追我们，扎我们的车胎，冲我们扔刀子和危险的爆炸物。这简直就是恐怖分子。他们想要恐吓我们。我们把他们录了下来，把他们关了起来。后来我们的人手从 10 人增加到 40 人，再接再厉，我们得到了民众的许多支持。"

但事情也会变得很危险。在 2004 年 11 月一次为期两天的清缴行动中，纽约警察逮捕了两个暴力团伙的 51 名成员，以敲诈和贩卖假货等罪名起诉了他们。[273] 警察收缴了 15 万美元的现金，和价值 400 万美元的假冒香奈儿、古驰、蔻驰商品。美国联邦检察官大卫·凯利（David N. Kelley）说，那些犯罪团伙"通过肆无忌惮地使用暴力和威胁从而获得了控制力"。在他们控制期间，一位被怀疑与警方合作的男子被"管子打得骨头都断了"，凯利说。对头团伙的一个成员被人开枪射中了头部，竟然侥幸不死，因为子弹在击中他的头骨时神奇地碎了。

巴克纳告诉我，洛杉矶没有纽约那么暴力，但仍然很危险。我去他在洛杉矶南部的办公室拜访时，他给我看了一些监视在桑蒂巷卖假货的拉丁小贩的照片。这是个肌肉超级发达的家伙，在他的手指和脸上文着数字 18，表明他是"十八街黑帮"的成员，这是向那个墨西哥黑手党团伙致敬的洛杉矶黑帮。巴克纳确信的是，自己得小心点。"我们的轮胎曾被人扎破过，车窗曾被人打碎过。我们还对我们自己和我们的办公室进行监控，以确定我们该怎么办。"他说，"一个我们的人开车经过桑蒂巷时，黑帮成员打碎了车窗，划破了他的脸。"

为了协助打击桑蒂巷盗版 DVD 的销售，美国电影协会于 2004 年捐献了 10 台监控器，分别安装在市场内部和周围，奢侈品牌也从中获益。仅在那一年，洛杉矶警察局就收缴了价值 3 200 万美元的盗版 DVD，假冒的手表、手袋、T 恤衫，等等。洛杉矶服装商业区的肯特·史密斯（Kent Smith）承认："因为我们这个商业区相对比较新，所以在这儿的还不是很守法。"

一些奢侈品公司已经决定更积极地打击假冒行为，寻求更大数额的赔偿。2004 年 1 月，纽约的一位法官判令 13 名被告每人向卡地亚赔付 1 800 万美元，共计超过 5 亿美元，创下了纪录。这个犯罪团伙实际上垄断了美国假冒手表的市场，从 1988 年起，他们每天向亚洲的总部转去 10 万美元。在法院作出判决后，卡地亚申请了扣押令，要求扣押对方的房屋、汽车和银行账户。"我们要从金钱上真正击中他们的要害。"历峰集团的一位高管对我说。

其他国家通过把目标锁定在单个客户和零售商，来打击造假贸易。例如在法国，游客把假货带入法国，被发现后会被处以 30 万欧元（近 39 万美元）的罚款，还有可能被判处高达 3 年的监禁。在中国香港，海关成立了有 200 名关员的特别行动组，以在零售的层面上打击造假和盗版。两年下来，在香港销售盗版 DVD、盗版软件和假冒电子产品的商店，数量从 1 000 家减少为 100 家；到 2004 年，只剩下 60 家。庙街市场上，销售假货的商贩不得不把假路易威登和古驰产品从店面前的桌子上转移到了后面屋子里。繁忙的弥敦道上的假表店也都关了。如今，你可能会在便道上碰上骗子搭讪，但他得把你领到背街小巷，爬上黑漆漆的楼梯间，走进装着铁门的屋子里，才能把一块高仿劳力士表卖给你，只要区区 45 美元。

已经很不错了，欧伯费尔特说道，但在他看来那是个错误的方向。他说："唯一能制止制假售假的办法是，让人们不再仅仅为了名牌标志而去购买这些假冒商品。我们都必须从自身做起。"

注释：

①瓜雅贝拉衬衫：Guayabera shirt，男士衬衫，前片有 2 个或 4 个带盖贴袋，前后片都有垂直的装饰性细密褶，流行于加勒比海地区、拉丁美洲和非洲。

②塞斯特帖姆：sestertii，古罗马的货币单位。

†

Chapter Ten

WHAT NOW ?

新型的奢侈品市场

奢侈就是穿着昂贵裙服如同身着T恤衫一样安逸自在。
如果你没有这份自在，那你就不是一个习惯奢侈的人。
你只是一个买得起东西的有钱人。

——卡尔·拉格斐（Karl Lagerfeld）

李景汉（Handel Lee）演绎了一个现代美国梦。他的祖父——他的名字是由祖父起的——是一位中国的外交官，在北京时曾做过美国大使的顾问。1949 年，李景汉的祖父母和他新婚的父母离开了中国。他们先在日本生活了几年，最终在华盛顿特区安顿下来，在那里李景汉的父亲做了美国商务部负责科技的副助理部长，他的母亲则是一名艺术家。李景汉在华盛顿城外的马里兰州贝塞斯达（Bethesda）社区优美惬意的环境中长大，进入弗吉尼亚大学学习，后来在乔治城大学取得了法律学位。他加入美国著名的纽约世达律师事务所（Skadden, Arps），1991 年被派到北京开设北京办事处。"那段时间很有趣，非常清静。"不久，他便成为想来中国做生意的美国人"要见的人"（go-to man）。2004 年 4 月我第一次去上海时，他也是我要见的人。

李景汉请我到外滩五号米氏西餐厅洒满阳光的屋顶露台吃午

餐，这是一家时髦的西餐厅，是移居国外的富人常来光顾的地方。我下午一点钟准时到达那里，李景汉站起来迎接我，仪态完美得如同他身上的深色阿玛尼西装。李景汉说话很轻，却能切中要害，让人感觉很坦诚：所有事情你都不必跟律师或有势力的商人合作。他的底气来自他的广见博识——对形势、对玩家、对各种磕绊的熟稔——也来自他的耐性。这两者都是在中国做生意的基本要素，如同空气和水对生命的意义。

"最初我只打算在中国待个两三年，"我们一边吃蔬菜沙拉配熏鸭胸时，他一边告诉我，"但每天看到、听到的都是新鲜事——自然会有新想法。"1995年，李景汉有了一个新的想法：开一间当代艺术美术馆。"美术馆里有新鲜的艺术表达，这些人们从未在中国公开看到过，只在画家村或者艺术家工作室看到它们。"他说，"中国有着五千年的灿烂文明，但那是因为文化，而非军事力量。过去的60年里，最有活力的艺术家要么离开了中国，要么不准展出作品，实在是个悲剧。"

1996年，李景汉开了他的四合苑（Courtyard），中国最早的私人当代美术馆之一，就在故宫东门外。开幕宴会相当轰动，"来了九位大使和不少长头发的艺术家，"李景汉笑着回忆道，"警察也来了，他们也被场面震住了，大吃一惊。"他说，政府官员"担心这些是不健康的艺术"。他停了一下，承认"作品中有很多政治内容"。尽管李景汉取得了所有需要的许可证，政府还是在第二天关闭了美术馆，花了8个月时间才又得到许可证重新开馆。

1999 年，李景汉决定把这个想法带去上海，他将用更大的手笔描绘更壮观的场面——"一个既有美术馆又有餐厅的地方。"他说。在圣诞节打给一位家族朋友的电话里，他提到了这个想法。

"你应该来看看我们的建筑。"她主动说。

3 年前，朋友的家族从政府手里购买了一幢位于外滩、建于 1916 年的花岗岩新古典主义风格建筑，那里曾是联合保险公司（Union Insurance Company）和印度商业银行（Mercantile Bank of India）的旧址。但是楼买来后，这个家族始终不知道该做何用。

几天后，李景汉去看了那个地方。

"我可以把整个建筑做成一处集当代艺术、奢侈品以及社交生活之所，把它做成上海的一个样本。"他自己这样想。

他写了一份计划书，其中包括餐厅、奢侈品零售店以及一间美术馆，提交给了业主。

"这太不可思议了。"业主对他说，并全权委托给他。

他根据建筑物所在的地点把它命名为"外滩三号"，聘请著名建筑设计师迈克尔·格雷吾斯（Michael Graves）将计划变为了现实。

然后，他给乔治·阿玛尼打了电话。

尽管用了 3 000 年的时间，奢侈品最终还是完成了环球之旅：

奢侈品的生产以及消费，从中国出发，现在又回到那里。同时，它也在向印度和俄罗斯迈进。潜在的顾客群是惊人的。2006年，中国官方数字有30万个百万富翁，俄罗斯有8.8万个，印度有7万个。[274]2004年，莫斯科有33位亿万富翁，比世界上任何城市都多。[275]"这是本世纪新兴的市场，"汤姆·福特告诉我，"我们在西方已经做到头了——我们的机会来了又走了。现在该轮到中国、俄罗斯和印度了。这些国家在历史上曾拥有奢侈品文化，也丧失了多年，现在这种文化开始复苏了。"

20世纪90年代初，奢侈品业来到中国时，几乎没有市场。汉语中甚至没有"奢侈品"这个字眼。[276]他们用"名牌"这个词，意思是"著名的品牌"。"1995年我们在南京路上开店时，人们还推着自行车。"2004年9月，路易威登总裁兼首席执行官贾世杰（Yves Carcelle）在上海恒隆广场路易威登全球店的落成典礼上告诉我。

最初，奢侈品牌选择保险的地方开店炫耀他们的商品，比如北京王府饭店大堂、奢华的上海恒隆广场购物中心。"这比投块广告牌便宜，"通向亚洲咨询公司（Access Asia）总监保罗·福兰兹（Paul French）说，"只要放一些钱夹子和一些女店员就行了。"[277]与世界其他地方相比，90年代的中国奢侈品市场是由男性拉动的：90%的货品销售给男性，男性喜爱的品牌如波士（Boss）、登喜路和杰尼亚（Zegna）声名大噪。北京的政府官员和公务员们，上海的银行家和地产大亨们，以及北方省市的企业家们希望得到西方商人的全套行头。他们为自己购买纪梵希的西装，路易威登和登喜路的公文包、钱包，还有劳力士手表，为他们的太太和情人购买卡地亚的饰品。

但在 21 世纪初，李景汉还看到奢侈品客户群正在扩大，并相信这个市场已经足够成熟，足以支撑起一个豪华的零售和餐饮联合项目。"假定奢侈品消费者是占总人口 5% 的精英阶层，"他说，"在上海那就是 90 万人，在北京有 75 万人——这还没有算上拿着不错薪酬的高级白领。这些高级白领中，仅从中国台湾地区和香港地区来的就有 50 万人。"外滩三号的潜在顾客群并不仅仅只有本地富人。"在上海，你会看到秘书们在晚上精心打扮后出门社交。"李景汉告诉我，"她们省吃俭用，购买一个路易威登手袋。我的秘书就有一只普拉达的包。她把它摆在桌上显眼的地方，又在攒钱准备买第二只。北京，特别是上海，是北方城市比如沈阳、青岛、哈尔滨富人们的购物圣地，"他继续说，"这些富翁大多数是制造业和地产业的私营企业主——他们一次就能买下整个大楼。仅温州就有 25 万百万富翁。他们用现金购物。他们剃着平头，登喜路的皮夹里塞满现金。他们带着太太或女朋友走进店里，问'什么东西最好？'跟着就甩出票子来。"

与竞争对手相比，2004 年阿玛尼登陆中国算不得什么大事：在北京王府半岛酒店开了间乔治·阿玛尼高级成衣精品店，在大连和温州开了其副线品牌安普里奥·阿玛尼成衣店，在深圳开了阿玛尼·卡尔兹（Armani Collezioni）专卖店。对李景汉来说，选择阿玛尼入驻外滩三号是很自然的。"他改变了当代时尚的审美趣味，我觉得让阿玛尼以相当盛大的方式进入中国是非常重要的，"李景汉说，"他（指阿玛尼先生本人）精力充沛，人生充满传奇色彩，这种个人崇拜在中国很重要。比如在香奈儿的开幕典礼上，有人问可可·香奈儿在哪里。阿玛尼会给中国人留下极深刻的印象。"

外滩三号落成后，里面有乔治·阿玛尼高级成衣精品店，安普里奥·阿玛尼成衣店，阿玛尼花舍（Armani Fiori，销售荷兰进口的兰花、马蹄莲），阿玛尼糖果店（Armani Dolci，销售产自意大利的巧克力），两间高端时装品牌集成店，一间依云水疗馆，包括上海让·乔治餐厅（Jean Georges Shanghai）在内的4间餐馆，以及沪申画廊。那里不仅成为阿玛尼在中国的起飞坪，也成为西方零售模式进军中国的起点，奢侈品牌们精于此道，也在全世界精心培育。"开店的时机正好，"落成典礼那天阿玛尼告诉我。"你能看到一切正在悄然发生。昨晚我们来上海的这个地方吃饭，很吃惊人们展现出那么好的状态。甚至在巴黎也没有这样的氛围，这种气质。"

在中国的"处女航"中，阿玛尼先生更多地关注中国古代的历史文化。他去参观了故宫，在那里中国游客把他团团围住，争相拍照。他是意大利大使官邸鸡尾酒会的荣誉嘉宾，酒会上数百名二十来岁的时髦中国人身穿迪奥的紧身裙和阿玛尼西装，端着香槟酒，没完没了地聊着。在上海，他在黄浦江另一岸的浦东搭起一顶帐篷，为1 000名来宾举办了时装秀，秀结束后又在外滩三号的沪申画廊举办了派对，无限量供应上好的意大利基安蒂（Chianti）红葡萄酒，成摞的盘子里盛着配好了调味汁的生牛肉片和帕尔马火腿。数百名年轻漂亮的中国人随着电子舞曲跳着舞。美国电影明星米拉·索维诺（Mira Sorvino）、英国社交名媛海伦·泰勒（Lady Helen Taylor），以及中国台湾的偶像明星张震——"中国的约翰尼·德普"——都来了。一个在 VIP 区接待贵宾的女孩痴迷地说。"这里一切都富有活力，"投资银行家、41 岁的上海人陈宝文（音），隔着午夜后一浪高过一浪的音乐声冲我喊道，"这里有一种年轻人的文化，他们希望学习奢侈品和精致的饮食文化。上海不是纽约，也不是中国香港，但一点儿也不落伍。"

外滩三号让黄浦江边优雅的前银行区改头换面，在两年的时间里将它变成了一个类似蒙田大道和罗迪欧大道的奢侈品牌街区。开业最初的 6 个月，外滩三号阿玛尼的销售额超出了李景汉之前预计的 50%。3/4 的外滩三号的客人是本地中国人，平均每次的花销为 400 ~ 500 美元。中国女性开始对奢侈品产生兴趣，让销量持续上升，于是奢侈品牌开始在店中加大铺放女装和配饰。到 2004 年，女性消费占了中国奢侈品销售的 40%，而在 20 世纪 90 年代这个数字为 10%。[278] "在其他省市，据说人们总是把最后一分钱拿来买食品，但在上海，我们买衣服。"[279] 2004 年阿玛尼开业不久，上海一位本土鞋履设计师黄梦琦（Denise Huang）对《时尚》杂志如是说。奢侈品杂志《世界都市》（iLOOK）出版人洪晃也同意此说，"一个女孩愿意花一个月的收入去买一只手袋，在伦敦和纽约没人会这么做。但这些女孩都有自信，她们明白，更多的金钱和更多的机会正向她们走来。"

时尚类杂志成为中国最重要的奢侈品讯息来源。中文版 ELLE（《ELLE-世界时装之苑》）、Cosmopolitan（《时尚伊人》）和 Vogue（《服饰与美容》）每本的月销量都在 50 万册左右，主要在报刊亭销售。当 2005 年 9 月中文版 Vogue《服饰与美容》首次发行时，其创刊号在五天里销售一空。第二期三天就卖光了。"中国卖得最好的品牌是香奈儿、迪奥、路易威登，"《服饰与美容》主编张宇告诉我，"大多中国人购买奢侈品是为了身份的象征，而不是品位。他们喜欢名牌标志。他们想让人们知道他们拿的是贵重的东西。你看这些人走进店来，说，'这是哪里的品牌？意大利的？那一定不错！'他们叫不出名字，也不知道品牌的发源地。他们只是因为价格不菲就想要这件东西。"

奢侈品开始向人口 600 万～800 万的二线和三张城市扩张，比如杭州、广州、成都和西安。到 2006 年底，路易威登在中国内地已经拥有 14 间旗舰店，包括西安的一间，并计划在未来几年以每年二到三间的速度开新店。"在中国，我们的市场尚未饱和，"路易威登全球总经理塞吉·布隆施威格（Serge Brunschwig）在 2005 年时说，"中国是一个尚未充分发展的市场，有很好的潜力。"[280] 2005 年 4 月，乔治·阿玛尼尚只有 5 家店，2006 年已增长到 53 家店，并计划 2007 年再开 23 家。到 2006 年底，大中华区已经成为阿玛尼继日本之后亚洲第二大批发市场。[281] 2006 年初，萨尔瓦多·菲拉格慕在中国有 30 间店面，计划在两三年中再开 10 到 15 间。2006 年初，卡尔文·克莱恩（Calvin Klein）有 24 家独立门店，销售旗下各种产品线，它计划到 2008 年再开 80 到 90 家店。[282] 瓦伦蒂诺（Valentino）于 2006 年在二线城市杭州，开了中国内地的第一间店，店面位于著名的西子湖畔，紧挨着杜嘉班纳和乔治·阿玛尼店。大多数品牌都有很好的业绩。自 1992 年登陆北京后，路易威登"从来没有在任何店有任何亏损，"[283] 路易威登中国区总裁施安德（Christopher Zanardi-Landi）夸耀说。

今天，奢侈品如同中国的其他事物一样——繁荣兴旺。中国的经济以有史以来最快的速度发展。到 2006 年，中国成为继美国、日本、德国之后世界第四大经济大国。经济学家预计，在未来几十年里，它将成为世界第一大经济体。到 2005 年时，据美国管理咨询公司贝恩公司（Bain & Company）所称，中国奢侈品市场价值约 13 亿美元。

正如纪梵希中国—亚太区总裁古伟伦（Wilfred Koo）所言，中国的奢侈品用户已经发展为新生的精致一族：那些"在尼克松访华后出生的年轻的中国人，他们使用互联网，资讯灵通"。他们把钱花在自己身上，会购买顶级产品。这个新生的时髦族群在外滩三号购买了如此之多阿玛尼最昂贵的黑牌系列（Black Label，即 Armani Collezioni），以至于李景汉在 2006 年决定将安普里奥·阿玛尼成衣店也搬进楼上的黑牌系列产品区域。纪梵希推出一款纤瘦、裁剪更时尚的女装，杰尼亚也在中国生产出一款专为中国市场设计的男装系列。"同时，中国市场的女装业务也将一路走红！"谷伟伦微笑着说。

2005 年 11 月我在香港遇到出身商人世家的第三代谷伟伦，当时他正忙于为在中国开新的精品店寻找地点。那时，纪梵希已在北京和上海开了 48 间男装店和配饰店，全部是特许经营的方式。"未来 3 年，中国会有 300 家购物中心开业。"他觉得不可思议。规划中仅北京就有 6 座大型购物中心，购物面积达 600 万平方英尺，大多赶在 2008 年北京夏季奥运会之前开业。2006 年，纪梵希计划在北京和上海开设两间 LVMH 所有的旗舰店。"你会看到北京和上海的转变。"谷伟伦向我保证。

李景汉是这两座城市发生变化的主要推动力。他计划于 2007 年秋在北京推出前门 23 号院（Legation Quarter）项目，这是北京第一个不是开在酒店里的综合性奢侈体验场所，它在位于天安门东南角一座 4 英亩大的四合院内，那里在 1903—1949 年曾是美国驻华大使馆，李景汉的祖父曾在那里工作过几年。前门 23 号内有一个有 180 个座位的轮演剧场，一个 25 000 平方英尺的画廊，7 家餐馆，其中一家餐馆由纽约名厨丹尼尔·布鲁（Daniel Boulud）打理；还有几个被李景汉称为"超级奢侈"品牌的精品店。他说，"那些终极奢侈品牌，比如布里奥尼（Brioni）、百达翡丽（Patek Philippe）并不希望与他们的竞争对手扎堆。"

在上海，李景汉正在建另一个奢侈消费目的地。这个计划占地 6 英亩，曾是前英国领事馆旧址，位于外滩和平饭店北面，这片地区正在大力整修。正在进行的高档项目包括半岛酒店（Peninsula Hotel）、萨克斯第五大道，以及一个由洛克菲勒家族（Rockefellers）开发，集住宅、商业和办公于一体的综合地产项目。李景汉的综合地产项目于 2009 年底开业，还有一个小型音乐厅、画廊、奢侈品零售店和一间精品酒店。像外滩三号一样，前门 23 号和新的上海项目都应该顾客盈门。据安永公司（Ernst & Young）分析家们的预测，到 2010 年，中国将有 2 亿 5 千万中国人具备奢侈品购买力，到 2014 年中国人将取代日本人成为世界超级奢侈品消费群体。"我们早早就采取行动，因为我们真的确信中国正在实现现代化，"2005 年 11 月，伯纳德·阿诺特在北京国贸中心路易威登大厦开业时说道，"我们知道未来（中国）会成为世界最大的市场。不管要等 20 年 30 年，还是 40 年，这是不可逆转的。"

中国的国内零售市场只是整个布局的一部分。像日本人一样，中国人也喜爱旅行和购物。2006 年，中国内地在奢侈品市场中只占 2%，但在全球范围内，中国人消费了 11%。[284] 而据美林证券（Merrill Lynch）的报告，这个数字很可能在 10 年里翻番。"目前有 2 500 万中国人出门旅游，2020 年将达到 1 亿人，"巴黎美林证券分析师安托万·克劳纳（Antoine Colonna）在 2004 年说，"他们平均每人每次旅行会花 1 000 美元购买奢侈品。他们可能会在餐饮和住宿上精打细算，但不会在奢侈品上吝惜。"2004 年，路易威登的主席兼首席执行官贾世杰在上海路易威登店的落成典礼上告诉我："中国内地居民是最热衷于在旅行中购物的一群人。我们在中国每卖出 100 块，我们在境外就会卖出 150 块给中国人。"

2003 年 7 月，中国政府放宽赴港旅行的限制后，中国居民的旅行热潮爆发出来。到 2005 年，中国出境旅行的居民中有 76% 去过香港，他们曾经、现在最喜欢的活动都是购物：在香港选择更多，价格却比内地便宜 10%，因为在家乡需要付奢侈品税。"3 年前，香港市场占我们总体销售的 2%，"宝格丽首席执行官弗朗西斯科·特拉帕尼（Francesco Trapani）在 2014 年的一个奢侈品牌圆桌会议上说，"现在，占到了 15% 到 20%。"[285]

在香港，奢侈品牌纷纷扩张以应对市场需求。2005 年底的几个星期里，路易威登和香奈儿都新开了特大型门店，均由建筑师彼得·马里诺设计。目前，路易威登在香港已经有 6 家店面，在澳门附近还有一家。相比之下，他们在巴黎才有 3 家店。澳门环球免税店（Macau DFS Galleria）在 2008 年开业，主要面向中国人。迪奥在香港有 9 家精品店，其中一家旗舰店位于九龙北京路，有着 11 000 平方英尺的超大面积。"内地居民来香港只有一个目标——购物，"上海智威汤逊广告公司（JWT）总经理唐锐涛（Tom Doctoroff）说，"中国人喜欢把钱优先花在可以公开炫耀的东西上。但那就像买了一个闪闪发光的光环。他们知道哪些品牌是有名的，但他们说不出品牌之间质量或者设计上的区别。他们只想为自己锦上添花，就像当今世界中的一些人处心积虑谋求声望一样。"[286]

伯纳德·阿诺特不以为然。"我认为，最终，中国的奢侈品用户将会成为高雅而有教养的用户。"2005 年他在北京路易威登开业典礼上这样说。他们的确在尝试。大陆人给他们五六岁大的孩子报名上各种私人课程（高尔夫、音乐、芭蕾、骑马、滑冰、马球）、礼仪学校，自己则花钱上工商管理硕士初级速成班。[287] "这些人很有钱，但缺乏基本的礼仪常识，同时也不在意自己的名声。"北京中国社会科学院比较文化研究专家王连义告诉《纽约时报》(New York Times)，"但是新贵们不仅想赚到钱，还希望将来人们会尊敬他们。"

一个俄罗斯人买了一辆崭新的大奔。两周后，他把车开回售车店，说："我想要一辆新的。"

"可是，先生，你才刚刚买的那辆车啊，"销售商咕哝着说，"车有什么问题吗？"

"烟灰缸满了。"

这个笑话是今天俄罗斯新贵的一个缩影：年轻的亿万富翁的财富观可与旧俄的罗曼诺夫王朝匹敌。"有顾客走进店来，一下子买了 700 双袜子，因为他们只穿一次就扔掉，"大卫·奇斯（David Gisi）说，他是俄罗斯最大的零售集团之一马丘里（Mercury）男装部的运营总监，"在他们眼中劳力士表跟斯沃奇（Swatch）差不多。"[288]

最初，俄罗斯的富人在海外消费。他们买下了蓝色海岸最富丽堂皇的别墅，成打买法拉利跑车，买法国高级时装时会把一个系列买下。太多俄罗斯的有钱人在欧洲最重要的商业中心伦敦定居，以至于英国媒体有时会称伦敦为"伦敦格勒"（Londongrad）或"泰晤士河上的莫斯科"（Moscow-on-Thames）。伦敦优雅时髦的切尔西区有绰号为"切尔西斯基"（Chelsky），奢华的百货公司哈维·尼科尔斯（Harvey Nichols）更被冠以"哈维·尼科尔斯基"（Harvey Nicholsky）。在巴黎，我问迪奥蒙田大道店的一位员工，谁是最好的顾客，她毫不犹豫地告诉我，"俄罗斯人"。他们定期来店里购物，一小时豪掷 1 万到 2 万美元。店里要数讲俄语的女店员最忙。在许多阿玛尼的成衣店里，俄罗斯人买得比美国人和日本人多得多。[289]

现在，奢侈品牌把他们的东西送去了莫斯科，充分利用了那些气势恢宏的巴洛克风格建筑，这些建筑建于俄罗斯帝国的罗曼诺夫王朝，那是俄罗斯上一次奢侈品繁荣时期。莫斯科和圣彼得堡，就没有富人了——2005 年俄罗斯最低月工资为 27 美元，2004 年欠付的工资为 8.2 亿美元——因此没有奢侈品市场。[290] 不过仅莫斯科的钱就足够让奢侈品大亨们财源滚滚乐开怀。1998 年的经济危机导致很多银行破产、消失，俄罗斯人手中攥着 500 亿美元的现金，于是就将大部分钱花在了奢侈品店里。[291] 美林公司的分析员称俄罗斯为"年轻的、不愿意储蓄的消费型经济体"。米兰一家顶级时尚市场和策略公司潘比安科咨询公司（Pambiamco Consultants）在 2004 年指出，俄罗斯的奢侈品市场价值 6 亿美元，以每年 6%~8% 的速度增长。根据芝加哥的科尔尼咨询顾问公司 (A.T. Kearney) 的报告，莫斯科在 2003 年和 2004 年是最有吸引力的零售业新兴市场，2005 年成为印度之后的第二名。分析家们相信，到 2009 年俄罗斯人的消费将占到奢侈品整体市场的 7%。

从克林姆林宫和列宁墓穿过红场就是古姆国立百货商场 (GUM)。这是一座建于 19 世纪的拱廊商场，颇有历史感，在社会主义时期，它是国营百货商店，把政府分配的服装和食品卖给本地人，把套娃卖给游客，以空空如也的货架和服务人员的坏脾气著称。今天，这里是奢侈品销售中心，大理石通道两侧的商户有路易威登、迪奥和莫斯奇诺 (Moschino)。2006 年 10 月迪奥开业时，女影星莎朗·斯通用克里斯汀·迪奥用过的剪子剪了彩。[292]之后，是一个 600 人参加的铺张鸡尾酒会，晚些时候，莫斯科新开的金璧辉煌、帝国风情的亚洲风味餐厅图兰朵 (Turandot) 举办了一个 250 人的私人晚宴，奉上了鲟鱼子酱、烤羊肉、雪树伏特加 (Beledere Vodka)，以及唐培里侬珍酿香槟王。

不远处，马丘里集团在一条名叫特莱提亚科夫路 (Tretyakovsky Proyed) 的古老鹅卵石街道旁建了一个 10 万平方英尺的拱廊购物中心。[293]你会看到俄罗斯富人们在购物中心的奢侈品店铺古驰、普拉达、杜嘉班纳、占了三层楼带有 VIP 沙龙的阿玛尼里疯狂扫货。到了晚上，他们坐上车窗上贴了黑膜的奔驰越野车，穿着买来的奢侈品牌时装，回到特莱提亚科夫路，去马丘里集团旗下价格昂贵的高级餐厅特莱提亚科夫

(Tretyakovsky Restaurant) 吃饭。"我们正在建米兰之恋大街 (Via Montenapoleone)，"马丘里集团副总裁兼零售总监阿拉·弗伯 (Alla Verber) 说，他指的是该集团正在米兰修建的奢侈品购物街，"我们只做豪华的，豪华的，还是豪华的。这意味着豪华轿车、奢侈时装、奢华珠宝、奢侈餐饮以及奢侈的家居用品。我们是一个奢侈品的帝国。"

从莫斯科市中心开车 35 分钟就到了阔客仕城 (Crocus City)。这个 2002 年开业的奢侈品购物中心庞大得足有 69 万平方英尺，有 180 间精品店，包括阿玛尼、Pucci、Céline、蔻依、范思哲和奇安弗兰科·费雷。"在设计阔客仕城之前，我们去了迈阿密的巴阿港 (Bal Harbour) 和新泽西的矮山 (Short Hills)，我们还去欧洲各地考察奢侈品购物中心。然后，我们把我们喜欢的东西综合到了一起。"阔客仕国际公司 (Crocus International) 共同所有人之一兼商业总监爱敏·爱格拉罗夫 (Emin Agalarov) 说，"阔客仕城这个地方即便是你在寒冷天气走进来，也仿佛置身热带天堂，在这里你可以购物、休闲、娱乐。购物中心里有一个大游泳馆，每 3 个小时就有专业的花样游泳运动员进行表演。还有一条小河沿着石灰石铺的通道蜿蜒而过。"[294] 这里正在扩张，要增加 120 间精品店，以及一座有 1 000 个房间的酒店，爱格拉罗夫说要像"威尼斯人或者贝拉焦那样，有俄罗斯最大的赌场，还有，俄罗斯最大的电影院，里面有 20 ~ 25 间放映厅。"2010 年建成后，阔客仕城面积将会达到 1 080 万平方英尺。

奢侈品牌在俄罗斯的扩张正紧锣密鼓。迪奥的报告称，他们2004年在俄罗斯的销售额增长超过了50%，并说莫斯科旗舰店的盈利在他们的170间店里位居第五。[295] 路易威登首席执行官贾世杰说，他们在莫斯科的成衣销售量高出世界任何地方。难怪克里斯汀·拉夸会在2005年将其高级定制系列带到圣彼得堡。"卖得不错，"拉夸的发言人兴奋地告诉我。

"如果你认为中国就已经很不得了，"贾世杰告诉我，"那你还得看看印度。"

与俄罗斯和中国不同，印度一直存在着生活富裕的社会精英阶层，那些王公们经常在欧洲购物，常常光顾路易威登、香奈儿和卡地亚等在母国已建立了声望的奢侈品牌。

这些年印度的变化体现在中产阶层的经济地位有了上升。世界各地的公司都把生产外包到印度来，创造了就业机会，也推动了经济增长。2005年，分析家们估计每年有2 200万印度人进入中产阶层。[296] 他们就像美国、日本、中国以及其他国家的中等市场消费者一样，带着品牌标志的奢侈品对他们而言是新财富的象征。"人们有了钱，就想花掉它，而不是存起来。"[297] 负责法国时装品牌妮可·米勒（Nicole Miller）在印度的业务发展的客户执行主任罗哈娜·米拉（Rachna Mehra）说。

奢侈品牌蜂拥而至来到印度，是为了迎合新的需求。到2006

年，路易威登已在印度开了两间店，一间开在德里的欧贝罗伊酒店（Oberoi Hotel）里，另一间位于孟买高级的泰姬陵酒店（Taj Mahal Hotel）。香奈儿在印度的第一家精品店由彼得·马里诺设计，于2005年4月在新德里的帝国酒店（Imperial Hotel）开业。法国媒体报道说，在正式开业前，店里库存的香奈儿5号香水甚至都销售一空了。芬迪也于2006年11月在泰姬陵酒店开了一间店面，由配饰设计师、法棍包之母希尔维亚·文迪里尼·芬迪剪彩，之后在泰姬陵宫酒店（Taj Mahal Palace）举办了盛大晚宴。范思哲于2006年进驻；阿玛尼、瓦伦蒂诺、菲拉格慕和爱马仕都有计划在那里发展。

根据美林银行分析家的分析，印度有近500万奢侈品消费者，市场发展上滞后中国10年。像中国一样，印度奢侈品消费的潜在增长是无止境的。这两个国家人口均超过10亿，加起来占到世界总人口的40%。两国都有爆炸式的经济增长，都有希望体现自己西方化理想和价值观的新兴富裕企业家阶层，也都有冒出头的——用奢侈品牌高层们的话来说——有抱负的中间市场。这两个国家有超过4亿的人口有能力购买奢侈品和高端货品，米拉说："这4亿人一等时机成熟就会来店里消费。"[298]

美国贝恩顾问咨询公司（Bain & Company）的一份报告显示，2005年印度的奢侈品业增长了25%，增长幅度仅次于中国。[299]"未来5年，印度奢侈品市场的增长将高于全球平均增长的4倍，"贝恩公司在2006年宣布，"2005年到2010年，年收入超过23万美元的家庭将增加三倍。"2006 年，印度消费者购买了 4.34 亿美元的奢侈品，到 2010 年时这个数字有望翻倍达到 8 亿美元。高盛集团（Goldman Sachs）的报道说，在未来 50 年，印度将成为世界上发展最快的主要经济体。

比起在中国，奢侈品牌在印度发展得更顺畅，究其原因是印度的文化和对西方奢侈生活的了解：它从未关闭过面向世界的大门。根据 AC 尼尔森市场研究公司（ACNielsen）的调研显示，2006 年，在印度奢侈品市场上最畅销的品牌是古驰，后面依次是阿玛尼、迪奥、范思哲、路易威登、拉尔夫·劳伦、伊夫·圣·洛朗、香奈儿和普拉达。[300] "就在去年，我们的客户群有了相当大的增长，"印度路易威登公司的卡伦·威尔逊·卡马尔（Karen Wilson Kumar）说，"我们仍然有相当数量的顾客去海外各地旅行、购物，但是我们也看到了一拨新的顾客群，他们年轻、有发展前途、夫妻都有收入、有购买力。同时，我们也目睹到年轻的一代，他们追逐路易威登的各种潮流，想要款式更新颖、色彩更明快、最时髦的手袋。许多年轻人把购买信封包（Pochette）当作迈入路易威登殿堂的第一步。"[301] 在印度也有喜爱珠宝首饰的传统，对黄金首饰尤其情有独钟。麦肯锡公司（McKinsey & Company）的分析家相信，品牌珠宝，比如卡地亚和宝诗龙，销售每年将有 40% 的增长，到 2010 年将超过 20 亿美元。[302]

唯一的阻碍似乎是基础设施建设。"在印度开发一条蒙田大道的可能性很小，"路易威登印度公司的零售经理普拉萨娜·巴斯卡尔（Prasanna Bhaskar）说，"我们没有这种可以让客人轻松闲逛的道路和人行步道区。"[303] 印度也没有上海和莫斯科那样闪闪发光、新兴的创意城市。正如瓦伦蒂诺时装公司首席执行官米歇尔·诺萨（Michele Norsa）所说的，"只要你一旦走出孟买泰姬陵宫大厦或新德里的商店，拥挤的街道上就是肮脏不堪。"

当地的开发商希望做些改变，哪怕只是给奢侈品牌提供一些选择。国家也通过给开发商提供减税政策和优惠的贷款，帮助他们融资，以在全国建设购物中心：到 2008 年计划有 375 家购物中心建设完工。[304] 印度财务部 2006 年的报告说，未来 5 年，印度将有 1 500 亿美元的资金用于基础设施的改善，同时私营建筑公司也正忙于建设一个投资 380 亿美元的新公路网。[305] 这意味着分析家和品牌商们都视印度为一处长远的市场。"如果你问那些已经来到印度的公司，他们会说业绩并不那么好，"2006 年，爱马仕国际首席执行官帕特里克·托马斯（Patrick Thomas）说，"但是，那里有潜力，未来会成为重要的市场。"

走进米兰斯卡拉歌剧院（La Scala）后面一条短短的、其貌不扬的街道，就来到下一个奢侈品汇聚的中心：宝格丽酒店（Bulgari Hotel）。这里的前身是一个女修道院，在第二次世界大战期间被炸成瓦砾，战后被重建成一座毫无魅力的公共建筑。自 2004 年 5 月宝格丽入驻此处开业以来，这里便成为城中潮人聚会的首选之地。酒店只有 58 间客房，由著名室内设计师安东尼·奇特里奥（Antonio Citterio）担纲设计，将其还原为过去那种可以举行社交活动的奢华酒店：加厚的房门令房间完全隔音，橡木四柱床上铺着羽绒制的床品，墙上镶着橡木护壁板，宽敞的浴室，步入式衣橱里挂着榉木衣架。同时，酒店里也有现代设施，比如每个房间里都安装了运动传感器，可以让管家中心知道房间里是否有人；还有一个带小型泳池的水疗房，台阶是用带金箔的瓷砖砌成的。房间中，宝格丽的产品低调地展现在四周：咖啡桌上放着产品手册，浴房里摆着宝格丽洗浴用品，桌头柜上放着宝格丽的绿茶蜡烛，客房侍应生在做夜间开床服务时会点亮它们。"这是品牌的一种公关策略，"宝格丽的首席执行官弗朗西斯科·特拉帕尼（FrancescoTrapani）2005 年时说，"我们并不期待这是一项高回报的商业投资。它更像一个形象代言。"[306]

特拉帕尼是奢侈品行业极有见地的高层人物之一。1984 年，当特拉帕尼被他的两位舅舅，宝格丽的总裁保罗·宝格丽（Paolo Bulgari）和副总裁尼古拉·宝格丽 (Nicola Bulgari) 聘为首席执行官时，就下定决心，要像那些奢侈品大亨一样，把这个由他的曾外祖父索提里奥·宝格丽（Sotirio Bulgaria）创建的百年珠宝公司带向更广阔的市场。他推出了价格较低的珠宝、手表和香水；打出更平易近人的商业广告；把地下室一样的店铺翻新为没有压迫感的明快空间；他带领品牌向新市场扩张；他把价签摆进橱窗，展示在产品旁，以便告诉路过的中间市场的人们，他们也买得起宝格丽。1995 年，他把公司 32% 的股票放在米兰股票交易所挂牌上市。2 年后，他推出宝格丽皮革产品，随后专门为新产品线开辟了精品店面。到 2005 年，配饰产品已占到宝格丽销售总额的 8.4%。自从宝格丽面向大众市场 10 年以来，其营业额增长了 4 倍，每年超过 10 亿美元（2005 年为 9.19 亿欧元），利润增长了 5 倍，达到 1.54 亿美元（1.164 亿欧元）。"在我接手时，我们还不是奢侈品大鳄，"特拉帕尼直率地说，"今天，我们是了。"

开酒店是合理的下一步经营策略。毕竟，大亨们都喜欢标榜他们的公司不是一堆名牌，而体现了某种生活方式，他们的创意总监和设计师们则是当今品位的最终仲裁者。既然他们可以教你如何穿衣打扮、布置房间，为什么不能包办你的假期呢？2000 年，范思哲和澳大利亚地产开发商阳光土地（Sunland）在澳大利亚的金色海岸（Gold Coast of Australia）揭幕了范思哲广场（Palazzo Versace），这是一个拥有 205 间客房、72 套公寓、3 家餐馆和一个私人游艇码头的度假村。度假村堪称范思哲品牌美学的圣殿，里面摆着新古典主义风格的家具、拼花木地板，还有色彩鲜明的洛可可风格印花窗幔、床罩、床单和靠枕。2006 年末，范思哲和阳光土地签署了一份合约，合约显示在未来 15～30 年内再建 14 座范思哲广场，2009 年首先从迪拜开始。"我们的酒店不是为了生意，"范思哲的首席执行官詹卡洛·迪·雷希奥（Giancarlo Di Risio）说，"它们是奢侈的象征。"[307]

乔治·阿玛尼 2005 年宣布，与迪拜爱玛尔地产公司（Emaar

Properties）签署了一份合作协议，将共同开发若干座酒店和度假区。阿玛尼本人负责设计和装潢；爱玛尔为项目投资 10 亿美元，负责经营。首家酒店将开在全世界最高的建筑迪拜塔（Burj Dubai）里，第二家则开在米兰安普里奥·阿玛尼综合区，两家酒店的开业时间都定在 2008 年。菲拉格慕旗下的精品酒店品牌朗加诺（Lungarno）在佛罗伦萨拥有几间酒店，据报道意大利品牌米索尼和毕伯劳斯（Byblos）也在着手酒店项目。缪西娅·普拉达告诉我，她本来也要做一个普拉达酒店的项目，但还是放弃了。"对我来说，做一个连锁酒店的装饰是不够的，"她告诉我，"我们有自己要表达的东西。"

2001年，特拉帕尼与万豪酒店集团（Marriott）签署了协议：宝格丽负责做酒店的装潢，万豪旗下的丽兹-卡尔顿集团负责管理运营。3年后，他们在米兰的酒店开业，接下来的2006年，在巴厘岛也开了豪华度假酒店。"我们相信，这是一个富有创新精神，同时又合情合理的品牌推广方式，有助于提升品牌在奢侈品领域的认知度，"特拉帕尼对我说，"一家酒店可以让我们有机会提供给客户更好的全方位的生活方式体验。"2005年，宝格丽的米兰酒店收入达1 750万美元（1 500万欧元）。宝格丽占酒店65%的股份——合960万欧元——这笔收入也并入了公司的财务报表。宝格丽的其他项目还有在伦敦、巴黎、纽约和东京开精品酒店，2005年末，特拉帕尼与李景汉洽谈在其上海的前英国领事馆项目中开设一家宝格丽酒店。

2004年9月一个欢闹的周五的夜晚，巴黎的一群时尚中人聚集在蓬皮杜中心（Centre Pompidou）的楼顶餐厅，庆祝时尚界最酷的新合作：香奈儿设计师卡尔·拉格斐为瑞典平价服装连锁公司H&M推出了一个系列。正如拉格斐为香奈儿所做的设计，他的H&M服装也潇洒利落，而又知性十足：窄瘦的黑色长裤套装、明快的白衬衫、摩登的直身裙，还有雪纺的鸡尾酒小礼服。与香奈儿服装不同的是，这些服装的价格单价都低于150美元，甚至大多数低于100美元。拉格斐想证明便宜也可以很棒。他说，说到底，好时装无关价格，"它关乎品位"。

自从奢侈品行业拓宽到中间市场，就遇到了一些始料未及的事：来自"快时尚"品牌，比如H&M、飒拉、塔吉特（Target）、芒果（Mango）和Topshop的严酷竞争，这些快时尚品牌全年不歇地生产最入时的新衣服和配饰，每周往门店上新。他们的秘密武器是电脑技术。飒拉搜集其426间门店的数据，分析出最新的潮流趋势，每年能开发出1万种新品。而Topshop每周推出300个新设计，于是一件服装的上架时间从6个月缩减至几周，创造出被《时尚》杂志主编安娜·温特所称的"无季时装"。

为与奢侈品牌时装竞争，快时尚品牌招募到顶级设计师来协助设计。塔吉特聘用了艾萨克·麦兹拉西（Issac Mizrahi）；Topshop有侯赛因·卡拉扬（Hussein Chalayan）和索菲·可可萨拉凯（Sophia Kokosalaki）；H&M 请来拉格斐和斯特拉·麦卡特尼、维果罗夫设计组合（Viktor & Rolf）。时装界的宠儿罗兰·穆雷（Roland Mouret）——他与其老板发生了争执，在 2005 年放弃了开在伦敦的以自己名字命名的公司——为盖普品牌设计了限量版系列。据说，蔻依前设计总监菲比·菲洛（Phoebe Philo）在 2006 年也悄悄为这个品牌做过顾问。[308]

2006 年一个飘雪的冬日早晨，我来到斯德哥尔摩 H&M 公司现代风格的总部，拜访了 H&M 市场总监约尔根·安德森（Jörgen Andersson），想探究打着奢侈品烙印的快时尚品牌是如何运作的。海恩斯 & 莫里斯（Hennes & Mauritz）——更广为人知的名称是 H&M——是一个瑞典现象。它起步于 1947 年，那时它只是一家由企业家埃林·佩尔森（Erling Persson）所有并经营的小商店，开在距离斯德哥尔摩 1 小时车程的小城韦斯特罗斯（Västerås）。70 年代，佩尔森的儿子斯蒂芬加入企业，对企业进行扩张。1982 年，他成为首席执行官，1998 年成为执行主席。1974 年，公司在斯德哥尔摩证券交易所上市，与爱立信一样成为瑞典表现最佳的公司之一。到 2006 年初，H&M 已拥有 22 个市场、1 193 间门店，计划扩展至迪拜和科威特。H&M 的业务是建立在高营业额的基础上的。每天都有新服装进店，吸引了不少固定的回头客。在斯德哥尔摩的 H&M 总部，员工超过 750 名，其中有 100 位设计师在一刻不停地设计出大量新系列，还有 55 名打版师，以及 100 名为公司各门店工作的买手。"通常我们会提前一年设计好服装，但是如果有什么最热门的潮流，我们也能在两三个星期内拿出新产品。"安德森解释道。

我在 H&M 总部碰到的每个人都很年轻、漂亮，穿着帅气入时的、由斯特拉·麦卡特尼设计的 H&M 最新系列。如我所想，安德森是一个高个子、模样英俊的瑞典人，他告诉我，是他和公司的创意总监简·诺德（Jan Noord）想出了邀请奢侈品牌设计师来为他们设计限量版系列的主意。"我们要为圣诞节推出一个大宣传企划，想做些不太一样的东西，于是我们问自己，'最终该给女性什么样的礼物，才能体现出我们的理念——以最好的价格得到最高质量的时装？'"他解释说，"我们开始谈到卡尔。女人们崇拜他，他也证明了自己有绵延不断的创新能力。我们给卡尔打电话，他很喜欢这个想法。他说，在他看来，H&M 和香奈儿一样，正在决定着时尚的含义，时尚是由大时装公司创造出来的，但流行却是被大街上人们的着装方式谱写的。我们推出了限量版的概念，那是一个不易得到的产品系列，是大众化的产品却有独家的设计：这就是所谓的'大众独享'（massclusivity）。我们想走向大众，但你必须在一个特别的日子去到服装店。你永远不会看到打折的卡尔设计。"

拉格斐做了设计，并与 H&M 一起工作，选出意大利产的面料，在土耳其、罗马尼亚和波罗的海国家生产。卡尔系列的价格比一般 H&M 服装高出 20% ~ 30%，据安德森的解释说："我们想尽可能做出最好的质量。"当卡尔系列上市后，公众的反应很强列。"我们制造了一桩时尚事件,"安德森回忆道,"人们吃完早饭就来 H&M 店外排队。有些单品在两小时内就卖光了,比如那款镶亮片的女式晚装夹克。一切如我所愿,整个系列在圣诞节前销售一空。正如卡尔在我们拍摄的录像中所说的,'品位与金钱无关'。"

快时尚奢侈品牌设计师系列的成功,比如拉格斐的 H&M 系列,震动了奢侈品行业,促使一些公司改变经营方向奋起直追。菲拉格慕集中产品目录,与供应商之间建立起电脑联络,将设计到上货的周期缩短了 20%,减少到 10 周。博柏利开始每季推出 4~5 个限量系列。[309] 其他时装品牌,比如埃斯卡达,推出了他们称之为"热力补品"(hot fill-ins)的季中系列,并赶在每季的巴黎、纽约和米兰时装周之前把服装送到零售商手里。为使时装秀不失去其意义,法国高级时装公会主席迪迪艾·戈巴克(Didier Grumbach)只得建议提前时装周的发布日期。

更为重要的是,奢侈品牌设计师推出的快时尚消弥了高端时尚与低端时尚之间的差别。如今,富人会买艾萨克·麦兹拉西设计的塔吉特,中间市场的消费这也会去古弛店里购物。麦兹拉西把这种现象称为"两极化的无序购物"。[310] 拉格斐深以为然。"我们生活在一个贵和不贵——不同于廉价,我讨厌廉价这个字眼——和谐共存的时代,"他告诉我,"这在时尚界还是头一遭。"

"以前,廉价服装看上去就很廉价,"安德森告诉我,"今天,要看出它们的区别几乎不可能,这正是我们想要证实的。我们可能永远做不到香奈儿那般奢侈，但是何为奢侈更在于你对它的定义，这远超过标签上所标出来的。我们看到自己成为所有人的竞争对手——盖普、飒拉，还有香奈儿。如果你可以去 H&M 购物，为什么还要去香奈儿？"

✝

Chapter Eleven

NEW LUXURY

新奢侈

我能想象的最大的悲哀是习惯于奢侈。

——查理·卓别林（Charlie Chaplin）

时至今日，奢侈品业已与垄断行业别无二致，其核心已不再是奢侈品的艺术性，而是账面上的利润。2006 年初，普拉达将赔钱的吉尔·桑达卖给了伦敦一家名为"改变资本合伙人"（Change Capital Partners）的私募股权基金，据称卖了 1 亿 1 910 万美元。[311] 这个在德国汉堡创立的品牌目前由一位深得好评的比利时年轻人拉夫·西蒙斯（Raf Simons）担纲设计，而家住公司总部隔壁的吉尔·桑达本人也在计划着重返时尚圈。2000 年以来，阿诺特撤掉了集团旗下的几个品牌。他将 LVMH 持有的迈克高仕时装股份卖给了体育用品控股有限公司（Sportswear Holdings, Ltd.），这个集团旗下的品牌还有汤米·希尔菲格、爱丝普蕾和杰拉德（Garrard）两个珠宝品牌；他把玉宝腕表卖给了摩凡陀集团（Movado Group），把伯瑞香槟（Pommery）卖给了弗兰肯香槟集团（Vranken Monopole），又把克里斯汀·拉夸卖给了法力克集团（Falic Group）—— 一家佛罗里达免税品经销商。他拥有的大多数品牌都兴旺发达。在我完成这本书的时候，有传言说 LVMH 集团里最不赚钱的品牌——纪梵希、Céline 和高田贤三——可能正要出售。宝洁公司在 2006 年关闭了巴黎罗莎（Rochas）的时装工作室，但保留了香水系列。那些曾是奢侈品品牌创立者和拥有人的设计师们，现在变成雇来的帮手，与他们创造的衣服和鞋子一样被任意处置。"所有的大公司并不把你当人看，"前纪梵希设计师亚历山大·麦昆说，"对他们来说，你只是一件有价值的商品和产品，质量好得如同你最新一季的设计系列。"[312]

奢侈品牌的总裁和首席执行官们大多数来自跨国公司，高管们走马灯似的换得飞快，以至于出现了很多专门面向奢侈品公司高管的猎头公司。商学院也开设了奢侈品管理学位课程。奢侈品公司的首席执行官薪水极高：博柏利的首席执行官罗丝·玛莉·布拉沃（Rose Marie Bravo）2002 年挣了 920 万美元，[313] 据《福克斯》报道，蔻驰的首席执行官路·法兰克福（Lew Frankfort）在 2005 财年大捞了 5 599 万美元，令他在全球首席执行官收入排行榜上高居第 13 位。[314]

奢侈品牌通过品牌授权的方式，再次将其产品范围扩张至每一个领域。范思哲设计了一款限量版的诺基亚手机（机身上铺满了品牌常用的一种洛可可风格印花），还设计了一款兰博基尼（Lamborghini）汽车。2007 年初，普拉达与韩国 LG 电子公司推出一款带有普拉达标志的手机。"手机越来越成为一种配饰……一种体现设计与风格的目标,一种最显而易见的身份象征——它注定会是女人手袋中最重要的一件东西。"[315]一位普拉达的发言人说道。

一些人热情欢呼奢侈品的大众化。"这意味着有更多的人能享用到更好的时尚产品,"美国版《时尚》杂志主编安娜·温特对我说,"享用时尚的人越多越好。"

但并非所有业内人士都同意这个说法。"以前只在比弗利山才有的东西现在弄得满世界都是了,"弗雷德·海曼说,"奢侈品失去了尊贵。比弗利山的古驰店曾是非比寻常的购物体验地之一,现在,它不过是古驰的又一间门店而已。当你变贪婪后,这样可悲的事就发生了。"

"我认为,奢侈品是一种可望而不可即的东西,"加州时装协会主席伊尔泽·梅特杰克(Ilse Metchek)说。"在过去,奢侈品是你真正渴望得到的东西。你看到社交名媛,渴望像她们那样生活,却求之不得。现在,我们有宜家,有了沙漠之丘购物中心,那么周仰杰和C.H. 贝克(C.H. Baker)又有什么区别呢?一双有3根带子的高跟鞋售价700美元,到了时装季末同样会过时。永远有新的高跟鞋、新的颜色出来。在过去,奢侈品永远都可以摆在货架上,永不会过时。"

缪西娅·普拉达的母亲也同意这个观点。"她说,现在普拉达的货品制作工艺并不精良,面料也不如从前,她那时的东西要好得多。"[316]缪西娅曾经说。

　　一些主要的奢侈品牌——特别是爱马仕和香奈儿——努力保持并似乎达到了真正的奢侈。精良的品质来自他们的产品——手工制作的凯利包和柏金包，香奈儿5号香水中的约瑟夫·莫尔种的玫瑰花——品质也来自他们的价值观。近些年，这两家公司收购、投资了一些传统的品牌，如让-路易·仲马所说生产"杰出产品"的老牌奢侈品牌，这并非单纯为了利润，更是希望奢侈品生存发展下去。爱马仕集团旗下现有的品牌包括约翰·罗布（John Lobb）皮鞋、圣-路易（Saint-Louis）水晶、博艺府家（Puiforcat）银器以及徕卡照相机。香奈儿的附属公司收购了一些深受尊重的法国专业企业，几十年来这些公司为香奈儿的高级定制礼服提供了精湛的手工细部装饰和配饰。这家名为派拉法克森（Paraffection，意思是"为了爱"）的附属公司有勒萨热刺绣坊（Lesage）、马萨罗鞋履坊（Massaro）、米歇尔制帽坊（A.Michel）、莱玛丽羽饰坊（Lemarié）、黛思鲁斯纽扣坊（Desrues）、吉利特花饰坊（Guillet），以及罗伯特·古森斯金银饰坊（Robert Goossens）。罗伯特·古森斯金银饰坊自1955年开始与可可·香奈儿合作，为香奈儿时装屋制作珠宝，直到1971年香奈儿女士去世。"你不能标榜这是一件高级时装，跟着却在上面放垃圾，"卡尔·拉格斐说，"印度的刺绣固然不错，但法国的勒萨热刺绣则是另一回事。只要我们还做高级女装，我们就需要那些手工艺人。"

行动背后的理念使这两家公司有别于他们的竞争对手。"奢侈品意味着一种专享权——它只为你而做，旁人得不到。"香奈儿欧洲公司总裁弗朗索瓦·蒙特奈 (Francoise Montenay) 对我解释，"往小里说，它必须是完美无瑕的；往大里说，它必须独一无二。它是你讲话的方式，是产品呈现的方式，也是你被对待的方式。它就像日本的茶道：讲求仪式感，尊重细节，一代代地传承下去。在香奈儿，奢侈品的精髓已经刻进了我们的基因。它是我们的信条，是我们一直努力达到的境界。"

奢侈品消费者既渴望完美无瑕、独一无二，又希望用少于买车买房的价钱得到它们，这便催生了时尚行业的一个新分支：古着（vintage）。我上大学那会儿，古着指的是从救世军慈善商店（Salvation Army）里买来的有 15 年历史的裙子。今天，古着指的是伊夫·圣·洛朗 20 年前出品的一件镶水貂领的天鹅绒高级定制大衣，售价 3 000 美元。收集然后销售有年头的高级时装成了一门真正有利可图的好买卖。古着店主们去参加拍卖会，在老一代高级时装客户们的衣柜里翻过来找过去，力图为年轻的好莱坞女明星、纽约社交名媛们淘到宝，这些人希望得到做工精美而且最好是只此一件的奢侈品。"购买当代的奢侈品已经成为一种投资方式，"好莱坞一家顶级古着店"几十年"（Decades）老板卡梅伦·西尔弗（Cameron Silver）说，"古着让女性用不多的钱就穿上了独一无二、高品质的时装。"

高挑、黝黑、有型有款的西尔弗 36 岁，来自贝弗利山，一个偶然的机会他进入了古着业。早在 20 世纪 90 年代初，他是一名专门在德国夜总会里表演的歌手，借着来美国旅行之机，他利用空闲时间在明尼阿波利斯、西雅图和迈阿密等城市的旧货店、慈善商店淘时髦的设计师品牌男装。"我看着满架子的漂亮女装，脑子里灵光一闪，"他告诉我，"我望着那些古着，觉得它们根本不是古董货，而是碰巧有三四十年历史的当代时装。"他返回洛杉矶时，在时尚圣地弗雷德·西格尔（Fred Segal）高级百货公司东边的梅尔罗斯街区看到一幢建于 1926 年、装饰艺术风格的建筑，窗子里挂着"出租"牌子。于是，西尔弗签了租房合同，"几十年"在 1997 年开门营业了。

最初，西尔弗专做 20 世纪六七十年代的服装，他说："因为当代时装诞生于那个时期——那个时代有设计师安德烈·库雷热、皮尔·卡丹、鲁迪·杰瑞（Rudi Gernreich）、伊夫·圣·洛朗和 54 号俱乐部①。"一旦他对时装史有了更深入的了解，他发现："我就能品味出一件 20 世纪 20 年代的缀珠松身低腰连衣裙下的性感，或是一件 20 世纪 30 年代斜剪礼服所透露出的魅力。"他开始着手购进一些第二次世界大战前的时装，比如香奈儿、浪凡、夏帕瑞丽，以及一些无名氏设计的高品质服饰。"我每采购一件东西，就会问自己：'它看起来是不是很摩登，是不是很性感？'"他说，"任何女人在每个年龄段都希望自己看上去性感。"

除了梅尔罗斯的时装店，西尔弗现在还在伦敦多佛街市场②有了一个小角落，并在世界各地的百货公司举办"衣箱秀"③。他店里的时装价格约 200 美元到 4 000 美元不等，但一件迪奥早期的高级定制晚装可以卖到高达 35 000 美元。他有大约 2 000 位熟客，包括名人和他们的造型师、作家、制片人的太太、商界女性。"基本上讲，她们都是有着极好的时尚感的人。"西尔弗总结。他卖得最好的是出自伊夫·圣·洛朗、Pucci、侯司顿和詹姆士·加拉诺斯（James Galanos）之手的古着。"迷人的时装，"他如此描述，"在当今的高端时装业，再无品牌堪与其并称迷人，如果有，也是路人级别的迷人。"

近些年，奢侈品行业内出现了一个新的群体，我称之为奢侈品流亡者：一些设计师、香水商，以及行业内的高管们，他们对公司化的奢侈品世界的贪婪大失所望，也不愿再妥协，于是奋力挣脱，着手开始做小众和独立的产品，以求重拾最初吸引他们进入奢侈品行业的东西：创造出可以用钱买到的最好产品。"今天，时尚奢侈品牌唾手可得，所有东西都千篇一律，顾客们也平庸乏味，"不久前，奢侈品界近来最引人注目的难民汤姆·福德对我说，"如今的情况很像麦当劳：产品及其背后的理念都很相似。你在每间麦当劳都能得到一样的汉堡和一样的体验。路易威登也如此。我们在古驰也创建起了这种模式。当时那是正确的。如果我们没有这样做，别人也会这样做。世界正在全球化。这是现实问题，我们必须面对它，我也很自豪我们所完成的事。但这不是我如今感兴趣的东西。现在我对此有些抵触。所有那些手袋的广告都令我感到不舒服，它们太套路化了。而且，认为消费者看不出这些俗套的路数，或是认为他们不会像我们一样心生厌弃，这样想未免愚蠢。我相信小公司才是巨人。我们可以从小公司那里学到老牌时尚的奢侈精神。"

福特于 2004 年离开古驰集团，用一年的时间考虑自己下一步要做点什么。他开了一家名叫"消失在黑色中"（Fade to Black）的电影制作公司，旨在拍摄和制作电影。他出版了一本关于自己设计作品的咖啡桌画册。他还设计太阳镜，并推出了汤姆·福特美妆品牌（Tom Ford Beauty），与雅诗兰黛合作生产化妆品和香水。同时，他还有成立名为"汤姆·福特"（Tom Ford）男性奢侈品牌的商业计划，品牌下将涵盖定制服装、高档成衣、配饰和皮具。"我们会推出 25 000 美元的手表、定制珠宝以及手工缝制的西服。"2006 年 5 月，在他纽约第一家门店开业前一年，他这样告诉我。"我们不面对当今的大众消费者，我们的消费者会有指定的裁缝，做衣服时要约见设计者。这是一个崭新的、宏伟的奢侈品路线，我不想服务每个人。我要为眼界高级、极端优雅的顾客提供奢侈品；而且我相信，有足够的客户群可以支持我们做得像走大众化市场一样好。"

或许，我认为的最棒的奢侈品难民是法国高跟鞋设计师克里斯汀·鲁布托。他该是当今公开蔑视奢侈文化的最强音。"我刚刚跟又一个想收购我品牌的人见了面，"2006 年 4 月一个寒冷的晚上，我们在他的总部办公室会面，他告诉我，"我又一次说了不。"

在今天的奢侈品行业，鲁布托堪称另类：他创立的品牌由设计师所有并掌管运营，极为成功，又坚持小众，制造出完美无缺的产品，常常可以在那些天生丽质的人、那些名人名流和那些时尚圈中人脚上看到鲁布托设计的绸缎细高跟鞋和鳄鱼皮浅口鞋。他的固定客户都是响当当的名人，有詹尼弗·洛佩兹、约旦王后拉妮娅、麦当娜、伊丽莎白·泰勒以及《今日秀》（*Today Show*）的新闻主播安·柯里（Ann Curry），她偶尔会在镜头前闪一下脚上那双鲁布托标志性的红色鞋底。以奢侈品行业的标准看，鲁布托的公司很小。公司经营了 15 年，也只有 7 间门店和 35 名员工，其中还包括销售人员。他的鞋会在一些高级百货商场中销售，比如纽约巴尼斯、波道夫·古德曼、尼曼·马库斯，还有美国的萨克斯第五大道，以及英国的哈维·尼科尔斯、赛尔福里奇（Selfridges）、哈罗德（Harrods）等销售。他不做广告，也没有设立营销部门，更不会积极寻找走红地毯的时装明星，但他每年卖掉约 10 万双鞋子。我问他，每年在销售时做了什么努力，他茫然地看着我："我也不知道。"

鲁布托的商业价值观使他鹤立鸡群。"我看到了这些创立奢侈品牌只是为赚钱的人，我与他们同处一个行业，但我觉得自己与他们毫无共同语言，"他说，"奢侈品必须要尽可能贴近自己的顾客，要做你知道顾客会喜欢的东西。这些都关乎微妙的细节，关乎服务。我无法接受一个粗鲁对待顾客的品牌。我无法想象花了几千美元买东西，就因为花了 15 分钟挑选，店员就给你白眼。奢侈并非消费主义，它可以培养你的鉴赏力，让你分辨出东西特别的品质。"

鲁布托还在童年就被灌输了这种理念。他在巴黎东部一个工人阶级社区出生并长大，母亲负责照顾他和四个姐妹。他的爸爸是一个木匠，制作高档家具和法国火车车厢内部装饰的模型。鲁布托记得，"家里到处都是火车内部装饰的模型"。鲁布托经常花一个下午在家附近的国立非洲与大洋洲艺术博物馆（Musée national des Arts d'Afrique et d'Océanie）晃荡。在博物馆的门上有一个图标：一个细跟高跟鞋上面画了一个巨大的红色"X"。提醒参观者尖尖的鞋跟会划坏雕花木地板。那时，平底鞋风靡一时。鲁布托好奇的是，这个陡峭的、细窄的鞋子到底是什么？他开始在书本和纸片上勾勒草图。

一天，朋友给了他一本关于罗杰·维维亚（Roger Vivier）的书。维维亚在 20 世纪 50 年代曾为迪奥设计鞋履，被誉为细高跟鞋的发明者。鲁布托翻看着这本书，觉得找到了自己的天职。16 岁时，他受聘于著名的夜总会女神游乐厅（Folies Bergères），为演员设计鞋子，这段工作经历让他学到了如何把鞋子做得足够结实，以经得住专业舞蹈演员的蹦跳踢踏。二十多岁时，他先后在香奈儿、伊夫·圣·洛朗和卓丹（Charles Jourdan）担任鞋履设计师，还为迪奥制作鞋子，并协助博物馆馆长筹办维威耶设计回顾展，那时维威耶快七十岁了。"维威耶教会我鞋子最重要的部分是鞋身和鞋跟，"鲁布托说，"它们就像一副好的骨架，如果你把这部分做对了，其他的都好办。"

展览结束后，鲁布托需要新的工作。他知道自己不想再去替大品牌打工。"那不再是我的梦想，"他告诉我，"我问自己：'你想一辈子都为别人打工吗？'"他计划成立自己的制鞋公司，但他说，"我可不想把我设计的鞋子放在破旧的皮箱里，跑到纽约某栋老楼的一间办公室，给零售商们看。"鲁布托在巴黎第二区的维若 - 多达廊街（Véro-Dodat）购物时，恰好碰到了古董店主埃里克·菲利佩（Eric Philippe），后者提到这条购物街上有一间可以用的商铺。鲁布托拿出自己的存款，并向朋友筹措投资共近 20 万美元，签署了租赁协议，在 1991 年11 月开了自己的门店。门店设计成一个珠宝盒的样子，墙上掏出一个个可爱的小洞，每个小洞里摆放着一、两只鞋子。"如果你营造出令人感觉珍贵的购物环境，那么里面的东西也很珍贵。"他告诉我。

他的第一双鞋是在尼斯一家小厂艾芙琳制鞋厂（Evelyne Shoes）生产出来的。"鞋子漂亮极了，但我并没有太上心，而且鞋子做得非常慢。"鲁布托回忆道。鞋子成本也非常高昂：如果鲁布托提供皮料，一双鞋的成本大约为 110 美元，如果是厂家提供皮料，成本就要 125 美元一双。"原始成本！"鲁布托转动着眼珠回想，"你能想象到吗？"他的零售价格是成本的两倍，再加上 20%

的增值税，这样一双鞋子要卖到 270～300 美元。

他的首批顾客之一是摩纳哥的卡罗琳公主（Princess Caroline），她在试穿鲁布托的平底鞋时对朋友宣称，鞋子"非常的阿努克·艾梅（Anouk Aimée）"，指这双鞋有着这位法国女影星的优雅气质。后来，另一位出现在精品店里的是《W》杂志的记者。文章发表后得到了卡罗琳公主的公开赞扬，鲁布托立时成为奢侈品界的明星。那年三月，美国零售商跑来了，要买 1992—1993 年冬季鞋款，鲁布托回忆："我没有鞋子。我从未想到零售商会买我的鞋子。在法国没有专卖奢侈品牌的百货公司，法国人不去商场购买奢侈品。我就像娇兰先生，只开精品店，没有分销商。"买手们认为鲁布托的鞋太贵了，他解释原材料成本很高，他们说："你为什么不去意大利呢？"

他采纳了他们的建议，在朗伯迪（Lombardy）找到一间工厂，效率又高成本却少了一半。他很喜欢这家工厂，车间里一尘不染，工人们做出的鞋子美丽至极。"如果你从事奢侈品行业，"鲁布托解释说，"你待人必须有人情味，你必须举止高雅。你不能要求生活贫苦的人做出漂亮的东西来。"尽管他的声誉和产量都在提高，但公司依旧规模很小：只有他自己、一名行政人员，店里还有一名兼职女店员。"只要我不在意大利，"他回忆说，"就在店里卖鞋。"

推出第三季设计时，他加进了那标志性的艳红色鞋底。三年之内，他做到了收支平衡，还清了所有债务。1997 年，他在巴黎左岸开了一间门店，继而又先后在伦敦、纽约、贝弗利山开了店。2003年，他在莫斯科开了特许加盟店。"我并不热衷开加盟店，"他说，"但是如果一个地方你不会经常去，或者在那儿感到陌生，那么加盟店就很合适。在一个你感到费解的国家，一个加盟店就相当于你的一个翻译。"2007年，他在拉斯维加斯开店。

鲁布托成功的秘密是他有着平衡工业化与专享产品的能力。他会生产出2万双高雅、经典的浅口鞋，也会设计出被他称为灰姑娘（Cinderella）的鞋子，那种鞋产量极为稀少，称得上极其罕有的珍宝。"我有一小块从马里带回来的蜡染布，我想把它用来做鞋，"他告诉我，"我想我能用它做出20双鞋子：两个店里各放10双。这样，一位女顾客就能因为买到了一双在别处从未见过的鞋子而开心不已，而别的鞋也还是很棒的鞋。除了灰姑娘鞋，鲁布托还提供定制服务，就如高级定制女装，客人可以改变鞋跟的高度或者原本设计的颜色，要么提出自己的想法按照自己的脚定制出全新的鞋子。"这就是我让公司保持一个我可以掌控的小规模的原因。"他说，"如果没有了实验室，我也就失去了设计的快乐。"

他的公司欣欣向荣的另一个原因也很简单：诚恳。"我记得父亲是怎么锯木头的。"他告诉我，"如果你顺着纹理雕刻，它会很美；如果逆着纹理，它就会断。经营品牌也如此。如果顺势而为，一切都自然成长；如果你拗着用一种不自然的方式发展公司，它会崩溃的……我不是为了金钱做这个公司的。我是先制作鞋子，然后才有了这家公司。"

奢侈品大亨们已经觊觎他的公司好几年了。2000年，在巴黎的一个8人晚宴上，第一次捕食开始了。鲁布托发现自己坐的沙发四周围着4位顶级的商业大亨。

"我们什么时候可以买进一点你公司的股份？"其中一个热切地问道。

"我像一个被邀请跳舞的小姑娘一样，"鲁布托回忆道，"我红着脸回答'不，谢谢'。"

"我的公司是一点点成长起来的，原因之一就是我事必躬亲，"鲁布托告诉我，"我没有任何快马加鞭、占领更大市场的欲望。如果我有，我会失去我工作的核心，而那是设计鞋子。"

当然，鲁布托并未完全打消卖掉公司的想法。"如果有一天我不再想玩这个游戏，我会卖掉公司兑现，然后用那笔钱去帮助穷人和病人，"他说，"那时我会卖的。"

巴黎一个寒冷的春天早晨，我与好莱坞的一位制片人聊天，与他谈到了这本书。

"好，"他说，像对一部电影做判断那样估摸起了这本书。"我知道你这本书想说什么：奢侈品生产已经走向大众化，并且忘掉了他们的最初的使命，那就是为富人提供真正不一样的产品。那么，我还想知道：富人现在做了什么？"

"问得好，"我回答，"我会找到答案的。"

我回想起去路易威登在阿涅勒区作坊的那次采访。在看女裁缝和工匠们缝制出数百个带标志的皮包时，我看到一位工匠正在做一个很大的方形木制珠宝盒，盒子外面包着蟒蛇皮，上面没有任何可以识别出路易威登的标志——没有花押字，没有标签——尽管我对爬行动物没有特别的热情，但也承认它极其漂亮。有人告诉我，那是给一位"令人尊敬的客户"特别定制的产品，只此一件。我心说，任何人，只要能用珠宝将那只盒子填满，必定是非常令人尊敬的客户。

在内衣上追求极致品质的有钱人就跑去巴黎的艾丽丝·卡朵尔（Alice Cadolle），那是一家由璞琵·卡朵尔（Poupie Cadolle）打理的高级定制内衣店。璞琵是这个内衣品牌创始人埃米尔妮·卡朵尔（Herminie Cadolle）的第五代曾孙女，埃米尔妮早在 1889 年发明了文胸。在卡朵尔店里，按照传统的定制程序女式内衣也是一种奢侈的体验：真正的私人服务、精美的材料、精致的手工缝制，一切都营造出只为你特别定做的氛围。璞琵，一位面带会意微笑、态度温和的金发女士，会站在她那鲑鱼红色的店里迎接你，店里挂着厚厚的深紫红色天鹅绒帘幔，摆着埃米尔妮留下来的拿破仑三世风格的沙发，她会问你想做什么并为你量尺寸。她有 400 种备选的基本款式，然后再根据你的身材修改样式。接下来，你该挑选面料——尽管璞琵喜欢用蕾丝和薄纱——然后选颜色，璞琵会推荐黑色。"我发现 95%

的女性穿黑色都很漂亮，"她告诉我，"黑色与皮肤形成对比，看上去很好看。"

璞琵一年制作大约550件定制文胸，100件无吊带文胸，50件类似束腹的紧身胸衣——"专为丰满的女性穿在定制礼服里面。"她说——以及30件传统的紧身束带胸衣，客户有数位电影明星、一位王妃，还有几个巴黎疯马夜总会（Crazy House Saloon）的歌舞女郎。她也为电影制作紧身胸衣剧装，比如朱丽叶·比诺什在《浓情巧克力》、莫妮卡·贝鲁奇在《爱我多深》（How Much Do You Love Me?），以及一众女演员们在法国怀旧悬疑片《八美图》（8 Women）中穿的内衣。每年璞琵都会去四次纽约，拜访她的长期客户。定做文胸一般要试穿三次，花费约800美元。与之相配的内裤视面料不同，价格在160到400美元。

几年前，一家企业提出收购卡朵尔。"我说不，"璞琵告诉我。"我们独立经营了120年，还可以再做50年。"她正锻炼自己28岁的漂亮女儿帕特里夏（Patricia），以备她退休后接管品牌。2005年，璞琵不得已把店铺搬出了原来的房子，早在1911年她曾祖母艾丽丝就在这里开了店。那是一栋优美的老宅，有门会噼啪作响的电梯，豪华的客厅里挂着红色天鹅绒窗幔。今天，那里是罗伯托·卡瓦里占了半个街区的店面的一部分。

真正的有钱人仍会购买和穿着高级定制女装，既有20 000美元一套的基本款套装也有10万美元一件的晚礼服。但常客一般不会支付全价。"我们也会还价，我们活在美国这个喜欢讨价还价的国度，"终生都穿定制女装的南·肯普纳（Nan Kempner）几年前提到一件迪奥定制女装夹克时对我说，她喜欢那件夹克，但觉得贵得离谱。"每个人都有自己的最爱。"她说。

她还是买下了那件夹克。

记得某个下午，我走进蒙田大街迪奥的女装定制沙龙，看一位迪奥最佳客户试衣。她定购了 8 ～ 10 件礼服以及与之搭配的定制鞋子。她付款时，女店员明确地告诉她有特别价格。意思很清晰：如果你批量定购服装，你可以得到折扣。

真正的有钱人也不参加服装秀。"香奈儿的大多数客户并不在这里，"2006 年 6 月，香奈儿高级定制时装秀结束后，卡尔·拉格斐对我说，"他们有其他事情要做，你懂的。但是，私人飞机跨过大洋却在给他们运送试穿的服装。"

"他们是谁？"我问。

"拥有庞大财富的新贵们。那些人的钱比空气还多，是我们一点儿都不了解的人——我们假设那些钱是干净的——但那些人不想抛头露面。这些人不是走红地毯的那类人。一旦你让那些服装在红毯上亮了相，那些女客户马上会取消订单。购买定制女装的女人不想被看成是女演员。"

"他们住在哪里？"

"中国，那里有很多。"

几天后，香奈儿的首席女裁缝和一名女店员坐私人飞机在周末拿着服装飞到了中国。"高级定制时装永远都有需求，"社交名流圣·斯伦贝谢告诉我，"因为总有一些人，明明有红色却偏要白色，他们追求品质，需要专为他们特制的东西，想要不会有大量相同款式的东西。"

在美国，有钱人去乔治·阿玛尼专卖店购物。美国阿玛尼店总营业额的 47% 是由美国人最富有的 5% 的人贡献的，[317] 乔治·阿玛尼公司高级副总裁兼首席信息官维多利亚·坎特雷尔（Victorian Cantrell）2006 年时说。

对珠宝，富人也偏好定制。古驰集团旗下的法国高级珠宝品牌宝诗龙 2005 年的报告显示，其定制珠宝的订单量一年就上升了15%。

至于手袋，他们会定制爱马仕。

尽管如此，他们也会去奥特莱斯购物。2006 年 8 月，我在沙漠之丘超级奥特莱斯购物中心注意到一对珠光宝气的年轻人，拎着购物袋钻进他们那辆象牙色的迈巴赫牌 62 款小轿车（Maybach 62 Sedan）里，当时这款车新车的售价超过 38 万美元。当天下午，我在塞乔·罗西奥特莱斯店试穿一双半价后仍卖 200 美元的黑色皮拖鞋时——女售货员告诉我："几天前刚刚有一位公主来我们的店里，非常喜欢这种拖鞋，一下子把每种颜色都买了一双。每一季她都会来这里购物。"

他们要求并得到一些额外的服务，比如私人购物顾问。私人购物顾问不仅帮顾客挑选迎合其私人品位的服装，帮他们把衣服带到豪华沙龙里试穿，还能满足顾客每一次心血来潮的想法。美国曼哈西特（Americana Manhasset）是位于纽约长岛曼哈希特地区的豪华购物中心，丹妮尔·莫洛罗（Danielle Morolo）在那儿担任私人购物顾问，她会帮助客人打包行李。她还为顾客做些跑腿的事儿，有一次还大老远儿跑到了棕榈泉，还有一次她去佛罗伦萨休假，可是一半时间都用来为客户找蕾丝。"有人从办公室给我打电话，让我去他们家里帮他们从衣柜里选出合适的衣服，因为他们不怎么喜欢他们身上正穿着的衣服，"她说，"我有这些客户家的安全密码。"[318]

他们甚至不用来去店里购物。"我最好的客户住在亚特兰大，自从 2000 年超级碗赛后（Super Bowl）就没再来过店里，"[319]杰弗里·凯林斯基 (Jeffrey Kalinsky) 说，他在纽约下城和亚特兰大都开了名叫杰弗里（Jeffrey）的时装精品店。"我们每周给她邮寄一个包裹，她挑出自己想要的，再把其余的寄回来。如今，我们都是这样做生意的。"洛杉矶零售商特蕾西·罗斯（Tracey Ross）会时不常为客户找些《美国偶像》（*American Idol*）或电影首映式的票子，还会把定制的礼品篮送到客户家里或者酒店房间。

2005 年，中国香港的奢侈品百货公司连卡佛（Lane Crawford）为最佳顾客在旁边的四季酒店开了 VIP 套房。那套 3 000 平方英尺的"白金套房"恰如其名，宽敞而现代，拥有香港海湾的无敌风景。在这些附加的服务中，还包括提供酒店的礼宾服务和用餐服务，并提供造型师和化妆师帮顾客从连卡佛挑选出合适的服装，并装扮好可以出席活动。这间套房经常被预订用作私人会面或者举办晚宴，但连卡佛俊思集团（Lane Crawford Joyce Group）的总裁邦妮·布鲁克斯（Bonnie Brooks）告诉我："如果有天你来香港，想找个地方待一会儿，你就来这里，不需要付钱。"

萨克斯第五大道百货公司会邀请其顶级客户参加在纽约顶级餐厅举办的年度晚宴——2006年是在法式餐馆马戏团（Le Cirque），晚宴结束客人们回家时还会带走一个大礼包，里面装着开司米毯子、巴卡拉水晶花瓶，或费伯奇彩蛋。[320] 尼曼·马库斯的顾客每年刷尼曼·马库斯信用卡消费满500万美元，就能被赠送奢华俱乐部——美国独家度假村（Exclusive Resorts）的至尊会员资格，并且到该俱乐部旗下某家酒店住上3周。"（大客户）喜欢被悉心照料，"萨克斯的一位发言人说，"VIP的待遇让你感觉很特别。这是人的天性。人人都希望得到奖赏。"

在拉斯维加斯，真正的有钱人待在隐秘的别墅里。别墅里有欧洲古董家具、24小时管家式服务、私人游泳池、私人健身房、桑拿和蒸汽浴室，以及为保姆、飞行员、厨师和其他随行人员准备的房间。

他们有专门定制的香水，就像两个世界前的法国国王路易十四一般。每年，巴杜都会接到几个订单，要求公司的内部调香师让-米歇尔·杜里埃（Jean-Michel Duriez）专为其定制香水，并要求装在巴卡拉长颈细口水晶瓶里。这项服务收费约7万

s Deluxe

美元。

　　还有，如果他们住在南美洲或者去南美洲旅行，他们会去世界最豪华的达世禄商店（Daslu）购物。

　　几年前，我就已经听说过达世禄。它是一座位于巴西圣保罗的高端时装百货公司，经营者和所有人是一位相当有见地和抱负的女性——伊莱恩·特朗彻斯（Eliana Tranchesi）。在我看来，达世禄具备奢侈品牌所宣扬的一切东西。

　　就像大多数成功的奢侈品企业一样，达世禄在创业时期也很低调。那是 1958 年，特朗彻斯的母亲，一位上流社会律师的妻子露西娅·阿尔布开克（Lucia Piva de Albuquerque），总要从圣保罗飞到里约热内卢购买巴西的高档时装，然后邀请女朋友们来到自己位于时髦社区维拉诺瓦孔赛桑（Vila Nova Conceicao）建于 20 世纪 40 年代的舒适家里，把服装卖给她们，再把销售利润的一部分捐献给慈善机构。那时，巴西关闭了进口的大门，如果南美人想要欧洲的奢侈品，只能去欧洲或者美国购买。经年累月，露西娅的客厅买卖越做越大，正式营业时间在下午一点到五点。她聘用朋友的女儿来帮忙卖衣服。姑娘们穿着制服，跑来跑去，端茶递咖啡，从不同的房间里拿出服装。就这样，客厅变成了达世禄，意思是"在露西娅的家中"。

　　1977 年，当时 21 岁的伊莱恩也加入进来。她当了一名售货员，并推出了自己设计并在巴黎生产的自有品牌服装。露西娅买下隔壁的房子，扩大了营业面积。当业务发展起来后，又继续扩大、扩大、再扩大，把一个个店面连接起来，建起一片商业区，里面满是鞋子、服装、手袋和珠宝，人头攒动。最终，达世禄在一个绿树成荫的街区里占据了最好的地理位置。"商店没有窗户，外面也没有任何标识，" 2005 年 10 月的一个下午，特朗彻斯在巴黎的雅典娜广场（Plaza Athenee）喝茶时对我说，"只有一个带大大的 D 字的遮阳棚，仅此而已。" 1983 年露西娅去世，伊莱恩接手了公司。

　　1989 年，巴西 26 年来第一位民主选举的国家领袖，新任总统费尔南多·梅洛（Fernando Affonso Collor de Mello）推行一项经济计划，包括冻结资产和银行账户，放宽进口限制，以应对当时巴西国内失控的通货膨胀。对伊莱恩来说，她日夜祈祷终于盼来了结果。"我说：'我们会有香奈儿和古驰了！'"她回忆道，"朋友们说：'你疯了吗？没有人有那个钱啊。'"伊莱恩置若罔闻。"我知道我们有高品位的顾客，"她告诉我，"这就一定会有市场。"她跳上一架飞机，飞到欧洲去和时装公司洽谈。"我们买回的第一个品牌系列是法国设计师克洛德·蒙塔那（Claude Montana）的作品。"她记得很清楚，接下来引进的品牌是瓦伦蒂诺和莫斯奇诺。20 世纪 90 年代中期，香奈儿的一位大人物到圣保罗旅行，在达世禄停了下来，想看看里面为什么那么嘈杂。他大吃了一惊。

　　"我们得在这里开一间香奈儿的店。"他在特朗彻斯楼上那间小办公室见到她时，告诉她。"但是，开在哪里呢？"

特朗彻斯看看四周。

"就在达世禄吧。"她说。

"当时在圣保罗还有另外 13 家主要百货公司，都有着大大的临街橱窗，"特朗彻斯告诉我，"但他选择了达世禄，就在里面，第三层，在男装部的中间！他来出席了开业典礼，那天结束时，他跪在地上为顾客试鞋。开业第一天我们进的服装系列就卖掉了70%，我只得要求朋友们留下一部分他们买的服装，以便第二天可以展示。"

尽管引进香奈儿取得了令人瞩目的成功，特朗彻斯在争取其他品牌允许她销售时仍困难重重。"他们认为巴西不是一个好的市场，"她说，"但他们来过后就信服了。"最终，她迅速拿到了古驰、普拉达、杰尼亚和杜嘉班纳的销售权，全部以店中店的形式销售。为给这些品牌留出空间，特朗彻斯只得不断地购买和租赁附近的房产。到 2002 年，她有了 23 处房产，总面积达 13.5 万平方英尺，同时拥有了 7 万名客户。这些顾客开着装有防弹玻璃的装甲大轿车，堵住了街道。左右邻居们开始抱怨。当特朗彻斯需要进一步扩大时，城市规划委员会不能同意了。于是，她决定借机搬家。2005 年 6 月，她关闭了老旧、布局凌乱的达世禄，开了一间崭新的达世禄。那是一座营业面积达 18 万平方英尺、仿佛佛罗伦萨别墅的购物中心，非常时髦，位置在距离老店址约 1 英里远的繁华商业区维拉奥林匹亚（Vila Olímpia）。开业头四个月，她就增加了 15 000 个新客户。

2006 年 4 月，我来到世界第五大城市、拥有 1 800 万人口的圣保罗，此行的主要目的是造访新的达世禄。即便我已经有了关于这个店的所有资料，但还是被震撼了。

沿着一条长长的私人车道，经过两道安全大门才能驶入商场。在巴西，贫富差距非常悬殊，呈两极分化的状态：这个国家最贫穷的人口占了全国 1.88 亿人口的 40%，却只占有财富总额的 8%，许多人生活在棚屋里，它们在城里四处蔓延，被叫作"棚户区"（favelas）。最富有的人——这个国家的统治阶层——生活得如同巴西独立革命之前的贵族，在防备森严的宅邸里纵情享乐，出入配有装甲轿车和保镖。"我们这里的治安有很多问题，"达世禄国际市场部总监莫妮卡·门德斯（Mônica Mendes）告诉我，"真正的富人不出门，也不上街溜达。"大多数私家车都安装了黑色窗户，不是为了遮挡阳光，而是出于安全，而且你永远不能摇下车窗。当地人宁愿闯红灯也不愿意停车，因为那有被劫持的危险。当我们在一个红灯前停下来时，旁边站着几个拿橡胶棍的人，门德斯显得非常紧张，绿灯亮了，我们安全驶走，她两手交叉，说着感谢的祷告词。"圣保罗是最重要的防弹衣市场之一，"她说，"每个人都有防弹服。"

刚到商店的门口，就有侍者把车子接走，你会被殷勤地领进铺着香草色大理石的大厅，来到礼宾部柜台，一名女接待员将为你注册。如果你是一位常客，你或许已经通知了固定接待你的售货员自己要来,那么女接待员就会致电她说你已经到达。如果你不是常客,会指派一名女售货员接待你。这里的女售货员都被称为"达世禄赛特"(Dasluzettes),出身于圣保罗最好的人家。她们端庄大方——又高又瘦,有牛奶般光滑的皮肤、闪亮的长发——她们出入城中最高尚的社交圈,参加时髦的晚宴,夜夜笙歌。"女售货员们过着跟顾客一样的生活,"特朗彻斯解释说,"所以她们什么都明白。"

如果你是一名常客,那么你的"达世禄赛特"也许已经准备好了几件你可能会喜欢的衣服,并把它们放在一间私人沙龙里,等着你去试穿。达世禄经常有新衣服上架,所以最忠诚的顾客可能每周会光顾商场四次。"巴西女人对时尚彻底陷入疯狂,"在我参观时,门德斯告诉我,"顾客买来美国版《时尚》杂志,撕下内页,把它们递给女售货员,说:'这个什么时候到货,我想要买。'当芬迪的法棍包首次发售时,在到货前的预销售中我们就全部卖光了。"

如果你是像我这样的新顾客,你的"达世禄赛特"会带你到处游走一番,带你从一个房间走到另一个房间,边走边挑出你感兴趣的货品。和老达世禄一样,新店的内部布局也是一个房间连着另一个房间,装饰着柔和的米白色调,铺着香槟色的地毯,到处都是白色的兰花,身处其中仿佛沉浸在了香草蛋奶沙司中。一楼是一个个精品店,包括所有常规品牌:路易威登、迪奥、古驰、瓦伦蒂诺、周仰杰、塞乔·罗西、蔻依、Pucci、马诺洛·布拉尼克。

"每个年轻的巴西女人都知道马诺洛·布拉尼克，"特朗彻斯笑着说，"瓦伦蒂诺卖得也不错，因为很多人都喜欢妻子穿瓦伦蒂诺的裙子。"对大多品牌而言，达世禄拥有特许经营权和服装挑选权。有些品牌为了保持统一性，通常自己做店面设计；彼得·马里诺设计了香奈儿和杜嘉班纳的精品店。路易威登、博柏利、阿玛尼和菲拉格慕则与达世禄签了物业租赁权，其中路易威登店达4 000平方英尺，是拉丁美洲最大的门店。

在二楼你会看到高级珠宝、香水、女式内衣、泳装、古董装和更多的奢侈品牌，还有一间香槟吧、一间名为黎波汀纳（Leopolldina）的餐厅，以及被称为"达世禄系列"（Daslu Collection）的达世禄私家女装品牌。任何男人都不得进入女装部，女装部入口站着保安人员以确保没有男性进入。女装部没有设更衣室，这样顾客脱得只剩下蕾丝内衣，就可以直接在销售区域试穿衣服了。"我妈妈只接待朋友，所以她们当面换衣服一点问题也没有，"特朗彻斯解释，"我也这样做：既然是朋友接待朋友，当然没有必要去更衣室。这对巴西人来说很自然。如果旁边没有男士，你不会感觉害羞。"

达世禄系列已经成为商场的支柱货品，占到销售额的60%，并有几家国际零售商做代理销售，包括波道夫·古德曼精品百货、华盛顿的萨克斯-詹德尔（Saks-Jandel）、洛杉矶的特雷西·罗斯（Tracey Ross）以及伦敦的哈罗德百货和布朗百货（Browns）。特朗彻斯仍在做设计工作，要求服装在巴西生产，最大可能采用本地出产的原材料。达世禄系列走休闲时髦风格：漂亮的针织面料连衣裙、性感的弹力牛仔裤、缀着大颗人造宝石的绑带凉鞋、镶有水晶闪闪发亮的薄礼服，等等。当你步入摆着舒适沙发的某个安逸角落，女佣们会为你奉上茶点。她们被称作"制服女孩"，因为她们都穿着黑色连衣裙，戴着白色的围裙，穿着白色的袜子。"当达世禄还开在我母亲的家里时，女佣们就穿着同样的制服，忙里忙外，"特朗彻斯说，"刚开始她们只端咖啡送水，后来就帮忙把衣服放回原位。"现在，制服女孩的队伍已达 300 名之多。

达世禄里充满了俱乐部才有的轻松快乐气氛。顾客们来自里约热内卢、萨尔瓦多、阿根廷和秘鲁，彼此都认识，相互送上飞吻。她们先购几个小时物，然后去黎波汀纳餐厅聚会喝下午茶，或者在香槟吧喝上一杯，闲扯聊天，之后再去尽情购物。每年达世禄会为其 1 万名最佳客户举办 6 次盛大的时装秀和派对。"女客人们跳舞、购物，非常快乐。"门德斯说。周二晚上，达路斯会营业到 10 点，时髦漂亮的圣保罗人相约来这里吃饭、购物。有钱人和名人都喜欢达世禄，她解释说："因为这里私密，而且有你想要的一切，每个人都受到 VIP 一般的款待。"名人名流们特别喜欢达世禄这样的场所带来的安全感。"在这儿，他们从不会受到什么干扰，"门德斯说，"没有人注意到他们，没有人打扰他们。（一级方程式赛车冠军）迈克尔·舒马赫去年来过，也没人说什么。（巴西足球明星）罗纳尔多是我们达世禄最重要的客人之一，也没出过什么事儿。没人找他要签名，没有人偷拍，什么事儿都没有。"几年前，特朗彻斯让人做了一个在达世禄购物习惯的调查。"通常情况下，在巴西的购物中心里，来逛的人有20%的人会买东西，而在达世禄，来的人里75%会购物。"

商场的第三层是男装部，配有一间尊尼获加（Johnnie Walker）威士忌酒吧，一间带壁炉和沙发的书店，甚至有一间拉佩拉（La Perla）精品内衣店，"这样他们就可以为太太和女友购买内衣了。"门德斯说。男装部有达世禄自有品牌的男装成衣线；有专门的区域销售电器、运动服装、健身器材；有旅行社；有高档地产代理；有三菱、沃尔沃和玛莎拉蒂的代理商；有法拉利游艇的销售商；有达世禄直升飞机代理商（在中庭挂着一架直升飞机在作展示）；有烟草零售店；有音乐厅；有圣保罗最好的、名为酷寿司（Kosushi）的日本料理店；还有一个葡萄酒廊，里面满是可以与巴黎最好的酒窖媲美的各种陈年佳酿。

上到第四层，就来到了儿童服装和玩具部。那儿有一个游戏室，和一个适合孩子身高的吧台，上面摆着装了橡皮糖的碗和巧克力饼干的盘子。那一层还有银行、可以凭处方取药的药店，一家给每个客人提供私人空间的美发厅，以及一间水疗馆："巴西女性疯狂地沉迷于身体和皮肤护理，真是难以置信。"门德斯说，"她们定期做面部按摩。"当然，达世禄有着城中最好的皮肤护理师。"要提前四五个月预订。"她补充道。此外，还有达世禄之家，提供餐具、玻璃器皿和银器，还有冰箱、烤箱和维京牌

(Viking，著名的厨具灶具品牌）厨房用品展示厅；一间文具店，可以在里面定制专属的便签纸和请柬；一家由特朗彻斯的姐姐经营的巧克力店，里面所有的巧克力均为手工制作；还有一家叫帕蒂·帕瓦（Pati Piva）的面包房，可以制作最顶级的多层婚礼蛋糕。在商场一层，有一间婚礼圣堂，而在五楼有若干间宽敞的宴会厅和舞厅，可以容纳 1 300 人，每一间均能俯瞰市容。"我认为达世禄是全巴西唯一能为你的婚礼服务提供一条龙服务的地方，包括举行典礼、宴客、安排预订蜜月行程，甚至购买婚房。"门德斯说。

付款时，你被引到一个很像休息厅的房间，坐在舒适的路易十六风格的椅子上，一名制服女孩会端来一杯咖啡。她一边同陪你的女售货员攀谈，一边办妥了所有的事。柜台上摆着最新的达世禄 CD，都是由达世禄的 DJ 精心挑选的巴西和拉丁音乐，花上几个雷亚尔就可以买一盘。墙上，一台平板电视播放着达世禄电视台的节目。整个商场里都可以听到达世禄电台的节目。结完账，自有"达世禄赛特"陪你出门，你可以做甩手掌柜，所有商品都已经放到了你的车上，或被送到了直升机停机坪。

达世禄有包括制服女孩在内的 700 名员工；另有品牌店中店、旅行社、餐馆等雇用的 1 000 名员工；还有 900 名第三方服务人员，包括男仆、门童和保安。商场旁边，还有一家员工日托中心，名叫达世禄教育中心。教育中心里有育婴室，女员工可以一天来这里给自己的宝宝喂三次奶；还有一间供 14 岁以下孩子读书的学校，约有200名学生在此就读，接受英文、艺术、缝纫、钢琴、吉他和芭蕾教育——通常由客人来教授。参观学校时，我在芭蕾舞教室里遇到两名个子高挑、气质优雅的客人，她们刚刚给一群8岁的女孩上完课。教育中心里还有一名儿科医生、一名牙科医生和一名心理医生。在咖啡厅吃过一顿热乎乎的午餐后，7岁以上的孩子去当地的公立学校上课，更小的孩子则留下来玩耍，在花园里的野餐椅上吃零食。"制服女孩们对学校和孩子在学校的待遇不满意，所以我们开设了这个中心，"我们沿着过道走下去，参观一个个班级，门德斯告诉我，"这里甚至比我孩子的学校都要好。"

但是，真正令达世禄从奢侈品零售业脱颖而出的是特朗彻斯在经营上的亲力亲为。当你去购物时，你很有可能会碰到她本人，她会问你的孩子们怎么样，会帮你挑东西或是帮你试穿。"在美国，在欧洲，商场要去查看电脑中的数字才能知道自己卖了什么东西，"她告诉我，"我知道我们这里都卖了什么，因为我就在一线工作。我不坐在办公室里。我从这儿开始做生意的。"——她轻轻拍了拍肚子。"在奢侈品店，你付完钱，他们就把你忘在了脑后。他们完全忘了你是谁，"门德斯告诉我，"伊莱恩不仅知道顾客的名字，她还了解顾客。达世禄是她的家，顾客是她的客人。"

2005年7月，达世禄新店落成不久，商场突然遭到联邦警察局搜查，特朗彻斯也被指控逃税而被捕。政府指控进出口公司伪造发票，发票上把进口货物的价格标得远低于市场价，好让达世禄少缴税。"真是疯了——280名警察进到办公室，"门德斯说，"这种场面就算在贫民区突击搜查大宗毒品交易都没见到过。但在达世禄却发生了。这是政府在媒体上做的文章，为的是转移对卢拉（Lula）和他问题的注意力，"她话中所指的是巴西总统、社会党党魁路易斯·伊奥西纳·卢拉·达瓦尔席（Luis Inacio Lula da Silva）卷入一系列贪污事件的丑闻。不久，特朗彻斯被释放。2006年12月，达世禄被勒令补赔税款1.1亿美元。商店计划上诉。

第二天我又去了达世禄——我在那里参观了整整三天——与商场的一位忠实客户一起吃了午餐。她叫克里斯琴·萨迪（Cristiane Saddi），时髦高雅，在本地一家由她丈夫开的奔驰汽车经销公司任市场总监。她也是当地一家由她外婆和姨婆创立的叙利亚-黎巴嫩（Syrian-Lebanese）医院的志愿者。萨迪是一个性感尤物，看到她就知道巴西不负出产超级性感美女的声望：身材苗条又结实，古铜肤色，柔顺的长发与眼睛有着般配的黑色，她身穿白色紧身的杜嘉班纳西装外套，内搭白色蕾丝背心，迪赛牌（Diesel）白色铅笔牛仔裤，戴着大粒的钻石耳钉，足蹬"恨天高"高跟鞋。我们在达世禄商城中典雅华丽的黎波汀纳餐厅会面，那里也是圣保罗的权贵俱乐部之一，整日里挤满名人名流、商界和社会精英。厨师是意大利人，菜品也是欧洲美食巡礼：嫩小牛排配红酒酱汁、野蘑菇意大利肉汁饭、意式龙虾馅方饺、生腌火腿配甜瓜，以及酸橘汁腌鱼。

我们谈起她在达世禄购物的感受。"我母亲过去常去那间老店，也会带上我，"萨迪一边尽情享用着嫩小牛排和意大利面的丰盛午餐，一边说，"从 15 岁起，我就自己在那里购物。现在我 43 岁了。达世禄一直在发展壮大，但从未失去家庭的氛围。在这里，你不会被当成顾客，而是这个家庭的朋友。我结婚时，正好住在商场这条街上。我会打电话给商场说，'我需要一件礼物干这干那'，而他们就会送来一些东西。女售货员都是你的朋友。她们都是同一个社交圈子里的。你去达世禄，并不是为了去买一双新鞋，是去看望朋友。你在世界其他地方都找不到这种服务。"

我们也谈起她作为圣保罗社交名人的生活："你得集各种角色于一身——职业女性、母亲、女主人——因为我有帮手，"她说，"作为回报，你就要在孩子上学、住房等方方面面来帮助他们。从我结婚后，我的司机就跟着我，已经有 21 年了，他的孩子们是我看着长大的。他生了病，我给他安排医院，给他找最好的医生，让他得到最好的治疗。你帮助他们，因为他们帮了你。这里所有的家庭都这样做。这是一种交换。"

尽管我真正想知道的是，对于克里斯琴·萨迪来说，今天的奢侈意味着什么？

"达世禄就是一种奢侈，因为你在这儿想做什么都可以，"她解释道，一边往两片蛋糕上浇了一点黑巧克力汁。"这里提供了全世界最好的品牌、最好的选择，从文胸到晚礼服，再到家居用品。

你想要什么就有什么。有多少时装店同时也卖小汽车？什么东西只要你想——就能在达世禄买到。"

在达世禄待了两天后，我明白了她的意思。达世禄或许是梦幻世界，但又并非梦境。

在她吃蛋糕时，我开始思考奢侈品业的状况，思考它是如何在二十年里丧失了灵魂的。我想知道奢侈品行业该往何处去：一旦日本人和美国人开始对奢侈品感到厌倦，或是市场出现饱和，该怎么办？当美术馆和音乐会这些手段不能再吸引顾客光顾门店，会怎么样？当没有市场蛋糕可再切分，也不再有市场增长，又会怎么样？各品牌是否还留有足够的诚恳和价值，让自己还能被称为"奢侈品"？甚而更重要的是，如何保证它们血缘的纯正。我问萨迪，奢侈品牌还能留住她和她圈子里的有钱人吗？

"可以，"她说，"这里的路易威登店进的货品都是最贵的，达世禄的顾客不需要那些入门级别的带标志手袋，也不会穿戴有品牌标志的服饰。我们买的是奢侈品牌的产品，绝不是普通的东西。它们是特别的东西。总是有些东西不同寻常。你完全能分辨出什么是大路货，什么是不同寻常。奢侈不在于你买得起多少钱的东西。奢侈是种见识，是如何恰如其分地对待它，是要花时间去理解体会它，然后选出好的。奢侈就是买正确的东西。"

说着，萨迪揩掉嘴唇上的巧克力，补了补口红，站起身来，跟我吻别。

"得回去工作了。"她说，然后离开，细高跟敲得地面嗒嗒作响。

注释：

① 54号俱乐部：Studio 54，20世纪70年代纽约红极一时的夜店，上述设计师、安迪·沃霍尔等艺术家经常出没于此，上演了无数传奇逸事，也引领了一个时代的文化、艺术及时尚潮流。

② 多佛街市场：Dover Street Market，位于伦敦市中心的一家买手型精品时装店，主要销售风格另类的设计师作品。

③ 衣箱秀：Trunk Show，意为"非公开的新装展示会"。衣箱秀通常在特定的店面或场所举办，设计师将尚未公开发布的时装新品直接拿出来向重要顾客展示，顾客则可以直接和设计师交流想法，设计师也因此获得更多收入，而使双方受益。衣箱秀名字的来源，是因为这种展示会都用大衣箱装服装运往现场。

原 注

INTRODUCTION

[1] **The luxury goods industry:** Claire Kent, luxury goods analyst, Morgan Stanley London, e-mail, April 18, 2005.

[2] **Thirty-five major brands:** Claire A. Kent et al., "Making the Sale," Morgan Stanley Dean Witter, March 11, 1999, p. 10.

[3] **In Asia:** David B. Yoffie and Mary Kwak, "Gucci Group N.V., (A)" Harvard Business School, case 9–701–037, September 19, 2000; revised May 10, 2001, p. 4.

[4] **The Chinese enriched:** Palmer White, *The Master Touch of Lesage: Embroidery for French Fashions* (Paris: Editions du Chêne, 1987), p. 16.

[5] **As Diana Vreeland:** Diana Vreeland, *D.V.* (New York: Da Capo Press, 1997), p. 47.

[6] **"I'm no philosopher":** Stanley Karnow, *Paris in the Fifties* (New York: Random House, 1997), p. 263.

[7] **In 2005:** "Best & Most 2005," Generation DataBank, www.generation.se.

[8] **In their best year:** Rana Foroohar, with Mac Margolis in Rio de Janeiro, "Maximum Luxury," *Newsweek Atlantic Edition,* July 25, 2005, p. 44.

[9] **The Swiss bank:** Rana Foroohar, "Going Places," *Newsweek International,* May 15–May 22, 2006, p. 54.

[10] **The private security:** Ibid., p. 58.

[11] **By 2011:** Foroohar, "Maximum Luxury," p. 44.

[12] **When Arnault:** Deborah Ball, "Decisiveness and Charisma Put Yves Carcelle in the Hot Seat at LVMH's Principal Division," *Wall Street Journal Europe,* October 1, 2001, p. 31.

[13] **"What I like":** "Arnault, in His Own Words," *Women's Wear Daily,* December 6, 1999, p. 11.

CHAPTER ONE: AN INDUSTRY IS BORN

[14] **"Luxury is a necessity":** Anna Johnson, *Handbags: The Power of the Purse* (New York: Workman, 2002), p. 21.

[15] **Its flagship:** Eric Wilson, "Optimism's the Point, Not Excess Baggage," *New York Times,* October 13, 2005, p. G1.

[16] **"Luxury is crossing":** Joshua Levine, "Liberté, Fraternité—but to Hell with Egalité!" *Forbes,* June 2, 1997, p. 80.

[17] **"High profitability":** Suzy Wetlaufer, "The Perfect Paradox of Star Brands," *Harvard Business Review,* October 2001, p. 123.

[18] **Louis XIV dressed:** Stanley Karnow, *Paris in the Fifties* (New York: Random House, 1997), p. 268.

[19] **Louis XVI's wife:** Judith Thurman, "Dressed for Excess: Marie-Antoinette, Out of the Closet," *New Yorker*, September 25, 2006, p. 138.

[20] **She was "an object":** Palmer White, *The Master Touch of Lesage: Embroidery for French Fashion* (Paris: Editions du Chêne, 1987), pp. 20–21.

[21] **"French fashions":** Karnow, *Paris in the Fifties*, pp. 268–69.

[22] **At the age of thirteen:** Paul-Gérard Pasols *Louis Vuitton: The Birth of Modern Luxury*, (New York: Abrams, 2005), p. 13.

[23] **The 292-mile trek:** Ibid., p. 21.

[24] **"Here you find":** Ibid., p. 24.

[25] **Vuitton became:** Ibid., p. 30.

[26] **In 1854:** Ibid., p. 354.

[27] **Throughout the mid-1800s:** White, *Master Touch of Lesage*, p. 24.

[28] **"Women will stoop":** Karnow, *Paris in the Fifties*, p. 270.

[29] **Worth's dresses:** White, *Master Touch of Lesage*, pp. 24–25.

[30] **His prices:** Karnow, *Paris in the Fifties*, p. 271.

[31] **Louis Vuitton's business:** Pasols, *Louis Vuitton*, p. 88.

[32] **To keep up with:** Ibid., p. 76.

[33] **"In those days":** Maria Riva, *Marlene Dietrich: By Her Daughter* (New York: Knopf, 1993), p. 111.

[34] **In the 1920s, France:** White, *Master Touch of Lesage*, p. 56.

[35] **In five years:** Ibid., p. 51.

[36] **In the 1930s:** Ibid., p. 62.

[37] **"The huge skirt":** Diana Vreeland, *D.V.* (New York: Knopf, 1984), p. 98.

[38] **But couturier Lucien:** Marie-France Pochna, *Christian Dior: The Man Who Made the World Look New* (New York: Arcade, 1996), p. 78.

[39] **"You can force us":** Ibid., p. 77.

[40] **The Vuittons were:** Kim Willsher, "Louis Vuitton's Links with Vichy Regime Exposed," *Guardian*, June 3, 2004, p.15.

[41] **"The styles [during]":** Karnow, *Paris in the Fifties*, pp. 266–67.

[42] **I remember Ivana:** Nina Hyde, "Lacroix's Curtain-Raising Couture; Kicking Off the Fall Shows with Soft Chiffon & Crepe," *Washington Post*, July 24, 1988, p. G1.

[43] **The swanlike models:** Karnow, *Paris in the Fifties*, pp. 258–59.

[44] **"After all the horrors":** Ibid., p. 264.

[45] **The Parisian clients:** Ibid., p. 263.

[46] **Couture houses:** Ibid., p. 260.

[47] **By 1951:** White, *Master Touch of Lesage*, p. 80.

[48] **Soon licensing:** Richard Morais, *Pierre Cardin: The Man Who Became a Label* (London: Bantam, 1991), p. 91.

[49] **"I was staying":** Vreeland, *D.V.*, pp. 106–7.

[50] **"Bloomingdale's":** Ibid., p. 134.

[51] **By 1977:** Nadège Forestier and Nazanine Ravaï, *The Taste of Luxury: Bernard Arnault and the Moët-Hennessy Louis Vuitton Story* (London: Bloomsbury, 1992), p. 54.

[52] **Finally, in 1977:** Hugh Sebag-Montefiore, *Kings on the Catwalk: The Louis Vuitton and Moët-Hennessy Affair* (London: Chapmans, 1992), p. 82.

[53] **He decided:** Ibid., p. 16.

[54] **Recamier expanded:** Pasols, *Louis Vuitton*, p. 280.

[55] **In 1984:** In 1984, Vuitton sales were 1.25 billion French francs and profits were 197 million French francs. Chris Hollis (Investor Relations, LVMH), e-mail with the author, February 5, 2007.

[56] **In 1986:** Sebag-Montifiore, *Kings on the Catwalk*, p. 115.

CHAPTER TWO: GROUP MENTALITY

[57] **The result:** Suzy Wetlaufer, "The Perfect Paradox of Star Brands," *Harvard Business Review*, October 2001, p. 122.

[58] **The France:** Jennifer Steinhauer, "The King of Posh," *New York Times*, August 17, 1997, Sec. 3, p. 1.

[59] **"You have to":** Joshua Levine, "Liberté, Fraternité—but to Hell with Egalité!" *Forbes*, June 2, 1997, p. 80.

[60] **Upon graduating:** Nadège Forestier and Nazanine Ravaï, *The Taste of Luxury: Bernard Arnault and the Moët-Hennessy Louis Vuitton Story* (London: Bloomsbury, 1992), p. 10.

[61] **Arnault fled:** Ibid., pp. 13–14.

[62] **"I can be":** Ibid., p. 11.

[63] **Its only hope:** Hugh Sebag-Montefiore, *Kings on the Catwalk: The Louis Vuitton and Moët-Hennessy Affair* (London: Chapmans, 1992), pp. 23–24.

[64] **He convinced Lazard:** Levine, "Liberté, Fraternité," p. 80.

[65] **It was perhaps:** Sebag-Montefiore, *Kings on the Catwalk*, p. 41.

[66] **He shocked:** David D. Kirkpatrick, "The Luxury Wars," *New York Megazine*, April 26, 1999, p. 24.

[67] **Unlike Dior's:** Sebag-Montefiore, *Kings on the Catwalk*, pp. 30–31.

[68] **When he took:** Forestier and Ravaï, *Taste of Luxury*, p. 17.

[69] **"I don't want":** Sebag-Montefiore, *Kings on the Catwalk*, p. 37.

[70] **In 1988:** Nina Hyde, "The Battle of Lacroix," *Washington Post*, April 7, 1988, p. C1.

[71] **Feeling beaten:** Sebag-Montefiore, *Kings of the Catwalk*, pp. 50–58.

[72] **In the spring:** Ibid., p. 137.

[73] **At one point:** Ibid., p. 220.

[74] **The French daily:** Forestier and Ravaï, *Taste of Luxury*, p. 93.

[75] **Finally, in April:** Sebag-Montefiore, *Kings on the Catwalk*, p. 232.

[76] **His motivation:** Forestier and Ravaï, *Taste of Luxury*, p. 106.

[77] **He expanded:** Wetlaufer, "The Perfect Paradox," p. 121.

[78] **Carcelle was:** Deborah Ball, "Decisiveness and Charisma Put Yves Carcelle in the Hot Seat at LVMH's Principle Division," *Wall Street Journal Europe*, October 1, 2001, p. 31.

[79] **"You think of Vuitton":** Zoe Heller, "Jacob's Ladder," *New Yorker*, September 22, 1997, p. 109.

[80] **"If you control":** Levine, "Liberté, Fraternité," p. 80.

[81] **By 2004:** "LVMH: Full of Potential, Will It Be Realized?" Merrill Lynch, November 2002.

[82] **Dior's sixty-three-year-old:** Sebag-Montefiore, *Kings on the Catwalk*, p. 192.

[83] **"[Audrey] Hepburn"**: Kirkpatrick, "The Luxury Wars," p. 24.

[84] **In 1996**: Levine, "Liberté, Fraternité," p. 80.

[85] **"For a European"**: Steinhauer, "King of Posh," p. 1.

[86] **"[Arnault] is"**: Ibid., p. 1.

[87] **He travels**: John Matcom Jr., "The Quiet Afrikaner behind Cartier," *Forbes*, April 2, 1990, p. 114.

[88] **"We concentrate"**: William Hall, "Companies & Finance: When Time Is a Business's Ultimate Luxury," *Financial Times*, June 9, 2000, p. 34.

[89] **"It's not just about"**: James Fallon, "Rupert's Way: While Competitors Spend for Acquisitions Like There's No Tomorrow, Richemont CEO Johann Rupert Plans for a Rainy Day," *Women's Wear Daily*, May 30, 2000, p. 8S.

[90] **"Product integrity"**: Ibid.

[91] **"We are not"**: Hall, "Companies & Finance," p. 34.

[92] **"In five to ten"**: Fallon, "Rupert's Way," p. 8S.

[93] **Cartier accounts for**: Miles Socha, "Milking Fashion's Cash Cows," *WWD The Magazine*, November 3, 2003, p. 88.

[94] **By the late 1980s**: Kirkpatrick, "Luxury Wars," p. 24.

[95] **"It was pretty much"**: David Yoffie and Mary Kwak, "Gucci Group N.V. (A)," Harvard Business School case (9–701–037), May 10, 2001, p. 2.

[96] **Gucci sales**: Ibid., p. 9.

[97] **De Sole declared**: Kirkpatrick, "Luxury Wars," p. 24.

[98] **Arnault said**: Ibid.

[99] **Pinault laughed**: Sarah Raper, "LVMH's Arnault: The Tower and the Glory," *Women's Wear Daily*, December 6, 1999, p. 8.

[100] **When PPR took**: Yoffie and Kwak, "Gucci Group N.V. (A)," p. 14.

[101] **Her father, Gino**: Myriam de Cesco, "Galeotta fu una borsa," *Lo Specchio*, January 8, 2000, pp. 76–80.

[102] **"We passed"**: Ibid.

[103] **"It can be"**: Michael Specter, "The Designer," *New Yorker*, March 15, 2004, p. 112.

[104] **Once Bertelli**: Cathy Horyn, "Prada Central," *Vanity Fair*, August 1997, p. 96.

[105] **By the end of 2001**: Specter, "The Designer," p. 114.

CHAPTER THREE: GOING GLOBAL

[106] **In February 1976**: Kyojiro Hata, *Louis Vuitton Japan: The Building of Luxury* (New York: Assouline, 2004), p. 7.

[107] **"The serenity"**: Ibid., p. 11.

[108] **Hata came**: Ibid., p. 23.

[109] **"During the first ten years"**: Ibid., p. 75.

[110] **But the economic boom**: Claire Kent, Sarah Macdonald, Mandy Deex, and Michinori Shimizu, "Back from Japan," Morgan Stanley Equity Research, Europe, November 14, 2001, pp. 3, 7.

[111] **They were the only**: Ilene R. Prusher, "Japanese Retailers Turn to 'Shetailers,'" *Christian Science Monitor*, August 29, 2001, p. 1.

[112] **It was a wise**: Deborah Ball, "Decisiveness and Charisma Put Yves Carcelle in the Hot

Seat at LVMH's Principal Division," *Wall Street Journal Europe*, October 1, 2001, p. 31.

[113] **In 2006:** www.moodiereport.com/pdf/tmr_may_06_6.pdf.

[114] **In 1960:** Stephanie Strom, "LVMH to Buy Duty-Free Empire for $2.47 Billion," *New York Times*, October 30, 1996, p. D1.

[115] **Between 1977 and 1995:** Judith Miller, "He Gave Away $600 Million, and No One Knew," *New York Times*, January 23, 1997, p. A1.

[116] **"This was not":** Jon Nordheimer, "Slaughtering the Cash Cow: Millions of Dollars Couldn't Keep DFS Group Together," *New York Times*, March 12, 1997, p. D1.

[117] **Feeney, the more:** Miller, "He Gave Away $600 Million," p. A1.

[118] **Miller, by contrast:** Jerry Adler, "He Gave at the Office," *Newsweek*, February 3, 1997, p. 34.

[119] **In 1994:** David D. Kirkpatrick, "The Luxury Wars," *New York Magazine*, April 26, 1999, p. 24.

[120] **Feeney and Parker:** Vicki M. Young, "Miller Threatens Suit after LVMH Pulls Out of Talks for DFS Stake," *Women's Wear Daily*, March 20, 1997, p. 1.

[121] **In 2003:** "Japanese International Travelers: Trends and Shopping Behavior," 2003 JTM/TFWA Japanese Traveler Study, Executive Summary, p. 1.

[122] **"Andy was":** Joshua Levine, *The Rise and Fall of the House of Barneys* (New York: Morrow, 1999), p. 118.

[123] **For those who:** Ibid., p. 199.

[124] **"Rule No. 1":** Kate Betts, "The Retail Therapist," *Time*, May 30, 2005, p. 53.

[125] **Sales at the Osaka:** Ibid.

[126] **After Marino renovated:** Miles Socha, "King Louis: Louis Vuitton's New Clothing Store," *Women's Wear Daily*, October 10, 2005, p. 1.

[127] **Hata has long:** Hata, *Louis Vuitton Japan*, pp. 40–43.

[128] **"It's luxury":** Elizabeth Heilman Brooke, "Tokyo Club: A New Way to Shop," *International Herald Tribune*, February 27, 2004, p. 14.

[129] **The total cost:** "Chanel Opens Flagship Shop in Tokyo's Ritzy Ginza," Agence France Presse, December 4, 2004.

CHAPTER FOUR: STARS GET IN YOUR EYES

[130] **Gucci nearly:** David B. Yoffie and Mary Kwak, "Gucci Group N.V. (A)," Harvard Business School, case 9-701-037, September 19, 2000; revised May 10, 2001, p. 10.

[131] **LVMH spent:** Federico Antoni, "LVMH in 2004: The Challenges of Strategic Integration," Stanford Graduate School of Business, case SM– 123, March, 17, 2004, p. 12.

[132] **"We are the largest":** David D. Kirkpatrick, "The Luxury Wars," *New York Magazine*, April 26, 1999, p. 24.

[133] **At Gucci:** Yoffie and Kwak, "Gucci Group N.V. (A)," p. 10.

[134] **Silent-screen siren:** Patty Fox, *Star Style: Hollywood Legends as Fashion Icons* (Santa Monica, Calif.: Angel City Press, 1995), pp. 76–77 and pp. 83–90.

[135] **When Crawford:** Ibid., p. 24.

[136] **Grace Kelly's:** Ibid., p. 96.

[137] **Hollywood stars:** Ibid., p. 92.

[138] **sold their signatures:** Marian Hall, with Marjorie Carne and Sylvia Sheppard, *California*

Fashion: From the Old West to New Hollywood (New York: Abrams, 2002), p. 92.

[139] **He originally settled:** Salvatore Ferragamo, *Shoemaker of Dreams: The Autobiography of Salvatore Ferragamo* (Florence: Giunti Gruppo Editoriale, 1985), pp. 37–48.

[140] **In the early 1920s:** Ibid., pp. 51–54.

[141] **"Valentino would drop":** Ibid., pp. 89–92.

[142] **But in 1955:** Marie-France Pochna, *Christian Dior: The Man Who Made the World Look New* (New York: Arcade, 1996), pp. 161–162.

[143] **For most of the twentieth century:** Scott Huver and Mia Kaczinski Dunn, *Inside Rodeo Drive: The Store, the Stars, the Story* (Santa Monica, Calif.: Angel City Press, 2001), p. 12–18.

[144] **The Gucci store:** Sara Gay Forden, *The House of Gucci; A Sensational Story of Murder, Madness, Glamour, and Greed* (New York: HarperCollins, 2001), p. 39.

[145] **By the late 1970s:** Anthony Cook, "Wheeling and Dealing on Status Street," *New West*, February 27, 1978, p. 20.

[146] **Beverly Hills:** Ibid., p. 19.

[147] **Hayman was once:** Karen Stabiner, "Spring Fashion: King of the Hills," *Los Angeles Times Magazine*, February 15, 1998, p. 18.

[148] **The neighborhood boys:** Judy Bachrach, "Armani in Full", *Vanity Fair*, October 2000, p. 193.

[149] **Fred Pressman:** Joshua Levine, *The Rise and Fall of the House of Barneys* (New York: Morrow, 1999), p. 90.

[150] **In 1979:** Michael Kaplan, "Blame It on Armani," *Movieline*, September 19, 1999, p. 74.

[151] **When *Time*:** Levine, *House of Barneys*, p. 92.

[152] ***Vogue*'s Anna Wintour:** Author interview, Paris, July, 2001.

[153] **Jennifer Meyer:** Jareen Stabiner, "Dressing Well Is the Best Revenge," *Los Angeles Times Magazine*, December 11, 1988, p. 42.

[154] **"Those girls":** Gaby Wood, "She's Got the Look," *Observer*, July 16, 2006, p. 12.

[155] **Zoe has even:** Booth Moore, "In Her Image: Rachel Zoe's Clients (Lindsay, Nicole, Jessica) Often Look Like . . . Her," *Los Angeles Times*, July 16, 2005, p. E1.

[156] **According to a study:** *Lifestyle Monitor*, January, 2005.

[157] **Sir Elton:** Shawn Hubler and Gina Piccalo, "The Heirarchy," *Los Angeles Times*, March 1, 2005, p. E5.

[158] **One prominent stylist:** Libby Callaway, "Red Carpet Catfighting: The Seamy Side of the Stars' Style Wars," *New York Post*, February 29, 2004, p. 48.

[159] **One stylist reportedly:** "Fat Chance," *People Hollywood Daily*, February 26, 2005, p. 14.

[160] **Chopard's:** Booth Moore, "Red Carpet Revenue," *Los Angeles Times*, February 22, 2005, p. E12.

CHAPTER FIVE: THE SWEET SMELL OF SUCCESS

[161] **"A woman enveloped":** Janet Wallach, *Chanel: Her Style and Her Life* London: Mitchell Beazley, 1999), p. 162.

[162] **"[Dior's perfume]":** Federico Antoni, "LVMH in 2004: The Challenges of Strategic Integration," Stanford Graduate School of Business, case SM–123, March, 17, 2004, p. 6.

[163] **Prehistoric man:** Diane Ackerman, *A Natural History of the Senses* (New York: Random House, 1990), pp. 56–59.

[164] **In Crete:** Ibid., pp. 60–61.

[165] **French king Louis XIV:** Ibid., p. 62.
[166] **"The industry has":** Caroline Brothers, "The Precise Smell of Success," *International Herald Tribune*, October 21–22, 2006, p. 12.
[167] **In 2003:** Miles Socha, "Milking Fashion's Cash Cows," *WWD the Magazine*, November 3, 2003, p. 88.
[168] **She was born in:** Wallach, *Chanel*, pp. 5–18.
[169] **She made her way:** Ibid., pp. 19–31.
[170] **First she did a test:** Alex Madsen, *Chanel: A Woman of Her Own* (New York: Henry Holt, 1990), p. 135.
[171] **Théophile Bader:** Ibid., p. 136.
[172] **Throughout the 1920s:** Stanley Karnow, *Paris in the Fifties* (New York: Random House, 1997), p. 273.
[173] **Her first collection:** Wallach, *Chanel*, p. 150.
[174] **Even Christian Dior:** Ibid., p. 154.
[175] **Together, they do:** Chandler Burr, "The Scent of the Nile," *New Yorker*, March 14, 2005, p. 78.
[176] **In late 2006:** Brid Costello and Matthew W. Evans, "Givaudan-Quest: Creating a New Number One," *Women's Wear Daily*, November 27, 2006, p. 3.
[177] **Take Dior's brief:** Burr, "Scent of the Nile," p. 78.
[178] **"All I see":** "Fashion Scoops: In the Flesh," *Women's Wear Daily*, July 11, 2001, p. 5.
[179] **They can be:** Burr, "Scent of the Nile," p. 87.
[180] **When Alain Lorenzo:** Joshua Levine, "Liberté, Fraternité—but to Hell with Egalité!" *Forbes*, June 2, 1997, p. 80.

CHAPTER SIX: IT'S IN THE BAG

[181] **Handbags have:** Andrea Lee, "Bag Lady," *New Yorker*, September 25, 2006, p. 80.
[182] **"It's like you've":** Anna Johnson, *Handbags: The Power of the Purse* (New York: Workman, 2002), p. 54.
[183] **I read about:** Reggie Nadelson, "Out of the Box," *Departures*, May–June, 2002, p. 146.
[184] **In September 2005:** Ben Widdicombe, "Gatecrasher," *New York Daily News*, September 10, 2005, p. 20.
[185] **At the Venice Biennale:** Farid Chenoune, *Carried Away: All About Bags* (Paris: Le Passage Paris—New York Editions, 2004), p. 72.
[186] **Jackie Onassis:** Nadelson, "Out of the Box," p. 143.
[187] **Maryvonne Pinault:** Ibid., p.176.
[188] **Carrying into a jury:** Robin Givhan, "Martha's Moneyed Bag Carries Too Much Baggage," *Washington Post*, January 22, 2004, p. C1.
[189] **Among the more:** Nadelson, "Out of the Box," p. 146.
[190] **In 2003:** Pascale Renaux, "L'Ange Guardian," *Numéro*, October 2003, p. 302.
[191] **"We are frightened":** Nadelson, "Out of the Box," p. 150.
[192] **Whereas Gucci Group's:** Lisa Lockwood, "Polet's Prescription for Changing Gucci," *Women's Wear Daily*, November 16, 2005, p. 45.
[193] **In 1995:** Christopher Dickey, "C'est Chic, C'est French," *Newsweek International*, March 17, 1997, p. 38.

[194] **This persecution:** Nadelson, "Out of the Box," p. 177.

[195] **As he likes:** Dickey, "C'est Chic, C'est French," p. 38.

[196] **Sales were so slow:** Bridget Foley, "Full Galop," *W*, March 1998, p. 230.

[197] **He found the rue:** Helmut Newton, *Autobiography* (New York: Doubleday, 2003), pp. 241–42.

[198] **The modern handbag:** Chenoune, *Carried Away*, passim.

[199] **"Listen, Diana":** Diana Vreeland, *D.V.* (New York: Knopf, 1984), p. 89.

[200] **It had no monogram:** Johnson, *Handbags*, p. 7.

[201] **"We've got into the":** Chenoune, *Carried Away*, p. 32.

[202] **In 1986:** Palmer White, *The Master Touch of Lesage: Embroidery for French Fashion* (Paris: Editions du Chêne, 1987), p. 134.

[203] **As Holly Brubach:** Holly Brubach, "In Fashion: Forward Motion," *New Yorker*, June 25, 1990, p. 77.

[204] **It became:** Andrea Lee, "Bag Lady," *New Yorker*, September 25, 2006, p. 80.

[205] **Market sources:** Miles Socha, with contributions by Jennifer Weil, "LVMH Profits Pass $1 Billion," *Women's Wear Daily*, March 10, 2005, p. 9.

[206] **Between 1994 and 1998:** David B. Yoffie and Mary Kwak, "Gucci Group N.V. (A)," Harvard Business School, case 9–701–037, September 19, 2000; revised May 10, 2001, p. 11.

[207] **That year, Frankfort:** Barbara Woller, "First-Class Coach," *Journal News*, May 23, 2005, p. 1D.

[208] **From 2001 to 2006:** Claire A. Kent, Mandy Deex, Rachel Whittaker, Angela Moh, and Andy Xie, "Luxury Goods in China: A Long-Term Investment," Morgan Stanley, February 27, 2004, p. 13.

[209] **A brown leather tag:** Alessandra Galloni, Cecilie Rohwedder, and Teri Agins, "Foreign Luxuries: Breaking a Taboo, High Fashion Starts Making Goods Overseas," *Wall Street Journal*, September 27, 2005, p. A1.

[210] **In May 2005:** Adam Jones, "Prada Ponders Outsourcing to China," *Financial Times*, May 20, 2005, p. 10.

CHAPTER SEVEN: THE NEEDLE AND THE DAMAGE DONE

[211] **It has been used:** Nina Hyde, "Silk, the Queen of Textiles," *National Geographic*, January 1984, p. 48.

[212] **Back in the 1920s:** Pietra Pietrogrande, *Antico Setificio Fiorentino* (Florence, Italy: Le Lettere, 1999), p. 71.

[213] **Back in the factory's:** Ibid., p. 95.

[214] **On some farms:** Hyde, "Silk, the Queen of Textiles," pp. 14–19.

[215] **The Chinese began:** Ibid., pp. 27–30.

[216] **One recounts:** Ibid., p. 36.

[217] **Another tells:** Pietrogrande, *Antico Setifico Fiorentino*, p. 21.

[218] **One of the early centers:** Ibid., pp. 33–43.

[219] **In 2004:** Alessandra Galloni, Cecilie Rohwedder, and Teri Agins, "Foreign Luxuries: Breaking a Taboo, High Fashion Starts Making Goods Overseas," *Wall Street Journal*, September 27, 2005, p. A1.

[220] **One-fourth of Hong Kong's:** Ted C. Fishman, *China Inc.* (New York: Scribner, 2005), p. 88.

[221] **By the mid-1990s:** Ibid., p. 89.

[222] **In September 2006:** "In Brief: Actor Appeals to Burberry," *Women's Wear Daily*, November 27, 2006, p. 2.

[223] **In November:** David Cracknell and Jonathan Leake, "Charles Joins the Burberry Revolt," *Times* (London), November 26, 2006, p. 4.

[224] **Peter Hain:** Samantha Conti, "Burberry to Close Factory," *Women's Wear Daily*, January 11, 2007, p. 15.

[225] **Today, there are:** "Swatches: Canton Connection," *Women's Wear Daily*, January 3, 2006, p. 8.

[226] **China's textiles:** John Zarcostas, "China's Textile Exports Soar 23.8 Percent," *Women's Wear Daily*, January 10, 2006, p. 8.

[227] **The constant pressure:** John Zarocostas, "Global Labor Study Cites Human Rights Violations," *Women's Wear Daily*, October 19, 2005, p. 19.

[228] **"Chinese factories":** Jane Perlez, "Vietnam Arrives as an Economic Player in Asia," *International Herald Tribune*, June 20, 2006, p. 2.

[229] **"China is no longer":** Luisa Zargani, "China Trains Eye on Italian Firms," *Women's Wear Daily*, February 22, 2006, p. 13.

CHAPTER EIGHT: GOING MASS

[230] **America Online:** Annie Groer, "The New Gilded Age," *Washington Post*, August 1, 1999, p. F1.

[231] **According to a University:** Juliet B. Schor, *The Overspent American: Why We Want What We Don't Need* (New York: HarperPerennial, 1999), p. 14.

[232] **According to a Roper:** Ibid., p. 16.

[233] **Since 1970:** Michael J. Silverstein and Neil Fiske, with John Butman, *Trading Up: The New American Luxury* (New York: Portfolio, 2003), pp. 25–26.

[234] **By 2005:** Sharon Edelson, "Chasing Big Spenders: Stores Step Up Services for Key Luxe Customers," *Women's Wear Daily*, August 1, 2006, p. 1.

[235] **Between 1979 and 1995:** Schor, *Overspent American*, p. 12.

[236] **According to a 1997 study:** Ibid., 159.

[237] **Between 1990 and 1996:** Ibid., p. 72.

[238] **Yet it wasn't enough:** Ibid., p. 6.

[239] **In 2004:** "Accessible Luxury—What It Is and Why It's Working," Ledbury Research, November 8, 2004.

[240] **"When we look":** David D. Kirkpatrick, "The Luxury Wars," *New York Magazine*, April 26, 1999, p. 24.

[241] **And MGM Mirage:** Sharon Edelson, "Taubman Plans for Big Names at Vegas Center," *Women's Wear Daily*, September 21, 2005, p. 5.

[242] **"It was jolting":** Karen Heller, "On Deep Discount, Prada Has Never Looked Worse," *Philadelphia Inquirer*, January 6, 2006, p. M3.

[243] **"The 1980s":** Booth Moore, "Outlet for That Energy," *Los Angeles Times*, September 1, 2005, p. 28.

[244] **"I once got home"**: Laura Landro, "Style—Hunting & Gathering: Catwalk Chic on the Cheap," *Wall Street Journal*, September 17, 2005, p. 11.

[245] **But, says Linda Humphers**: Moore, "On Deep Discount," p. 28.

[246] **But the average**: Ibid.

[247] **"The winning formula"**: Ibid.

[248] **"The luxury industry"**: Vanessa Friedman, "An Online Business Model Dressed to Kill," *Financial Times*, May 30, 2006, p. 10.

[249] **It ran a huge overhead**: Karen Lowry Miller, "Hitting the Wall at Boo," *Newsweek Atlantic Edition*, July 17, 2000, p. 42.

[250] **Analysts believe**: Cathy Horyn, "Point, Click and Strut," *New York Times*, December 15, 2005, p. 1.

[251] **Furthermore, Forrester**: Luca S. Paderni, with Jaap Favier and Manuela Neurauter, "Louis Vuitton Takes Online Luxury Shopping Mainstream," Forrester Research, November 8, 2005.

[252] **The primary culprits**: Lisa Bertagnoli, "To Catch a Thief: Independent Retailers Forgo High Tech Gizmos and Gadgets in Favor of Old-Fashioned Security Measures," *Women's Wear Daily*, October 13, 2004, p. 58S.

[253] **Luxury's most famous**: Adam Tschorn, "Hollywood's Walk of Shame," *Women's Wear Daily*, February 24, 2004, p. 34S.

[254] **"It's not normal"**: Guy Trebay, "Shoplifting on a Grand Scale: Luxury Wear Stolen to Order," *New York Times*, August 8, 2000, p. B1.

[255] **In Minnesota**: Schor, *Overspent American*, p. 40.

[256] **Andrew McColl**: Trebay, "Shoplifting," p. B1.

[257] **At times, robberies**: Rosemary Feitelberg, "Two Nabbed in Versace Hold-Up; Boston Boutique Site of Armed Robbery," *Women's Wear Daily*, May 12, 1997, p. 23.

[258] **The pros**: Trebay, "Shoplifting," p. B1.

[259] **"They obviously"**: Greg Lindsay, "Sticky Fingers," *Women's Wear Daily*, January 27, 2004, p. 23.

[260] **Chavs are**: Rob Walker, "The Good, the Plaid and the Ugly," *New York Times Magazine*, January 2, 2005, p. 20.

[261] **As Kim Hastreiter**: Kim Hastreiter and David Hershkovits, *Twenty Years of Style: The World According to Paper* (New York: Harper Design International, 2004), p. 34.

[262] **Logos—particularly**: Teri Agins, *The End of Fashion: How Marketing Changed the Clothing Business Forever* (New York: Quill, 2000), p. 111.

[263] **Gianni Versace**: Ibid., p. 139.

[264] **"What can we do?"**: Gideon Rachman, "Bubbles and Bling," *Economist*, Summer 2006, p. 20.

[265] **"I view"**: George Rush and Joanna Molloy, "Daily Dish," *New York Daily News*, June 15, 2006, p. 26.

[266] **In 2001**: Scott, Huver and Mia Kuczinski Dunn, *Inside Rodeo Drive: The Store, the Stars, the Story* (Santa Monica, Calif.: Angel City Press, 2001), p. 34.

CHAPTER NINE: FAUX AMIS

[267] **In 1948**: Stanley Karnow, *Paris in the Fifties* (New York: Random House, 1997), pp. 260–61.

[268] **In 1982**: International Anti-Counterfeiting Coalition, white paper, January 2005, p. 3.

[269] **In 2004:** Ted C. Fishman, "Manufaketure," *New York Times Magazine*, January 9, 2005, p. 40.

[270] **In 2002:** IACC white paper, p. 20.

[271] **Prada CEO:** Robin Progrebin, "Reality Check," *Connoisseur*, n.d., p. 140.

[272] **Many of the street-level:** Marcus Mabry and Alan Zarembo, "Africa's Capitalist Jihad," *Newsweek Atlantic Edition*, July 7, 1997, p. 42.

[273] **During a two-day:** Julia Preston, "U.S. Charges 51 with Chinatown Smuggling," *New York Times*, November 13, 2004, p. B2.

CHAPTER TEN: WHAT NOW?

[274] **In 2006:** Emily Flynn Vencat, "Shaping the New Looks," *Newsweek International*, May 15–22, 2006, p. 82.

[275] **In 2004:** Paul Klebnikov, "Russia's Richest People: The Golden Hundred," Forbes.com, July 22, 2004.

[276] **The Chinese didn't:** Claire A. Kent, Mandy Deex, Rachel Whittaker, Angela Moh, and Andy Xie, "Luxury Goods in China: A Long-Term Investment," Morgan Stanley, February 27, 2004, p. 4.

[277] **"It's cheaper":** Lisa Movius, "Shanghai's Bund 18 Luring Luxury Brands," *Women's Wear Daily*, January 11, 2005, p. 18.

[278] **By 2004:** Kent, Deex, Whittaker, Moh, and Xie, "Luxury Goods in China," p. 6.

[279] **"In other provinces":** Sarah Mowar, "Dressed to Shanghai," *Vogue*, October 2004, p. 336.

[280] **"We are still":** Lisa Movius, "China's Luxury Rush: Expanding Vuitton Shows Market's Growth," *Women's Wear Daily*, December 29, 2005, p. 12.

[281] **By the end of 2006:** Amanda Kaiser, "Tilling the Luxury Landscape," *Women's Wear Daily*, March 21, 2006, p. 2B.

[282] **Calvin Klein:** Lisa Movius, "Valentino Unveils Women's for Mainland China," *Women's Wear Daily*, September 26, 2006, p. 17.

[283] **Since its arrival:** Zhu Ling, "Louis Vuitton to Open Three New Stores in China," www.chinadaily.com.cn/bizchina/2006–05/15/content_589908.htm, May 15, 2006.

[284] **Mainland China:** Luisa Zargani, "Luxury and the Lands of Opportunity," *Women's Wear Daily*, November 29, 2004, p. 4.

[285] **"Three years ago":** Lisa Movius, "Bulgari Continues Expanding in China," *Women's Wear Daily*, September 29, 2006, p. 22.

[286] **"Mainlanders go":** Tom Miller, "Shopping Is the Lure for Mainlanders," *South China Morning Post*, November 7, 2005, p. 16.

[287] **Mainlanders are enrolling:** Howard W. French, "In China, the Upper-Class Quest Starts Low—at Age 5," *International Herald Tribune*, September 22, 2006, p. 1.

[288] **"I have customers":** "Seeking Russian Gold: Despite Turmoil, Brands Rush to Booming Market," *Women's Wear Daily*, September 30, 2004, p. 1.

[289] **At many of Armani's:** Miles Socha, "Couture's New Hope: Russia, Asia and the Mideast," *Women's Wear Daily*, January 23, 2006, p. 5.

[290] **Outside of Moscow:** Natasha Singer, "Russia's Luxury Mania: Stores Grab Real Estate to Build New Empires," *Women's Wear Daily*, October 4, 2004, p. 1.

[291] **After the 1998:** Robert Galbraith, "Courting the New Russian and Indian Luxury Consumers," *International Herald Tribune*, September 30, 2005, p. 14.

[292] **For the Dior opening:** Miles Socha and Brid Costella, "Christian Dior's New Flagship on Red Square," *Women's Wear Daily,* October 24, 2006, p. 3.

[293] **Nearby, Mercury Group:** Singer, "Russia's Luxury Mania," p. 1.

[294] **"Before we designed":** Ibid.

[295] **Christian Dior reported:** "Seeking Russian Gold," p. 1.

[296] **In 2005:** Galbraith, "Courting the New Russian and Indian Luxury Consumers," p. 14.

[297] **"People have the money":** Rosemary Feitelberg, "On to India, China," *Women's Wear Daily,* December 5, 2006, p. 17.

[298] **There are more:** Ibid.

[299] **A study by Bain:** Ibid.

[300] **The most coveted:** Cecily Hall, "Far East Fashion-Forward," *Women's Wear Daily,* June 1, 2006, p. 12.

[301] **"In just the last year":** Betsy Lowther, "The Treasures of India: As Luxe Brands Rush In, Prime Space Runs Out," *Women's Wear Daily,* November 7, 2006, p. 1.

[302] **Analysts at McKinsey:** Vencat, "Shaping the New Looks," p. 82.

[303] **"The chance of":** Amy S. Choi, "Eyeing India's Riches: As Barriers Come Down, Luxury Brands Go Slow," *Women's Wear Daily,* March 13, 2006, p. 1.

[304] **State governments:** Ritu Upadhyay, "Bombay Dispatch: Expanding Malls," *Women's Wear Daily,* March 13, 2006, p. 11.

[305] **The finance ministry:** Choi, "Eyeing India's Riches," p. 1.

[306] **"It's a PR machine":** "Talk about Branding," *Time,* June 2005, Bonus Section, p. A4.

[307] **"Our hotels":** J. J. Martin, "Travel with Style," *Harper's Bazaar,* Fall 2006, p. 89.

[308] **Fashion darling:** Miles Socha, "Philo Said Working with Gap," *Women's Wear Daily,* November 27, 2006, p. 2.

[309] **Burberry began:** Claire Kent, Mandy Deex, Elke Finkenauer, Rachel Whittaker, "Luxury & Apparel Retail," Morgan Stanley Equity Research Europe, March 7, 2005, p. 17.

[310] **Mizrahi calls:** Ibid., p. 10.

CHAPTER ELEVEN: NEW LUXURY

[311] **In early 2006:** Amanda Kaiser, "Jil Sander Loss Hits $46.3 Million in 2005," *Women's Wear Daily,* May 30, 2006, p. 3.

[312] **"All these big":** Sarah Raper, "LVMH's Arnault: The Tower and the Glory," *Women's Wear Daily,* December 6, 1999, p. 8.

[313] **Burberry CEO:** "Continental Compensation," *Women's Wear Daily,* July 17, 2003, p. 14.

[314] **according to** *Forbes:* www.forbes.com/lists/2006/12/Rank_1.html.

[315] **"A mobile phone":** Luisa Zargani, with contributions by Alessandra Ilari, "Prada Calling Via Venture with LG," *Women's Wear Daily,* December 13, 2006, p. 11.

[316] **"She says":** Holly Brubach, "In Fashion: Forward Motion," *New Yorker,* June 25, 1990, p. 79.

[317] **The wealthiest:** Sharon Edelson, "Chasing Big Spenders: Stores Step Up Services for Key Luxe Customers," *Women's Wear Daily,* August 1, 2006, p. 1.

[318] **Danielle Morolo:** Ibid.

[319] **"My best customer":** Ibid.

[320] **Saks Fifth Avenue:** Ibid.

参考文献

Ackerman, Diane. *A Natural History of the Senses*. New York: Random House, 1990.

Agins, Teri. *The End of Fashion: How Marketing Changed the Clothing Business Forever*. New York: Quill, 2000.

Arnault, Bernard. *La Passion Créative: Entretiens avec Yves Messarovitch*. Paris: Plon, 2000.

Becker, Jasper. *The Chinese*. New York: Free Press, 2000.

Bindloss, Joseph; Sarina Singh; Deanna Swaney; and Robert Strauss. *Mauritius, Réunion & Seychelles*. Victoria, Australia: Lonely Planet, 2001.

Bloch, Phillip. *Elements of Style: From the Portfolio of Hollywood's Premier Stylist*. New York: Warner, 1998.

Bonvicini, Stéphanie. *Louis Vuitton: une saga française*. Paris: Fayard, 2004.

Brubach, Holly. *A Dedicated Follower of Fashion*. London: Phaidon Press, 1999.

Burr, Chandler. *The Emperor of Scent: A Story of Perfume, Obsession and the Last Mystery of the Senses*. New York: Random House, 2002.

Celant, Germano, and Harold Koda. *Giorgio Armani*. New York: Solomon R. Guggenheim Foundation, 2000.

Chenoune, Farid. *Carried Away: All About Bags*. Paris: Le Passage Paris—New York Editions, 2004.

Ferragamo, Salvatore. *Shoemaker of Dreams: the Autobiography of Salvatore Ferragamo*. Florence, Italy: Giunti Gruppo Editoriale, 1985.

Fishman, Ted C. *China, Inc.* New York: Scribner, 2005.

Forden, Sara Gay. *The House of Gucci: A Sensational Story of Murder, Madness, Glamour, and Greed*. New York: HarperCollins, 2001.

Forestier, Nadège, and Nazanine Ravaï. *The Taste of Luxury: Bernard Arnault and the Moët-Hennessy Louis Vuitton Story*. London: Bloomsbury, 1992.

Fox, Patty. *Star Style: Hollywood Legends as Fashion Icons*. Santa Monica, Calif.: Angel City Press, 1995.

Galbraith, John Kenneth. *The Affluent Society,* New York: Houghton Mifflin, 1998.

Hall, Marian, with Marjorie Carne and Sylvia Sheppard. *California Fashion: From the Old West to New Hollywood*. New York: Abrams, 2002.

Hastreiter, Kim, and David Hershkovits. *20 Years of Style: The World According to Paper*. New York: Harper Design International, 2004.

Hata, Kyojiro. *Louis Vuitton Japan: The Building of Luxury*. New York: Assouline, 2004.

Huver, Scott, and Mia Kuczinski Dunn, *Inside Rodeo Drive: The Store, the Stars, the Story*. Santa Monica, Calif.: Angel City Press, 2001.

Johnson, Anna. *Handbags: The Power of the Purse.* New York: Workman, 2002.

Karnow, Stanley. *Paris in the Fifties.* New York: Random House, 1997.

Kennedy, Shirley. *Pucci: A Renaissance in Fashion,* New York: Abbeville Press, 1991.

Krannich, Ronald L. *The Treasures and Pleasures of China: Best of the Best.* Manassas Park, Va.: Impact Publications, 1999.

Levine, Joshua. *The Rise and Fall of the House of Barneys.* New York: Morrow, 1999.

Madsen, Alex. *Chanel: A Woman of Her Own.* New York: Henry Holt, 1990.

Mally, Ruth Lor. *China Guide,* Cold Spring Harbor, N.Y.: Open Road Publishing, 2002.

Morais, Richard. *Pierre Cardin: The Man Who Became a Label.* London: Bantam, 1991.

Newton, Helmut. *Helmut Newton, Autobiography.* New York: Doubleday, 2003.

Pasols, Paul-Gérard. *Louis Vuitton: The Birth of Modern Luxury.* New York: Abrams, 2005

Pietrogrande, Pietra. *Antico Setificio Fiorentino.* Florence, Italy: Le Lettere, 1999.

Pochna, Marie-France. *Christian Dior: The Man Who Made the World Look New.* New York: Arcade, 1996.

Rawsthorn, Alice. *Yves Saint Laurent.* London: HarperCollins, 1996.

Riva, Maria. *Marlene Dietrich: By Her Daughter.* New York: Knopf, 1993.

Schor, Juliet B. *The Overspent American: Why We Want What We Don't Need.* New York: HarperPerennial, 1999.

Sebag-Montefiore, Hugh. *Kings on the Catwalk: The Louis Vuitton and Moët-Hennessy Affair.* London: Chapmans, 1992.

Silverstein, Michael J., and Neil Fiske, with John Butman. *Trading Up: The New American Luxury.* New York: Portfolio, 2003.

Smith, Sally Bedell. *Reflected Glory: The Life of Pamela Churchill Harriman.* New York: Simon & Schuster, 1996.

Twitchell, James B. *Living It Up: Our Love Affair with Luxury.* New York: Columbia University Press, 2002.

Veblen, Thorstein. *The Theory of the Leisure Class.* New York: Penguin, 1994.

Vreeland, Diana. *D.V.* New York: Da Capo Press, 1997.

Wallach, Janet. *Chanel: Her Style and Her Life.* London: Mitchell Beazley, 1999.

Watson, Albert. *Prada a Milano,* Milan: Grafica di Italia Lupo.

White, Palmer. *The Master Touch of Lesage: Embroidery for French Fashion.* Paris: Editions du Chêne, 1987.

图片说明

图书在版编目 (CIP) 数据

奢侈的 /（美）黛娜·托马斯（Dana Thomas）著；
李孟苏译 .—2 版（修订本）.—重庆：重庆大学出版
社，2017.1（2020.5 重印）
　（时尚文化丛书）
　书名原文：Deluxe：How luxury lost its luster
　ISBN 978-7-5689-0208-3

Ⅰ . ①奢…　Ⅱ . ①黛…②李…　Ⅲ . ①消费品—名牌
—研究　Ⅳ . ① F272.3

中国版本图书馆 CIP 数据核字（2016）第 256318 号

奢侈的

SHECHIDE

[美] 黛娜·托马斯 著

李孟苏　译

责任编辑：张　维
责任校对：张红梅
装帧设计：崔晓晋
责任印制：张　策

重庆大学出版社出版发行
出版人：饶帮华
社址：（401331）重庆市沙坪坝区大学城西路 21 号
网址：http://www.cqup.com.cn
印刷：重庆共创印务有限公司

开本：890mm×1240mm　1/32　印张：14.375　字数：284 千字
2017 年 1 月第 2 版　　2020 年 5 月第 18 次印刷
ISBN 978-7-5689-0208-3　　定价：58.00 元

版贸核渝字（2010）第 186 号